普通高等教育通识类课程“十三五”规划教材

大学体育与健康（第二版）

主　编　魏洪峰　丛永柱　闫　坤

副主编　陈　平　刘信义　张晓龙

·北京·

内 容 提 要

本书是根据《全国普通高等学校体育课程教学指导纲要》的精神，集理论与实践于一体，针对普通高校公共体育课程的现状和教学的需要编写而成的。

本书全面地阐述了体育运动与健康的基本理论知识，并对一些基本的体育技能作了详尽的描述，使学生在了解基本理论的基础上，能科学地进行体育锻炼，提高自己的运动能力，掌握常见运动创伤的处置方法。

通过对本书的学习与实践，使学生掌握测试和评价体质健康状况的基本知识，并帮助学生通过体育活动改善心理状态，克服心理障碍，在锻炼中体验运动的乐趣和成功的感觉。本书在编写过程中从教学实际出发，力图做到内容新颖、通俗易懂、简单易学、图文并茂。既考虑了教材的深度，又照顾到教材的广度，使之不仅可以作为高校公共体育课程的教学用书，也适合广大体育工作人员及体育爱好者阅读。

图书在版编目（CIP）数据

大学体育与健康 / 魏洪峰，丛永柱，闫坤主编. -- 2版. -- 北京 : 中国水利水电出版社，2018.7（2019.7 重印）
普通高等教育通识类课程“十三五”规划教材
ISBN 978-7-5170-6579-1

Ⅰ. ①大… Ⅱ. ①魏… ②丛… ③闫… Ⅲ. ①体育－高等学校－教材②健康教育－高等学校－教材 Ⅳ. ①G807.4②G647.9

中国版本图书馆CIP数据核字(2018)第138044号

策划编辑：石永峰　责任编辑：周益丹　加工编辑：张溯源　封面设计：李　佳

书　名	普通高等教育通识类课程“十三五”规划教材 大学体育与健康（第二版）　DAXUE TIYU YU JIANKANG
作　者	主　编　魏洪峰　丛永柱　闫　坤 副主编　陈　平　刘信义　张晓龙
出版发行	中国水利水电出版社 （北京市海淀区玉渊潭南路 1 号 D 座　100038） 网址：www.waterpub.com.cn E-mail：mchannel@263.net（万水） sales@waterpub.com.cn 电话：（010）68367658（营销中心）、82562819（万水）
经　售	全国各地新华书店和相关出版物销售网点
排　版	北京万水电子信息有限公司
印　刷	三河航远印刷有限公司
规　格	170mm×227mm　16 开本　19.25 印张　300 千字
版　次	2015 年 8 月第 1 版　2015 年 8 月第 1 次印刷 2018 年 7 月第 2 版　2019 年 7 月第 2 次印刷
印　数	3001—6000 册
定　价	32.00 元

前　　言

大学体育课程是高校课程体系中的一个重要组成部分，我们参照《全国普通高等学校体育课程教学指导纲要》的要求，根据独立学院的实际情况，牢牢将素质教育、健康第一、以人为本作为本教材编写的指导思想，目的在于通过《大学体育与健康》一书，向广大学生介绍体育学科中的相应知识和练习方法，提高学生的参与意识，增强学生的身体素质，培养学生优良的意志品质，形成终身锻炼的习惯。

本书全面地阐述了体育运动与健康的基本理论知识，并对一些基本的体育技能作了详尽的描述，使学生在了解基本理论的基础上，能科学地进行体育锻炼，提高自己的运动能力，掌握常见运动创伤的处置方法。

本书在编写过程中，注重理论联系实际，内容上图文并茂，力求符合教学使用，便于指导学生锻炼。本书由魏洪峰、丛永柱、闫坤任主编，陈平、刘信义、张晓龙任副主编。其中魏洪峰负责全书的策划和统稿工作，丛永柱负责编写第三章和第六章的第四节至第六节，闫坤负责编写第一章、第九章、第十章和第十一章，陈平负责编写第六章的第一节至第三节，刘信义负责编写第二章和第八章，张晓龙负责编写第四章、第五章和第七章。在此向给予我们帮助的各位专家、兄弟院校的同行、出版社的领导和编辑表示最衷心的感谢！同时，我们也由衷地希望广大师生和专家能对本教材提出宝贵意见，指出缺憾与不足，以便我们今后对教材进行修订，并逐步加以完善。

《大学体育与健康》编委会

2018 年 4 月

前言

目　　录

第一章　体育概论

第一节　现代社会与体育

在人类迄今为止的发展史中，社会整体呈加速发展的态势，人类经历了八千多年的农业经济，约三百年的工业经济，迎来了知识经济的时代。知识经济如强大的冲击波，震撼着整个世界。如果说，农业经济转移的是武力，工业经济转移的是物质，则知识经济转移的是知识，它改变了我们的生活方式，展现的特点是：①经济发展可持续化；②资产投入无形化；③世界经济一体化；④信息传递网络化；⑤社会知识化；⑥教育终身化。

一、现代社会对人才的要求

随着社会的变迁和发展，对人才的要求也随之发生变化，对人的素质方面的要求也越来越高了。现代社会对人才的要求可以归纳如下。

1. 健壮的体魄

主要应体现为体质良好，体能全面，生长发育良好，有连续工作能力和较快的恢复能力。

2. 高超的技能

随着信息时代到来，现代社会对人的智能要求已有了深刻的变化，除了应有扎实的基础知识和精深的专业知识之外，还要求有学习能力、创新能力、观测能力、动手能力。在知识爆炸的时代，不学会学习、观测，知识就难以更新。而创新能力，是一种综合能力，必须要有坚实的基础，敏锐的观察能力，不倦的探索能力。

3. 良好的心理素质

现代社会科技的发展已经把地球变得越来越小，人们谁也离不开谁，除了要求精力充沛、奋发向上、思维敏捷、情绪良好、意志坚强外，还要有追求之志、好奇之心、探险之勇、求实之诚、专注之境，有百折不挠的精神，有经得起失败和挫折的心理承受能力，每个成功人士都需要经历挫折和失败的考验。

4. 高尚的道德情操

高尚的道德情操内涵十分丰富，而作为一个社会人，拥有正确积极的人生态度、社会公德、职业道德及协作精神是最基本的。其中尤以职业道德和协作精神最为重要，是人们取得成功必备的思想品质。

二、现代社会中体育的地位与价值

在社会走向现代化的过程中，体育所起的作用越来越为人们所重视，它既是社会现代化的组成部分和标志，也是社会走向现代化的重要推动力。

1. 体育是现代教育的重要组成部分

在现代化的教育系统中，体育占有重要地位，它是全面培养、完善发展现代人的重要手段，它是丰富社会文化生活和促进精神文明建设的一种有意识、有组织的社会活动，它受一定的政治、经济条件制约，也为政治经济发展服务。

2. 体育维护人们的健康

现代社会科技高度发达，城市人口高度密集，生产向机械化、自动化、电气化、智能化的方向发展，人的体力劳动越来越少，使人体的健康受到威胁。体育可以减少社会上各种流行病的发生和发展，提高个体健康水平，从而提高整个社会的健康水准。

3. 体育参与校园文化建设和企业文化建设

学校体育教学是学校教育的重要组成部分，学生在校期间除了从事一定的脑力劳动外，还有部分时间是在从事体育活动。体育文化的开展可以提高学生的个性发展，培养学生团结奋斗，勇于创新的精神。

在企业文化中，体育占重要的地位，它不仅可以促进职工的健康，提高出勤率、减少疾病，更使企业具有凝聚力、向心力，发扬团队精神，使企业的整体实力提高。

4. 现代体育娱乐市场是市场经济不可缺少的组成部分

经济发展带来了两个积极的结果：一是物质产品丰富，二是人们的余暇时间增多。人们对精神方面的需要和发展大大提高了，这表现为参加体育锻炼的人越来越多。人们在关心自身健康的同时，把富余的资金和余暇时间投向体育娱乐活动中去。体育娱乐活动作为一种社会现象，它对整个社会渗透范围之广是惊人的，可以说几乎每个人都会卷入这个领域。

5. 体育推动城市建设

现代社会的体育越来越被大众所认识、接受，所了解，大型的体育场馆可以作为一个城市的标志性建筑，随着社会的进步和发展，大型场馆将会越来越多，它是城市建设的一部分。

三、现代社会中身体素质的重要性

随着科学技术的发展，人类对自身的研究和认识进入了一个崭新的境界。在现代高度文明的多元化的信息社会里，计算机、通信、遗传工程、空间技术、海洋开发等新技术将使整个社会发生巨大的变化。然而，信息社会也好，知识经济社会也好，无一不与人的体力和智能的开发有关，也无一不影响着身体和智力的发展。当我们面对新世纪重大挑战时，有效地提高全民族的身体素质水平，对社会发展是十分重要的。身体素质在现代生活中的重要性，可以归纳如下：

（1）良好的身体素质，可以有效地增进健康，有更大的精力胜任日常工作、生活，并且有应付紧急事件的能力和一般活动能力。

（2）良好的身体素质，可以使人们有效地克服精神上和情绪上的压力，有更明确的生活态度和自信心，从而减少心理疾病的发生。

（3）良好的身体素质，可以改进个人的外观。使人有适宜的体重，健美的体形，延迟衰老过程。

（4）良好的身体素质，可以减少心血管系统等现代慢性疾病的发病机会，有能力在疲劳前完成更多的工作且工作后能较快恢复。

（5）良好的身体素质，可以提高对周围环境的适应能力，抵御周围环境不良因素的影响，使人体的免疫系统得到加强，减少各种疾病的发生，并提高抗病能力。

（6）良好的身体素质，可改善力量和肌肉的持久力，减少肌肉和关节损伤的可能性，减少人体因活动而产生的各种不适。

未来社会需要的是具有渊博知识及较高智力和较强能力的开拓型人才。身体素质是现代化人才的必备条件，是走向成功的基础。

第二节　体育的功能

体育的功能是指体育对人类自身及其社会的作用，它是在体育的生物效应和社会效应之上衍生出来的，它随着时代的进步和社会发展的需要而发生变化。一般说来，体育功能表现在以下几个方面。

一、健身功能

体育的本质特征是身体活动，现代科学技术的发展使人们的体力活动大大减少，运动缺乏使人们处于亚健康状态。人体在运动时产生一系列的生理和心理变化，突出表现为健身强体的本质功能。

1. 改善和提高中枢神经系统的机能

大脑是人体各种活动的指挥中心，耗氧量却只占全身总耗氧量的25%，长期从事脑力劳动，会使人头昏脑涨，就是由于血液循环慢，大脑供氧不足所致。经常参加体育锻炼，能使大脑获得更多氧气，改善大脑的供血、供氧情况，提高大脑兴奋性，从而增强记忆力。体育活动中神经过程的均衡性和灵活性加强，对刺激的反应更迅速、准确，能够提高大脑的综合能力，使整个肌体的工作能力得到改善。

2. 促进肌体生长发育，提高运动能力

经常从事体育运动的青少年比一般青少年身高增长快，骨骼变粗，骨密质增厚，抗弯、抗折、抗压能力增强。体育运动使青少年肌肉发达，它改善肌肉的血液供给情况，增加肌肉的营养物质，特别是蛋白质含量，使肌肉体积增大，工作能力增强。

3. 促进人体内脏器官特别是心血管构造的改善和体能的提高

体育运动使摄取、消耗能量增加，新陈代谢旺盛，血液循环、呼吸、消化、排泄等系统的机能得到改善。心跳的每搏输出量增加，心跳频率减少，心脏工作出现“节省化”现象。体育运动使心壁增厚，心肌增强，心容积增大。体育锻炼能促使血管的弹性增强，紧张性降低，对血管硬化和高血脂疾病有防治作用。

4. 提高人体的适应能力

人体的适应能力，就是人体与外界环境保持平衡的能力。肌体内部的各种生命活动，自身随时都在破坏或保持（调节）内部的平衡。人体的适应能力是在各种环境变化中培养出来的，只有经常到自然界中进行体育锻炼，才能达到“适应”的效果。

5. 防病治病，推迟衰老，延年益寿

人的生老病死是不可抗拒的客观规律，但是人的体质好坏、衰老的快慢是可以控制的，坚持经常的、科学的体育锻炼可以防治疾病，推迟衰老。经研究证明：不锻炼的人 30 岁起身体体能就开始下降，到 55 岁身体机能只相当于他最健康时期的三分之二，而经常锻炼的人到 50 岁左右身体机能仍相当稳定。运动医学专家指出每天坚持跑步 10 分钟的人心脏可以年轻 20 年。

6. 调节人的心理，使人朝气蓬勃，充满活力

参加体育运动能使人心情舒畅，精神愉快，使某些不健康的情绪和心理得到调整。经常参加体育活动的人兴趣广泛，性格开朗，有良好的气质。

二、教育功能

人刚出生时只是个生物的人，使之成为社会需要的人，必须经过一个不断学习的过程，接受各种教育使他的价值得到社会和群体的承认，在这个人不断社会化的过程中，体育起着非常重要的作用，教育功能表现在以下几个方面。

1. 掌握基本生活技能

提高人口素质，首先要从幼儿、青少年抓起，推行快乐体育教育。使他们在玩中通过爬、站立、走、跑、跳、投、攀、搬运等动作学习最基本的生活技能；

同时，通过模拟成人的各种活动、角色、行为学习适应社会生活的能力。

2. 学习社会规范，发展人际关系

体育运动是一种人与人相互接触交往、相互影响和作用的社会互动过程。在体育活动中，特别是体育竞赛中，参观者之间、参加者之间、集体之间无不频繁地交互作用。活动时由于生理、心理、情绪等方面的变化每时每刻都对参加者提出思想品德方面的考验。如长跑出现“极点”是坚持还是半途而废；裁判员出现误判、漏判，是宽容大度还是斤斤计较；集体配合失利是鼓励还是抱怨等都是自我教育或接受教育的良好契机。通过参与体育活动可以使青少年学会正确处理人际关系，养成遵守社会规范的习惯。

3. 传授文化科学知识，掌握运动技能

体育知识是人类科学文化知识宝库中的一部分。通过体育运动，可使人们掌握有关身心健康和体育运动方面的知识以及运动技能，满足他们不断增长的精神需求，学会科学的、健康的生活方式，提高生活质量。

4. 培养竞争精神

竞争精神是现代人的一种特殊重要的素质。竞争是体育的特性之一。在体育教育或运动竞赛中，始终贯穿着竞争和向上的精神。在体育活动中人们不仅身体上得到锻炼，而且思想上也同时得到锻炼。体育运动员要敢于拼搏，敢于创新，努力超过别人，要有一种积极的竞争精神。

5. 激发爱国热情，振奋民族精神

国际体育比赛中为优胜者升国旗、奏国歌，那激动人心的时刻使人热血沸腾，顿感国威大振，是强烈、生动、富于感染力的爱国主义教育。例如在雅典奥运会上，刘翔跑出了中国人的士气，振奋了民族精神，使全世界人刮目相看。

三、娱乐功能

体育运动具有技术性、艺术性、惊险性、对抗性、配合默契性、易于接受的朴素性和娱乐性等特点，能够充分满足人们的精神需要。体育的娱乐功能可以通过以下两个方面实现。

1. 观赏

体育文化它所表现的人体美、健康美、韵律美……给人以美的享受，使人产生一种愉悦的心理感受。

（1）观赏体育运动是人们的精神享受

花样滑冰运动员申雪、赵宏博在一曲悠扬的《图兰朵》的伴奏下翩翩起舞，演绎完美的体育美。跳水、花样游泳、体育舞蹈、篮球、足球等体育运动表现出的高、精、尖、难的技术水平都会给人们带来赏心悦目的刺激与欢乐。

（2）观赏体育运动是一种知识的扩充

如篮球的“212”“122”“131”等战术体系，足球的“433”“442”“451”等战术内容这些都属于体育运动的知识范畴。通过观赏体育运动可以扩大人们的知识面。

（3）观赏体育运动是促进精神文明建设的重要手段

在观赏体育运动过程中可以见到场内场外的各种社会行为，作为一名观赏者，保持正确的立场、观点才能对体育运动中所表现的各种行为作出正确的鉴别与评价，从精神上得到升华，促进精神文明建设。

2. 参与的快乐

人们通过参与体育运动，并在结合自然力（日光、空气、水）来锻炼身体的过程中，在与同伴的默契配合中，在与对方斗智斗勇的对抗中，体验到一种美妙的快感和心理上的满足，愉悦身心。

四、政治功能

体育运动受一定的社会政治条件影响和制约，为一定的社会服务，具有很强的政治功用。

体育自古以来与政治密切相关。古代奥运会的形成和发展，明显标志出体育竞赛是各城邦之间显示实力的一种竞争。体育具有增强国民凝聚力的功能。体育运动具有群众性，能够提供群众性聚会的机会，使人们在这些活动中加强人际交往，增进感情，促进各民族之间的团结。

五、经济功能

随着社会的发展，体育的经济价值被越来越多的人理解和接受。一个人身体是否健康，直接影响工作效率，影响生产力的发展，影响社会的经济效益，也影响个人的经济收入和支出。体育的发展必然促进相关产业的发展，也促进社会经济的发展。

1. 身体健康带来了经济效益

人的体质弱、健康状况不好必然导致学习、工作和生活受到影响。对社会贡献小，创造的经济价值就小，甚至会给个人及社会带来经济负担。所以体育的经济功能有重大意义和作用。

2. 促进体育相关产业的发展

随着社会的进步与发展，体育的消费是多方面的，包括服装、器材、设备、报刊、观看比赛、参加体育俱乐部……随着人们对身体健康的要求越来越高，投入到相关产业的消费也越来越大。消费必然促进生产，一些与体育相关的产业也必然兴起和发展。

3. 体育竞技比赛产生巨大的经济效益

体育的经济功能在大型的竞技比赛中表现得尤为突出。大型的竞技比赛不再是消费，而成为获取经济效益的机会和手段。比如：1992 年巴塞罗那奥运会盈利 5000 万美元；2000 年悉尼奥运会盈利 17.56 亿美元；2004 年雅典奥运会给雅典带来了 100 亿欧元的经济活力。除此之外，世界上比较有名气的足球俱乐部，例如皇家马德里、曼联、AC 米兰三家足球俱乐部平均每年盈利 2 亿欧元以上。比赛所带来的经济效益远非这些，这里就不一一介绍了。

第三节　高等学校体育

一、高等学校体育的目的和任务

高等学校体育是高等教育的重要组成部分，其目的是增强学生体质，增进学生健康，丰富文化生活，强化体育意识，培养创新精神和实践能力，使学生在德智体各方面全面发展，成为现代化事业的建设者和接班人。为了达到高等学校的体育教学目的，应完成下列基本任务。

1. 增强学生体质，增进学生身心健康

人的体质是指人的肌体质量。身心包括生理和心理两方面。大学生在校学习生活时期是身体生长发育的重要阶段，应注意大学生的生理和心理特点，通过各种途径促使学生积极参加体育活动，重视营养卫生，遵守合理的作息制度，有效地促进大学生身心的正常发育，提高大学生的健康水平和对环境的适应能力。

2. 使学生掌握体育基本知识、技术和技能，培养学生体育运动能力和习惯

为了提高学生参加体育运动的自觉性和科学性，提高体育素养，高等教育除了有计划地系统传授学生体育的基本知识外，还需培养学生养成锻炼的习惯，培养学生良好的体育意识。培养学生科学地掌握锻炼身体的方法，不仅能提高学生在校期间的生活质量，对他们毕业后走向社会，以旺盛的精力投入工作也具有十分重要的意义。

3. 发展学生的竞技体育才能，提高学校的运动竞技水平

高校体育应积极贯彻普及与提高相结合的方针，在广泛开展群众性体育运动的基础上，积极发展高校师资、场地设施和多学科的优势，充分发挥大学生在智能和体能上的优势，重视大学生生理、心理特征。对部分体育基础较好并具有一定专项运动才能的学生进行课余专项运动训练，进一步增强他们的体质，提高运动技术水平，使之成为学校群众性体育活动的骨干。

4. 培养良好的思想品德，促进学生个性发展

学校体育不仅要育体而且要育心，应教育学生为祖国社会主义现代化建设锻炼身体，培养学生热爱祖国和建设祖国的情感。在体育活动中采用规则约束有利于增强学生公平性意识，有利于培养学生良好的体育道德、团结协作的集体主义精神。通过体育运动可以培养学生的自信心、独立性、创新性和热爱美、鉴赏美、表现美的情感和能力，促使学生在知识、情操、意识、行为诸多方面有更高的追求，促进学生个性的全面发展。

二、实现高等教育目的任务的途径

1. 体育课教学

体育课是高等学校教学计划当中规定的必修课程之一。国务院颁发的《学校体育工作条例》规定，普通高等学校一、二年级必须开设体育课，三年级以上开设体育选修课。学校体育教学由两部分组成即理论和实践。根据全国普通高等学校体育课程教学指导纲要，体育课程可分为以下各种类型：

（1）基础课：教学内容具有基础性，教学要求具有普遍性。

（2）选项课：根据学生喜好特长以某一类身体练习为主组织教学。

（3）选修课：学生选择某一项运动项目进行深化学习，强化体育意识，培养独立锻炼的能力。

（4）保健课：为患有慢性疾病或有残疾的学生开设的指导课。

（5）季节课：根据气候条件开设的基础课程。

2. 课外体育活动

课外体育活动是体育课的延续和补充，是实现高等学校体育教育的重要途径。课外体育活动主要包括早操、课后活动、体育课课外辅导、校运动会、体育节及有组织的学生体育协会等。开展课外体育活动本着增强体质，促进身体全面发展的原则，培养学生锻炼身体的习惯，掌握运动技能，丰富文化生活，发展学生个性，调节身心，调节脑力疲劳，提高学习和工作效率。

3. 运动训练

有计划、有目的的组织学校运动代表队的训练是以提高运动技术水平和运动成绩为前提、参加各类运动竞赛为目的、培养优秀运动员为核心的一种组织形式。运动训练应注意普及与提高相结合，安排好文化课与专业课的学习，加强思想品德教育，使学生既有较高的文化专业知识，又有较突出的运动成绩，为参加更高一级的竞赛作出贡献。

4. 体育竞赛

学校课余体育竞赛是学校各种运动项目比赛的总称。课余体育竞赛不仅具有丰富校园文化生活、鼓励激情、振奋精神、增进团结等作用，也是检查体育教学、运动训练和体育锻炼效果的一种重要手段，同时也是发掘体育人才，培养学生集体主义精神的重要途径。它是吸引广大学生参加体育活动的一种很好的形式，另外通过校际竞赛活动可以扩大学生的视野和提高社交能力。

三、高等学校学生体育规格

各类学校学生的体育规格是学校体育对学生的具体要求，是对学生进行体育教育的个体评估标准。不同类别学校，在学生体能、掌握体育的知识与技能的要求上虽然有所侧重，但对身体的形态和机能的正常发育、发展，对身体素质的提高等方面均应达到体育规格的要求。

国家教育部颁布的《学生体育合格标准》，在内容及指标体系上，均提出了可行的量化标准，这可作为各级学校学生体育规格的具体要求。

1. 身体形态

身体形态是指人体的外表形态结构，包括身体的整体指数与比例及身体的姿态，与身体形态的主要相关因素是身高、体重、胸围。身体形态的规格要求是体态匀称，形态各部分发育、发展协调。学生的身体形态如何，可以说明学生身体是否正常发育和发展。

2. 身体机能

身体机能是指人体各器官系统的功能。身体机能的规格要求是内脏器官及系统功能逐年有所提高，具有承受一定超负荷的能力。体育锻炼能使内脏器官及系统的功能有所提高，尤其是呼吸系统与心血管系统的功能提高，对人体承受负荷能力有重要意义。

3. 身体素质

身体素质是指人体各器官系统的机能在体育活动中所具有的各种能力（包括力量、速度、灵敏、耐力等）。身体素质的规格要求是各种身体素质全面、协调地发展。

4. 健康状况

健康是人类最基本的需求，健康是身体的、精神的以及社会的完全良好的状态。包括身体、精神、社会适应及道德多方面。健康的规格要求是营养正常，体力上精神上具有承受较大负荷的能力；具有良好的社会行为能力。

5. 体育理论知识与技能掌握

体育的基本理论知识是学生锻炼时所应遵循的科学依据，运动技能是学生锻炼时必不可少的方法、手段。

6. 课外体育锻炼

课外体育锻炼是各级学校学生运用所学到的体育知识和技能，进行独立锻炼的主要环节。学生应通过多次的重复练习，使掌握的运动技能达到熟练运用的程度，应经常参加课外体育锻炼，养成良好的锻炼习惯。课外体育锻炼的规格要求是自觉参加课外体育锻炼，并持之以恒。

7. 心理素质

学校体育对学生在心理素质提高方面也有积极的影响和作用。体育运动能激发人的情绪，通过相互影响及体育运动过程中千变万化的实践体验，能提高学生的自我调控能力。心理素质的规格要求是情绪正常，思维敏捷，对偶发、突发事件心理上有较高的自我调控能力。

8. 体育道德品质

体育运动对培养学生的组织纪律性和集体主义观念有积极的作用，对意志品质也有较高的要求。体育运动的规格要求是，团结协作，勇敢顽强，拼搏进取，胜不骄、败不馁。

第二章　健康概论

第一节　健康的概念

一、什么是健康

健康是人类永恒的话题，是人类生存和发展的最基本的条件，也是创造社会物质文明和精神文明的基础。居里夫人有一句名言：“科学的基础是健康的身体。”可见健康对于大学生来说是多么的重要。然而，什么才是健康呢？习惯上，人们认为没有生理功能异常、没有疾病就是健康，这种认识是不全面的。因为构成健康完整概念的因素较为复杂，包括生理、心理（精神）、自然和社会环境诸多方面，所以在 1948 年，世界卫生组织在制定的宪章中指出：“健康不仅是免于疾病和衰弱，而且是保持身体上、精神上和社会适应方面的完美状态。”1989 年，世界卫生组织又在《阿拉木图宣言》中，对健康新概念加以重申：“健康包括身体健康、心理健康、社会适应良好和道德健康。”只有具备了上述四个方面的良好状态，才是一个完全健康的人。这个概念摆脱了千百年来对健康的片面性认识，使人的自然属性和社会属性得到了统一；它既重视健康对人的价值，又强调人对健康的作用，并将两者有机地结合起来。由此我们可以看出，对于健康的认识是一个不断发展的过程。

与此同时，有学者根据健康的新概念，从身体健康、心理健康、社会适应良好和道德健康四个方面进行了阐述。认为身体健康是指人的结构完整和生理功能的正常；心理健康是指能正确认识自己及周围的环境和事物，表现为自我人格是完整的，自我感觉良好，情绪稳定，心理平衡，积极向上，有较好的自控能力，有正确的人生目标，不断追求和进取，对未来充满信心；社会适应良好是指一个人的心理活动和行为，能够适应复杂的社会环境变化，能为他人所理解，为社会所接受；道德健康是指能明辨是非，能按照社会规范的准则约束自己的言行，能为大众的幸福作出贡献。大学生具有良好的道德素质是立身之本。

二、健康的标准

世界卫生组织在2000年提出了健康的十个标志。它的内容包括心理及社会环境适应能力方面和生理方面，成为现今社会上最有权威性的新标准。

1. 心理及社会环境适应能力方面的标准

（1）精力充沛，能够从容不迫地应付日常生活和工作压力而不感到紧张。

（2）处事乐观，态度积极，乐于承担责任，事无巨细，不挑剔。

（3）善于休息，睡眠良好。

（4）社交能力强，能适应外界环境的各种变化。

2. 生理方面的标准

（1）能够抵抗一般性的感冒和传染病。

（2）体重适当，体型匀称，站立时头、肩、臀的位置协调。

（3）反应敏锐，眼睛明亮，眼睑不发炎。

（4）牙齿清洁无空洞、无痛感、无出血现象、齿龈颜色正常。

（5）头发有光泽，无头屑。

（6）肌肉和皮肤富有弹性，走路轻松自如。

3. 肌体健康的“五快”标准

有学者提出肌体的健康也可以用“五快”来衡量。

（1）食得快：不是指狼吞虎咽，而是指不挑食、不偏食，没有难以下咽的感觉，说明内脏功能正常。

（2）便得快：能很快地排泄大小便，并感觉轻松自如，便后没有疲劳感，说明肠胃功能良好。

（3）睡得快：晚间定时有自然睡意，上床后能很快入睡，且睡得深。醒后头脑清醒，精神饱满。说明中枢神经系统的兴奋、抑制功能协调，内脏无疾病信息干扰。

（4）说得快：说话流利，语言表达准确。说明头脑思维敏捷，心脏功能正常。

（5）走得快：诸多病变，导致身体衰弱先从下肢开始，走得快说明精力充沛，身体状况良好。

4. 精神健康的“三良”标准

（1）良好的个性：性格温和，意志坚强，感情丰富，胸怀坦荡，心境达观，不为烦恼、痛苦、伤感所左右。

（2）良好的处世能力：能够客观观察问题，具有自我控制能力以适应复杂的社会环境，对事物的变迁保持良好的情绪，常有知足感。

（3）良好的人际关系：待人接物宽和，不过分计较小事，能助人为乐，与人为善。

三、影响健康的主要因素

1. 环境因素

（1）自然环境

自然环境是人类赖以生存的物质基础。自然环境中某些化学元素含量的多少，会影响人体的生理功能。尽管人体的生理功能具有一定适应和调节能力，但这种调节能力是有一定限度的。如果环境中的某些化学元素含量过多或过少，超过人体生理的调节范围时，便会使人和环境之间的平衡遭到破坏，从而使机体的健康受到不同程度的影响。例如二氧化碳的过量排放造成的温室效应、氟利昂造成的臭氧层空洞和放射性污染等问题。这些都严重地破坏了地球的生态系统，直接威胁着人类的生存和发展。

（2）社会环境

社会环境包括社会体制、社会经济状况和文化教育等几方面。不良的社会环境直接或间接地危害着人们的健康。

1）体制与健康。一个国家政治局势的稳定、政治制度的完备利于人类发展体制的完善，有助于国民健康的提高。人民的健康水平需要国家政府的保障和支持。新中国建立后，人民是国家的主人，国家的卫生事业为人民健康服务，人民的健康水平有了很大的提高。

2）经济与健康。经济是社会进步和社会生活的基础。经济的发展是人民健康水平提高的根本保证，是确保人民体质健康的物质基础。如要保证国民的身体健康，国家和社会就需要对卫生投资，卫生投资的效益表现为国民健康水平提高。健康水平的提高必然带来经济效益，对社会经济发展起到积极作用。

3）教育与健康。享有受教育的权利是人全面发展的重要前提，也是享有健康的前提。受教育程度和文化素养决定着人的健康价值观，决定着人是否能作出有益于健康的决策。体育教育属于教育的重要组成部分，它对人类的健康发展起着积极的促进作用，体育教育的最终目的是增强体质健康，培养终身体育意识，使人们的身心得到全面的发展，它将是现代人设计和选择未来健康生活的基础。

2. 生物学因素

引起传染性疾病和感染性疾病的病原微生物和导致遗传性疾病及伤残与障碍等遗传和非遗传的内在缺陷，归类为生物学致病因子。

由生殖细胞或遗传物质突变所引起的疾病称遗传病。遗传因素在影响人类健康时，常与环境因素、行为因素共同作用、相互制约。如精神分裂症的发病，遗传因素占 2/3，环境因素占 1/3。许多遗传病并未表现出临床症状，便成为异常基因库，对人类的健康产生更大影响。

3. 行为和生活方式因素

行为和生活方式是指人们长期受一定的社会、经济、文化、民族、家庭等因素影响而形成的一系列比较固定的生活习惯、生活制度和生活意识。

良好的个人行为和生活方式有利于提高身体健康水平，降低损害健康的危险因素。包括规律的生活作息制度、科学的体育锻炼、平衡的膳食、保持充足适宜的睡眠，避免吸烟、酗酒、吸毒、滥用药物、不正当的性行为等。不良的个人行为和生活方式影响着人体的健康。

4. 卫生保健服务因素

卫生保健服务指卫生机构和卫生专业人员针对个人、群体和社会的健康需要，所提供的必要的、可能的服务。卫生保健服务是保证人类健康极为重要的因素，是人类征服疾病、控制疾病的重要措施。一个国家，一个民族，要求得生存与发展，国民必须具有健康的身体，这是一个基本条件。要保证国民的身体健康，国家和社会就需要加强卫生服务。近年来，我国人口的发病率、死亡率及人均预期寿命等多项健康指标，已经达到或接近世界发达国家水平。

四、什么是亚健康

亚健康是近年来新提出来的概念。亚健康是介于健康与疾病之间，生理功能低下的一种状态，又叫“第三状态”或“灰色状态”。是指机体在内外环境不良刺激下引起的心理、生理发生异常变化，但尚未达到明显病理性反应的程度。从生理学角度来讲，就是人体各器官功能稳定性失调尚未引起器质性损伤，医学检查所得各项生理、生化指标均无明显异常，医生无法作出明确诊断。在此状态下如能及时调控，可恢复健康状态，否则会发生疾病。

世界卫生组织的一项全球调查结果显示，现代社会完全符合健康标准的人仅有大约15%左右，属于有疾病在身的人大约15%，其余近70%的人群都处于不同程度的亚健康状态。人体处于亚健康状态时，容易患病，身心感到不适，对学习、生活和身心健康造成不良影响，不能很好地发挥体力和心理上的潜力。因此应重视亚健康，采取有效的措施使有缺陷或障碍的身心功能得到改善、增强或补偿，从亚健康状态转归到健康状态。

1. *形成亚健康状态的原因*

（1）由于过度疲劳造成的精力、体力透支

因生活、工作节律加快，竞争日趋激烈，使人们用脑过度，身心长时期处于超负荷紧张状态，由紧张而造成机体身心疲劳。表现为疲劳、精力不足、注意力不集中、记忆力减退、睡眠质量不佳、颈背腰膝酸楚疼痛、性机能减退等。长期下去，必然造成内脏功能过度损耗，机能下降而出现亚健康状态。

（2）人的自然衰老

人体成熟以后，大约从30岁左右就开始衰老，到了一定程度，人的机体器官开始老化，出现体力不足、精力不支、社会适应能力降低等现象。譬如女性患有更年期综合征时，会出现生理功能紊乱、精神和情绪躁乱等现象；男子虽然更年期综合征症状不明显，但也会产生性机能减退，精神烦躁，精力下降等综合症状。这时人体是没有病变的，但是已经不完全健康，属于亚健康状态。

（3）现代身心疾病

如心脑血管病、肿瘤等疾病的前期。现在世界各国公布的死亡前三位病因，几乎都是心、脑血管疾病和肿瘤。这些病在发病前相当长的时间内，机体可能处于亚健康状态，人体内脏系统虽然没有显著病变，但已经有功能性障碍，如胸闷、气短、头晕目眩、失眠健忘、心悸、无名疼痛等。各种仪器和化验手段都不能发现阳性结果。没有对症的药，也没有合理的解释。

（4）人体生物周期中的低潮时期

即使是一个健康的人，在某一特定的时期也可能处于亚健康状态。人的体力、精力、情绪都有一定的生物节律，有高潮也有低潮，脑力和体力都有很大的反差。在低潮时期，就会表现出亚健康状态。

2. 亚健康状态的矫正

对人体的亚健康状态不能掉以轻心，如不注意合理调节，有可能向疾病转化，但处于亚健康状态也不必恐慌，因为亚健康状态有很强的可逆性，多数亚健康状态者经过自我调节，可以消除亚健康状态。

（1）适度运动

“生命在于运动”，坚持适宜的活动内容和活动方式，或者选择参加各项健身活动能延缓人体各器官的衰退老化。

（2）全面均衡适量的营养

人体对各种物质的需求量都有一个度，过量摄入将会适得其反，高糖、高盐、高脂肪食物的长期过量进食，尤其是饱和脂肪酸过量会导致亚健康状态。因此均衡适量的营养是维护健康的基本手段之一。

（3）保持心理健康

长期的精神刺激和压力过大以及长期的压抑愤怒等负面情绪，也是导致亚健康的一个重要因素。保持良好的心态，乐观豁达、奋发进取的精神，是防治亚健康的精神基础。可适当培养业余爱好，如读书、听音乐、练字画等有益于身心健康的活动。

（4）提高自我保健意识

日常生活中要戒除不良习惯和嗜好，如吸烟、酗酒、偏食，做到饮食有节，起居有常，不过度劳累，提高自我保健意识，自觉构筑控制亚健康发生的第一道防线。克服不良生活方式是防治亚健康状态的身体基础。

（5）适时干预

采取药物预防、保健品调理、体育锻炼相结合的干预措施，对失眠多梦、口腔溃疡、消化不良和躯体疼痛等症状，可适当采取用药或理疗或心理治疗等措施，使机体及时转归健康。

第二节　行为与健康

著名的医学专家和社会学家诺勒斯指出：“99%的人生下来就是健康的，但由于种种社会环境条件和个人的不良行为使之患病。”高科技化和城市化的现代社会，给人类带来了高度的精神紧张和刺激，交通拥挤，人际关系复杂化，吸食烟酒以及缺乏体力劳动，进食高糖、高脂肪、高盐和进食、睡眠无规律等“高危因素”，给人类带来了“文明病”和“富贵病”，成为现代人类的主要病因。不健康的行为和生活方式严重地影响着人类的健康，因此，要维持人类健康，必须充分认识自身行为对健康的影响，培养健康、文明、科学的行为方式。

人的行为是机体和心理的外在表现，健康的状态主要是通过正常行为反映出来的。因此，越来越多的人把行为当作衡量人健康的重要指标。究竟什么是健康的行为？人的行为和健康有什么关系？这些都是理解健康本质的前提。

一、健康行为的定义

健康行为是指人的身、心和社会方面均健康的外在表现，躯体健康的人行为反应灵活，活动精力充沛；心理健康的人情绪活动有较强的自控能力，思维言语符合理性，精神面貌正常；社会健康的人其行为符合社会规范。健康的行为不会给自己或他人乃至社会的健康带来危害，具有健康行为的人能够及时准确地感受外界环境条件的改变，恰当调整自己的行为，这是健康行为的重要动态特征。

二、行为对健康的影响

1. 行为对自身健康的影响

在完成行为的过程中，行为本身会造成心理负荷超载以及行为未达目标的心理挫折，从而影响人的健康。考试紧张行为就是其中一例，考试太难，自己又力不能及，在完成考试的一系列行为中产生巨大的心理负荷，一旦考试失误，又产生强烈的挫折感，进而通过神经、内分泌等一系列过程，对健康产生不利影响。

2. 行为对他人健康的影响

个人的行为是构成他人心理、社会环境的重要成分，因此，个人的行为会对他人的心理情绪和社会健康产生巨大影响。如自杀行为会引起亲人的悲痛；配偶的不忠行为会使对方社会名誉受损或遭受强烈的精神刺激，从而发生报复性攻击行为。

3. 行为对环境和社会健康的影响

不卫生的行为习惯会污染环境，凶杀、斗殴、吸毒等行为也会污染社会环境，从而使公众健康受害。行为可损害健康，也可促进健康。认识行为与健康的关系，可以更好地研究人的行为和心理，为促进人的健康服务。

三、大学生的健康行为

1. 规律的生活作息制度

人的生活要有规律，否则神经系统就不可能形成“动力定型”，从而使人的一切生理活动变得杂乱无章，生物节奏被扰乱，使人体各种器官总处于疲于应付的紧张状态。久而久之，身体健康状况就会受到损害，各种疾病也就会产生。大学生可以灵活支配的时间较多，所以一定要有规律、有节奏地安排好自己的作息时间，要学会自我控制，遵守生活作息制度，讲究个人卫生。否则，不仅容易养成生活懒散、不拘小节等不良习性，也不利于增进健康和提高学习效率。

2. 积极的休息

人们从事各种活动之后常会感觉疲劳，为了消除疲劳，恢复充沛的精力，保持健康，就需要积极的休息。即使在没有明显疲劳的情况下，人体的各个器官也需要有一定的休息时间，以促使其互相协调，保持其正常的生理功能。积极的休息是指通过变换工作和活动的方式，协调机体各个部位的活动和大脑皮层兴奋抑制的转换过程，从而使机体保持动态平衡和让大脑得到休息。与之相反，消极的休息则是以静态为主，或卧或坐。睡眠被视为最彻底的休息。以体力劳动为主的人，休息的方式最好采用文娱活动的方式，如听音乐；以脑力劳动为主的人，休息时可做一些体育活动，通过活动肢体，尤其是左侧肢体，使右脑皮层兴奋起来，使左大脑皮层转入抑制状态，达到迅速、有效地消除疲劳的效果。

3. 合理营养和平衡膳食

营养与人类健康有着密切的关系。合理的营养是生长发育、维护健康和延年益寿的主要条件和保证。如果营养不良或营养摄取过多，都会损害人体健康，导致贫血、肥胖症、糖尿病、心血管病等。

健康生活的重要基础是平衡膳食。所谓平衡膳食就是指膳食中所含营养素（糖、蛋白质、脂肪、维生素、矿物质和水）的数量充足、种类齐全、比例适当，并且与机体的需要保持平衡。

4. 科学锻炼身体

生命在于运动，保持脑力和体力协调的活动，是预防和消除疲劳、保证健康的重要因素。科学的体育锻炼可以达到促进生长发育、提高适应能力、增强体质、防治疾病、延缓衰老、延长寿命的目的，并可以丰富生活、增添乐趣、调节心理情绪。

5. 拒绝吸烟与被动吸烟

吸烟是目前危害人类健康最严重的不良行为之一。世界卫生组织调查数据表明，全球共有 11 亿吸烟者，每年有 540 万人死于与烟草有关的疾病，其中一半发生在发展中国家，这相当于平均每小时都有一架大型喷气式客机坠毁。我国目前约有 3.5 亿吸烟者，每年死于吸烟相关疾病的人数近 100 万。据推算，我国遭受被动吸烟危害的人数高达 5.4 亿，其中 15 岁以下儿童有 1.8 亿。每年死于被动吸烟的人数超过 10 万。事实证明，吸烟对人体生理的危害最终会导致各种严重疾病，比如吸烟能致癌，能引发肺癌、胃癌、皮肤癌、口腔癌、食管癌、肝癌等。吸烟不仅危害自身，同时也会危害他人，吸烟对被动吸烟者造成的危害不亚于主动吸烟者。青少年吸烟对身体的危害尤为明显，这是因为他们身体各器官系统尚未成熟，抵抗力不强，所受毒害较成人更深。因此，为了个人和他人的健康，大学生应拒绝吸烟。

6. 避免酗酒

在日常生活中，饮酒是一种十分常见的行为。一般人们认为，酒可以活血，增进食欲。酗酒是指无节制地过量饮酒，是一种影响自身健康、造成严重后果的异常行为。世界卫生组织的资料显示，20 世纪 90 年代因酗酒而死亡的约 75 万人，长期酗酒者的死亡率比一般人高 1～3 倍。长期大量饮酒，会有多种不良反应：容易引起各种消化系统疾病，如胃炎、胃溃疡等；中枢神经系统会受到深度抑制，丧失自制力，导致昏迷甚至呼吸中枢麻痹而死亡；心脏会失去正常的弹性并增大；酒精还会使血液中的脂肪物质沉淀在血管壁上，致使血管变窄，血压升高，从而导致心率失常、高血压、冠心病等；损害人体免疫功能，影响生殖系统健康等。

7. 远离毒品

根据《刑法》第三百五十七条的规定：毒品是指鸦片、海洛因、甲基苯丙胺（冰毒）、吗啡、大麻、可卡因以及国家规定管制的其他能够使人形成瘾癖的麻醉药品和精神药品。

（1）吸毒对社会的危害

1）对家庭的危害：家庭中一旦出现了吸毒者，家便不成其为家了。吸毒者在自我毁灭的同时，也破害自己的家庭，使家庭陷入经济破产、亲属离散甚至家破人亡的困难境地。

2）对社会生产力的巨大破坏：吸毒首先导致身体患上疾病，影响生产，其次是造成社会财富的巨大损失和浪费，同时毒品活动还造成环境恶化，缩小了人类的生存空间。

3）毒品活动扰乱社会治安：毒品活动加剧诱发各种违法犯罪活动，扰乱了社会治安，给社会安定带来巨大威胁。

（2）吸毒对身心的危害

1）吸毒对身体的毒性作用：毒性作用是指用药剂量过大或用药时间过长引起的对身体的一种有害作用，通常伴有机体的功能失调和组织病理变化。中毒主要特征有嗜睡、感觉迟钝、运动失调、幻觉、妄想、定向障碍等。

2）戒断反应：是长期吸毒造成的一种严重和具有潜在致命危险的身心损害，通常在突然终止用药或减少用药剂量后发生。许多吸毒者在没有经济来源购毒、吸毒的情况下，或死于严重的身体戒断反应引起的各种并发症，或由于痛苦难忍而自杀身亡。

3）精神障碍与变态：吸毒所致最突出的精神障碍是幻觉和思维障碍。他们的行为特点围绕毒品，甚至为吸毒而丧失人性。

4）感染性疾病：静脉注射毒品给滥用者带来感染性合并症，最常见的有化脓性感染和乙型肝炎，及令人担忧的艾滋病问题。此外，还损害神经系统、免疫系统，易感染各种疾病。

（3）吸毒对人体的危害

1）身体依赖性。由于反复用药所造成的一种强烈的依赖性。身体依赖性是指毒品作用于人体，使人体体能产生适应性改变，形成在药物作用下的新的平衡状态。一旦停掉药物，生理功能就会发生紊乱，出现一系列严重反应，称为戒断反应，使人感到非常痛苦。用药者为了避免戒断反应，就必须定时用药，并且不断加大剂量，发展为终日离不开毒品。

2）精神依赖性。毒品进入人体后作用于人的神经系统，使吸毒者出现一种渴求用药的强烈欲望，驱使吸毒者不顾一切地寻求和使用毒品。一旦出现精神依赖后，即使经过脱毒治疗，在急性期戒断反应基本控制后，要完全康复原有生理机能往往需要数月甚至数年的时间。更严重的是，对毒品的依赖性难以消除。这是许多吸毒者一而再、再而三反复吸毒的原因，也是世界医药学界尚待解决的课题。

3）毒品危害人体的机理。我国目前流行最广、危害最严重的毒品是海洛因，海洛因属于阿片药物。在正常人脑内和体内的一些器官，存在着内源性阿片肽和阿片受体。在正常情况下，内源性阿片肽作用于阿片受体，调节着人的情绪和行为。人在吸食海洛因后，抑制了内源性阿片肽的生成，逐渐形成在海洛因作用下的平衡状态，一旦停用就会出现不安、焦虑、忽冷忽热、起鸡皮疙瘩、流泪、流涕、出汗、恶心、呕吐、腹痛、腹泻等症状。这种戒断反应的痛苦，反过来又促使吸毒者为避免这种痛苦而千方百计地维持吸毒状态。冰毒和摇头丸在药理作用上属中枢兴奋药，毁坏人的神经中枢。

8. 及时寻求心理咨询

心理咨询是由心理学家或具有相应专业知识的人员对咨询者进行各种心理方面的帮助，对他们在学习、生活或社会交往过程中所遇到的各种心理卫生问题给予解释、劝告，并提出解决的办法和建议，传授心理学的基本知识。心理咨询不同于一般的安慰，它不仅使人开心，更使人成长。这里的成长，就是通过咨询的过程，使咨询者提高心理素质，自己想通了，认清问题的本质，知道该怎么做，达到了人们常说的心理平衡。因此，以往那种旧的观念，认为心理卫生问题不是疾病，或者认为是病但又羞于启口，怕别人笑话而不愿或不敢去进行心理咨询是非常错误的。所以，正确的做法是，当我们一旦感觉到有心理卫生问题时，一定要及时寻求心理咨询。

第三章　科学的体育锻炼

体育锻炼不仅能够强身健体、促进生长发育、预防疾病、延缓衰老，还可以丰富业余文化生活、使人精神愉快，另外对一个人的心理健康和智力发展也起着至关重要的作用。生命在于运动，运动在于合理和科学。要想发挥体育锻炼的优势作用，就必须遵循锻炼原则，科学选择锻炼的内容、制定合理的运动处方，并注意锻炼生理卫生。

第一节　体育锻炼的原则

体育锻炼的原则是体育锻炼参与者科学地安排锻炼计划、选择锻炼内容、运用锻炼方法的原则性指引。

一、经常性原则

经常性原则是指体育锻炼必须长期坚持，使之成为日常生活中必不可少的一部分。根据条件反射原理，体育锻炼对机体给予刺激，每次刺激都产生一定的作用痕迹，连续不断地刺激作用则产生痕迹的积累，这种积累使机体结构和机能产生新的适应，体质就会不断增强，动作技能形成的条件反射也会不断得到强化。因此，体育锻炼贵在坚持，不能期望在短时间内取得显著效果，必须长久积累。保持经常性体育锻炼须做到以下几点：

（1）确立一个能够实现的体育锻炼目标，为目标制定一个切实可行的锻炼计划。

（2）培养锻炼兴趣，激发锻炼热情，逐步养成习惯，使体育锻炼成为生活的重要组成部分。

（3）计划的安排要注意锻炼的间隔，如果锻炼间隔时间过长，效果就会不明显。一般情况下，轻微的运动间隔时间要短，强度大的运动次数可少，连绵不断。

二、自觉积极性原则

自觉积极性原则指体育锻炼者有明确的健身目标，充分认识体育锻炼的价值，自觉积极地从事体育锻炼活动。体育锻炼是一个自我锻炼、自我完善，自我监督、自我战胜的过程。同时，还要有一定的作息制度作保证。只有把体育锻炼当做生活中不可缺少的一部分，才能发挥其优势作用。提高体育锻炼的自觉积极性应做到以下几点：

（1）树立正确的锻炼目标，把体育锻炼当作是日常学习和生活的自觉需要，激发锻炼的热情，从而调动锻炼的积极性。

（2）努力培养兴趣。兴趣是人们认识事物和从事活动的倾向。当一个人对一项体育活动产生兴趣时，就会对这项体育活动表现出极大的主动性和自觉性，做到身心融为一体。

三、时时提高性原则

时时提高原则是指体育锻炼必须遵循人体自然发展、机体适应的基本规律和超量恢复的原理，从不同的主客观实际出发，合理安排运动负荷，在渐进的基础上提高锻炼水平。在体育锻炼过程中，由于机体经过一段时间锻炼后适应能力增强，原来的运动负荷变得不再适应，因此，运动处方要作适当的调整才能不断地增强体质。体育锻炼水平合理提高应注意以下几点：

（1）体育锻炼忌急于求成，运动负荷必须符合自身的实际，做到量力而行，尤其要注意锻炼后疲劳感的适度。

（2）运动负荷应由小到大，逐步提高。

（3）注意提高人体已经适应的运动负荷，使体能保持不断增强的趋势。一般应在逐步提高“量”的基础上，再逐渐增大运动强度，使之适应。然后再作调整，达到新的效果。

（4）锻炼开始时，重视准备活动；锻炼结束后，做好放松整理活动。

四、个体差异原则

个体差异原则是指选择锻炼内容、方法和安排运动负荷时，应根据个人的性别、年龄、职业、健康状况、生活状况、体质水平，对锻炼的爱好、要求和原有的技术基础来确定，按科学的方法进行锻炼，以取得最佳的锻炼效果。在体育锻炼中注意个体差异，合理安排锻炼内容应做到以下几点：

（1）制订一套适用可行的锻炼计划或运动处方，根据个人实际情况，切忌照搬他人计划，否则非但达不到健身的目的，还可能对身体有害。

（2）选择锻炼内容时，要注意它的健身价值，不要追求动作的形式及难度，要根据自身的体质、技术水平、场地条件而选择。

（3）安排运动负荷时要适度，运动负荷过小达不到锻炼目的，运动负荷过大则会损害健康，一般以生理和心理能承受为宜。

五、全面性原则

全面性原则是指体育锻炼必须追求身心全面和谐发展，使身体形态、机能、身体素质及心理素质等方面得到全面协调的发展。要多种内容、多种手段全面影响机体，达到身心俱佳的效果。要促进身体的全面锻炼应做到以下几点：

（1）要从适应环境、抵御疾病的能力、改善机体形态、提高机体系统功能、陶冶情操、丰富文化生活等方面着眼。

（2）体育锻炼的内容、方法要尽可能考虑身体的全面协调发展，一般应以一些功效大、兴趣较浓的运动项目为主，以其他项目为辅进行全面锻炼。

（3）注意全身的运动，不要限于局部。

六、安全性原则

从事任何形式的体育锻炼都要注意安全，如果体育锻炼安排得不合理，违背科学规律，就可能出现伤害事故。在体育锻炼中注意安全应做到以下几点：

（1）每次锻炼前，做好充分的准备活动，克服内脏器官的生理惰性，预防运动损伤发生。

（2）锻炼时，要适当交替运动和休息，掌握运动密度和运动负荷，避免过度疲劳发生。

（3）饭后或饥饿、疲劳时暂缓锻炼，生病刚愈不宜进行较大强度的锻炼。

（4）体育锻炼时注意预防和自我保护。

以上各项原则是相互联系、相互制约的。只有科学的、有目的的全面贯彻这些原则，才能增强体质，取得预期的效果。

第二节　科学选择体育锻炼内容

体育锻炼内容繁多，形式多样，选择不同的健身内容对身体的影响也不同，了解不同的锻炼内容的健身特点，有助于锻炼者根据自身的条件和要求，选择合适的锻炼内容，以求更好地增进健康，达到健身目的。

一、运动的分类

根据运动时能量代谢可将运动分为有氧代谢（如长跑、滑雪）、无氧代谢和混氧代谢运动，其中无氧代谢型还可分为磷酸原代谢型（如举重、100 米跑）和糖酵解代谢型（如 400 米跑、100 米游泳等）。根据锻炼目的，可将运动内容分为七大类。

1．竞技类运动

竞技运动指为了最大限度地发挥和提高人体在体格体能、心理和运动能力等方面的潜力，为取得优异的运动成绩而进行的科学的、系统的训练和竞赛，田径、游泳、体操、各种球类运动等都属于竞技类运动。

2．健身类运动

健身类运动是指一般健康者为增进健康、增强体质、促进机体发展而从事的体育锻炼。这类内容主要是使身体正常发育、协调发展，增强各器官机能，发展身体素质和提高身体的基本活动能力。如走、跑、跳、投掷、太极拳、游泳、舞蹈、体操及各种球类活动等都可以作为健身运动。

3．健美类运动

健美运动是指为了人体的健康与美丽而进行的体育锻炼。这类运动不仅可以增进健康，还可以培养审美能力和身体的表现能力。如举重、哑铃操、韵律操和瑜伽等运动均为健美类运动。

4. 休闲类运动

休闲类体育是指为了调节心情、丰富文化生活而采取的体育活动。这类活动能使人身心愉快，既锻炼了身体，又陶冶了情操。活动性游戏、踢毽子、钓鱼、郊游、爬山、高尔夫球等活动均为休闲类运动项目。

5. 康复类运动

康复类运动是指疾病患者为了治愈某些疾病或恢复某些身体机能而进行的锻炼。康复锻炼一般采用针对性强、较舒缓的运动，如按摩、气功医疗保健操等。

6. 刺激类运动

主要目的是锻炼胆量，培养创新精神。如蹦极、攀岩、跳伞等运动。

7. 格斗性运动

格斗性体育是指掌握和运用格斗的攻防技术而从事的体育锻炼。这类内容既能强身，又能达到攻击、自卫的目的。如擒拿、散手、短兵、拳击、刺杀、射击、击剑、女子防身术等。

二、选择运动项目注意事项

1. 因人而异

人的解剖生理和心理特点、健康水平和锻炼基础各不相同，身体各器官系统功能和活动能力也不同，因此，选择体育锻炼项目，要符合锻炼者的个体原则，根据自身的特点来确定运动项目：如少年儿童适合游戏、舞蹈、游泳、跳绳等运动；青壮年则适合跑步、游泳、球类、武术、自行车运动等项目；中老年则适宜于长距离慢走、慢跑、太极拳、气功、健身操等运动；而对于一些有某些疾病的人，则应采用具有专门作用的锻炼项目才能收到较好的效果。根据锻炼者的身心特点和锻炼目的不同而选择适宜的锻炼项目，一般可分为以下几种情况：

（1）如以提高神经系统机能为目的，这类运动主要是追求提高神经系统的工作的灵活性和稳定性以及发放神经活动的强度。练习动作速度快、变化多且对抗性强的项目，有利于提高神经系统的灵活性，如短跑、投掷、体操、武术及各种球类项目。练习动作单一，变化少且持续时间长的项目，则有利于提高神经系统的稳定性，如中长跑、划船、竞走、较长距离的游泳等。若要提高神经系统发放神经冲动的强度，可采用一些克服重量、表现高速度的练习。如举重、负重蹲跳、短距离冲刺跑、纵跳摸高等。但就锻炼身体而言，通常不宜进行极限重量和极限速度的练习。

（2）如以提高运动系统的机能为目的，这类运动主要是追求肌肉发达及增大肌肉力量，促使骨骼粗壮。追求肌肉的发达可采用中等或较大重量而重复次数在5～10次的练习。如要提高最大力量水平，可采用大重量而重复次数在2～4次的练习。促使骨骼粗壮的项目，如跳跃、奔跑、投掷、有对抗性的球类项目以及一些支撑和悬垂的练习都可以。

（3）如以提高呼吸和循环系统的机能为目的，这类运动主要是追求肺活量、每搏输出量及氧利用水平的提高。选择中长跑、中长距离的游泳、爬山及较长时间的球类活动，都可以取得良好的效果。

2. 因地制宜

体育活动受环境、场地、器材、天气等诸多因素的影响。最理想的健身运动环境是空气新鲜、阳光充足、安静幽雅的公园、树林、海滨和湖畔。优美的环境往往使人心旷神怡，从而使神经系统获得充分的放松，有利于提高健身效果。如果没有这样好的场地条件，那么就应选择不受场地限制的运动。总之选择运动项目时要因地制宜。例如，阴雨天时，可做室内运动，但天气条件允许时，应尽量在室外运动；在高层居住的人，可以利用每天上下楼梯来锻炼身体；住在山区的人，可以爬山；年龄较大而行动不便的老年人，可在阳台上打太极拳或做健身操；家庭成员之间，也可以在室内跳交谊舞或做游戏等。

3. 因时制宜

选择运动时间和项目要根据个人的生活习惯、日常活动规律、工作性质和生活条件来确定，但参加体育健身，最好把锻炼时间固定下来，天长日久就会形成条件反射，这将对体育健身起到积极的作用。一般情况下以清晨起床后为最佳时间。清晨空气新鲜，休息一夜的肢体也需要活动一下。此外，近年来生理学家发现，通过运动可以使大脑分泌一种叫作“安道芬”的化学物质，它具有兴奋神经系统的作用，可以使人维持兴奋状态达十几个小时以上，而且在早晨运动时“安道芬”分泌最多。所以选择清晨为固定锻炼时间，可以为一天的工作打下良好的基础，使人整天都处于精力充沛、神清气爽的状态之中。如果没有时间保障，可以在运动中遵循因时制宜的原则，把体育锻炼贯穿在日常生活之中。

第三节　运动处方

一、运动处方的概念

处方一词在医学上指的是医师给病人开的医疗方法，不同的病或同一种病而程度不同就不能使用同一处方。同样，要科学地锻炼身体，提高健康水平，也必须“对症下药”。

所谓运动处方就是以增进健康、增强体质、提高系统机能为目的而制定的一系列与个人身体状况相适应的、行之有效的科学运动方法，即用医师处方的形式规定健身运动参加者或体疗病人锻炼的内容、运动量和运动强度。它是指导人们有目的、有计划、科学锻炼的一种形式。在有效的运动处方的指导下进行锻炼可以达到下述目的。

1. 增进身体健康

提高身体抵抗疾病的能力，改善身体状态，提高身体活动能力。

2. 提高身体机能

通过锻炼，提高身体素质，如肌肉力量、耐力、爆发力，身体的灵敏性、技巧性、平衡性、柔韧性等。

3. 治疗疾病

把运动当作康复疗法的一种手段。

二、运动处方分类和运动处方的基本原则

1. 按对象和目的分三类

（1）健身运动处方：针对健康人的运动处方，以增强体质提高健康水平为目的。

（2）竞技运动处方：针对专业运动员进行训练的运动处方，以提高专业运动成绩为目的。

（3）康复运动处方：针对患者开出的运动处方，以治疗和康复为目的。

2. 运动处方基本原则

（1）运动处方要强化个体，因人制宜，个别对待。

（2）处方要根据身体适应能力随时进行调整。

（3）要有一定的安全界限和有限界限。

三、运动处方的内容

1. 运动项目

（1）根据体育运动参加者的自身状况和运动能力选择。身体强健、对体育锻炼有着强烈欲望和热情，并能承受较大运动负荷的人，可根据自己的实际情况和兴趣，选择1～2项运动作为健身手段。年轻人可选择球类、举重、武术等；中老年人可选择跑步、游泳、网球、太极拳、气功等。身体不健壮又无疾病者，往往缺乏锻炼的热情和持久精神，常使锻炼流于形式的人最好选择形式活泼且锻炼有效的内容，以激发和培养锻炼兴趣和热情。体弱多病者为了增强体质战胜疾病，可选择慢跑、气功、太极拳等运动恢复和锻炼身体。体重超过正常标准者可选择长跑、长距离游泳、健美运动以达到减肥的目的；体重偏瘦者可选择举重、健美、体操等内容使身体健壮、丰满起来。

（2）根据锻炼目的选择运动项目。发展心肺功能的锻炼，可采用慢跑、游泳；发展力量素质的锻炼，可采用哑铃、拉力器、跳跃练习；发展耐力素质的锻炼，可采用长跑、变速跑；发展速度素质的锻炼，可采用加速跑等手段；发展协调性和柔韧性则可采用武术、舞蹈、球类运动。

2. 运动强度

运动强度是衡量运动量的重要指标之一，指运动时的剧烈程度，可用每分钟的心率次数来评定。一般认为，学生心率在 120 次/分以下为小强度，120～150次/分为中强度，150～180 次/分或 180 次/分以上为大强度。测量运动强度的简单办法是：测量运动后 10 秒脉搏×6，就是 1 分钟的运动强度。

1）适宜运动强度范围，可用靶心率来控制：以本人最高心率的 70%～85%的强度作为标准。

靶心率＝(220−年龄)×(70%−85%)

2）最适宜运动心率，计算公式为

最大心率＝220−年龄

心率储备＝最大心率−安静心率

最适宜运动心率＝心率储备×75%+安静心率

如某大学生 20 岁，他的最大心率为 220−20＝200（次/分），安静心率 70（次/分），心率储备为 200−70＝130（次/分），最适宜运动心率：130×75%+70＝167.5（次/分）。

3. 运动时间

运动时间是指每次运动所持续的时间，即达到处方要求强度的持续时间。运动时间的长短，要根据个人情况、医学检查、运动频度的大小而定。有氧锻炼一般在 30 分钟左右就可以达到较好的效果。

4. 运动频度

运动间隔时间过长或过短都会影响运动处方的效果。

四、运动处方的格式

运动处方可根据不同的需要采用不同的格式，但在处方中，必须指出禁止参加的运动项目、锻炼的自我监督指标及出现异常情况时停止运动的准则等。在制定和执行处方时，都必须严格遵守循序渐进、个别对待的原则，加强医务监督，充分考虑安全。运动处方示例见表 3-3-1。

五、运动处方的制定方法

制定运动处方需按一定的程序。首先对每个人进行医学检查以便全面地了解参加者的身体状况，然后进行负荷的试验和体力测定，为处方中的运动强度提供依据；第二步汇总每个参加者的个人资料；最后根据上述情况，按照运动处方的格式制定出运动处方。

表 3-3-1　100 米运动处方

锻炼目的	1．提高速度，增强力量，提高 100 米成绩 2．克服怕苦怕累思想，坚持科学锻炼
内容与频度 / 星期	1．每周 4 次，每次 20～30 分钟 2．每周周日测短跑一次
星期一	1．400 米慢跑 2．行进间徒手操 4×8 拍 3．原地高抬腿 30 次×2 4．小步跑 30 米×2 5．用 70%的力量 100 米跑 2 次
星期三	1．准备活动 2．力量练习
星期五	1．400 米慢跑 2．行进间徒手操 4×8 拍 3．原地高抬腿 30 次×2 4．小步跑 30 米×2 5．用 90%的力量 100 米跑 2 次
星期日	1．准备活动 2．400 米变速跑 3．100 米测试
注意事项	1．每天的各练习之间，可有短时间休息。当脉搏到 120 次/分钟时可进行下一项练习 2．锻炼几周后，把相应的量作调整 3．每天锻炼，可根据主、客观情况作相应的调整

六、运动处方的修改和微调

运动处方的制定最初并不固定，首先设一个“观察期”，使锻炼者习惯于运动，并能对实施运动处方所引起的身体反应进行研究。然后设一个“调整期”，对运动处方的内容，反复调整、修改，逐步确定。在以后的一个时期，相对固定实施，在相对固定的时期，对运动处方也要进行必要的调整。

在运动处方的实施过程中，可根据锻炼者的具体情况，对运动处方进行微调，以使锻炼者找到最适合自己身体条件的运动处方。

第四章　体育保健

第一节　常见运动损伤及其预防

现代生活中体育运动已经变得越来越重要了，不论是专业运动员，还是为了增进健康而进行体育运动的业余体育爱好者，在体育运动中有一个问题是我们不能回避的，即运动损伤问题。运动损伤所带来的负面影响是多方面的，它不仅仅影响人的身体健康，严重的还可以使人致残，甚至死亡，从而对体育运动的开展造成不良的社会影响和心理影响。

因此，正确认识和预防运动损伤就成了我们在体育运动过程中需要特别注意的问题。

一、运动损伤的概念

在体育运动过程中，人体组织或器官受到的直接或间接的伤害，称为运动损伤。运动损伤不同于一般的工农业生产和日常生活中的损伤，它多与体育运动项目及技术、战术动作特点密切相关，为此常有些运动损伤便以其运动项目命名。例如“网球肘”“足球踝”“跳跃膝”等。运动损伤也常与运动训练水平、运动环境以及运动条件等因素有关。

二、运动损伤的分类

（1）按损伤的组织结构分类

按损伤的组织结构可分为皮肤损伤、肌肉损伤、肌腱损伤、关节软骨损伤、骨及骨骺损伤、滑囊损伤、神经损伤、血管损伤、内脏损伤等。

（2）按损伤时间分类

按损伤时间可分为新伤和旧伤。

（3）按损伤的病程分类

- 急性损伤：直接或间接外力一次作用而致伤，伤后症状迅速出现，病程一般较短。
- 慢性损伤：陈旧伤、急性损伤后因处理不当而致反复发作。
- 过劳损伤：由于局部运动负荷量安排不当，长期负担过重超出了组织所能承受的能力，局部过劳致伤，症状出现缓慢，病程一般较长。

（4）按性质分类

- 开放性损伤：伤后皮肤和黏膜的完整性遭到破坏，受伤组织有裂口与体表相通。如擦伤、刺伤、切伤、撕裂伤及开放性骨折等。
- 闭合性损伤：伤后皮肤或黏膜仍保持完整，无裂口与体表相通。例如挫伤、关节韧带扭伤、肌肉拉伤、闭合性骨折等。

（5）按程度分类

- 轻度损伤：伤后锻炼者仍能按计划参加体育锻炼。
- 中度损伤：伤后不能按计划进行训练，需停止患部活动。
- 重伤：受伤后不能训练。

（6）按运动技术与训练的关系分类

- 运动技术损伤：与运动项目、技术战术动作密切相关的损伤。例如网球肘、投掷肘等，多为局部组织过劳。
- 非运动技术损伤：多为运动中的意外伤。

三、运动损伤发病的潜在因素

运动损伤的发生多因运动项目的不同而不同，有其自身的发生规律，即各项运动有其不同的损伤好发部位及其专项多发病。例如：体操运动员的跟腱断裂；羽毛球运动员的椎斑疲劳骨折等。其他项目也是如此，尤其是慢性损伤，究其规律多由运动项目与人体两方面所存在的潜在因素共同决定的：其一，运动项目及其技战术对人体的特殊要求；其二，人体自身某些部位在运动中所表现出的解剖生理弱点。大家知道，人体上体占人体体重的50%，是用有限的骨骼来支撑的，骨骼因不能直接抵抗外来的撞击，必须同关节组成一体，起到吸收及减缓冲击力的作用。如此构造遍布全身各处，在没有多少肌肉覆盖的胫部等部位抵御冲击的能力就很弱。例如：一名成年男性由于直立行走，腰椎受到内脏的压力，以及颈椎支撑约 7 公斤左右的头颅，过度弯曲和牵拉，非常容易造成损伤。因此，这两方面潜在因素在运动中是客观潜伏存在的，并不一定直接导致运动损伤的发生。

四、运动损伤发生的直接原因

运动损伤的两个潜在因素是矛盾对立的两个方面，是对立统一，也是客观存在的，它们的存在仅能说明运动中具有发生损伤的可能，并不一定直接导致损伤的发生，在进行体育运动及身体锻炼中没有适当的保护措施会使受伤的危险性增高，身体的不协调性也非常容易引起运动损伤。下面将介绍一下导致运动损伤发生的直接原因。

1. 认识不足，措施不当

首先，体育教师和体育锻炼者对预防运动损伤的意义认识不足，思想麻痹，存在一些片面的认识，如“运动损伤难免”“运动损伤不过是些小伤小病，关系不大”，甚至将预防运动损伤的科学态度与勇敢、顽强、拼搏的体育精神对立起来，因此，在教学中未能积极地采取有效的预防措施，发生损伤后也不认真总结分析。其次，不少男性青少年生活经验不多，思想麻痹，缺少防伤观念，运动中好胜心强，好奇心大，心血来潮，忘乎所以，常盲目、冒失地从事力所不及的运动动作，导致运动损伤；一些女学生在体育运动中胆小、害羞，做动作时恐惧、犹豫、紧张，这些都会造成动作失败而受伤。

2. 准备运动不足

不论在何种体育运动中，充分的准备活动是保证身体不受损伤的主要手段。因此，无论是在日常的体育锻炼还是教学训练中，都应充分做好准备活动，目的是提高中枢神经系统的兴奋性，特别是克服植物性神经的惰性。通过全身各关节以及肌肉的活动，加速血液循环，使肌肉组织得到充分的血液供应，以便增强肌肉的力量和弹性，并恢复技术动作的条件反射联系，为正式活动做好充分的准备。

以下几个方面是我们在准备活动过程中经常易犯的错误：

（1）不做准备活动就进行激烈的体育活动，极易造成肌肉损伤，关节扭伤。

（2）准备活动敷衍了事，神经系统和各器官系统的功能尚未达到适宜水平。

（3）准备活动的内容不得当。

（4）过量的准备活动致使身体功能没有处于最佳状态而是有所下降。

3. 运动量安排不合理

实践证明，运动量安排不合理不但不能起到锻炼身体的效果，还会引发运动损伤。主要表现在以下几个方面：

（1）局部运动负荷安排不合理

长期局部负荷过大，以致超过了人体组织所能承受的能力，在这种情况下进行体育锻炼，人体组织结构因过度摩擦、挤压或因过度牵拉，引起微细损伤积累，导致慢性损伤。

（2）一次运动量过大

由于持续长时间的剧烈运动，体力消耗过大，血糖降低，出现急性重度疲劳。此时，可以引起大脑皮层抑制过程破坏，运动能力降低，精确度下降，警觉性和注意力减退，防御性反应迟钝，这些都是引起运动损伤的条件，往往会发生严重的急性运动损伤。

（3）教学、训练和比赛活动组织安排不当

这方面的问题包括是否遵守教学、训练和比赛的原则问题，也包括组织方法的问题。在教学过程中，特别是进行器械训练时，因教师负责的学生过多而缺乏必要的保护措施，男教师对女生保护不便，教师对素质和技术差的学生未及时给予得力的保护等组织不当的教学行为，都比较容易引发学生受伤事故。此外，运动场地窄小，人多拥挤，增加了相互碰撞的机会，这在一般学校的课外活动中表现得更为突出，这些都是应该努力避免的。

（4）缺乏医务监督及安全保护措施

如果能及时发现影响学生身体健康、身体结构、成熟程度的因素，就可以采取必要措施对学生的活动进行调整。因此对学生进行身体检查，主要是眼、耳、咽喉、血压、脉搏、疝气等方面的检查，这是预防运动损伤必不可少的环节。不仅如此，如果条件允许还应该对学生骨骼系统从结构到外形进行更为严密的检查，了解学生的肌肉力量，关节的稳定性，身体姿态及以往所受损伤的部位、原因。这样可以有效避免不必要的损伤。

（5）身体机能状态和心理状态不良

首先，睡眠或休息不好，缺乏经验，思想麻痹，情绪急躁；或在练习中因恐惧、害羞而产生犹豫不决和过分紧张等。因此损伤的预防不仅仅从医学的角度，还必须从心理上去进行。其次，体育基础差，身体素质差，或动作要领掌握不正确，一时不能适应体育活动的需要也容易发生损伤事故。

（6）场地设备、气候条件不良

场地不平整，有杂物，场地太硬；器械安装不牢，缺乏必要的护具；过高的气温和潮湿的天气导致人体大量排汗失水，使人疲劳、中暑、肌肉痉挛；在寒冷的冬季易发生冻伤，也会由于肌肉僵硬，弹性、耐力下降、协调性差而发生损伤；另外，场地灯光的不良也会造成损伤。

五、运动损伤的预防

1. 加强思想教育

要加强体育运动的目的性教育。在教学训练中，贯彻预防为主的方针，把安全教育作为一项重要的内容。

2. 认真做好准备活动

准备活动应注意以下几个方面的要求：准备活动的内容与负荷；个人的身体机能状况；当时的气象。准备活动分为一般性准备活动和专项准备活动，一般性准备活动要充分，专项准备活动要有针对性。易伤部位的准备活动要加强；有伤部位要谨慎；注意时间间隔；同时要加入一些力量练习和一些伸展性练习，对于提高肌肉温度、预防肌肉拉伤有积极的效果。

3. 合理安排运动负荷

运动负荷安排不足，不能达到促进人体运动能力提高的目的，运动负荷安排过大，不仅使运动系统的局部负荷过重，还会导致中枢神经系统疲劳，致使全身机能下降，协调能力降低，注意力、警觉反应都减弱，从而容易发生损伤。为了减少损伤，教师应严格按照运动训练的原则，根据练习者年龄、性别、健康状况、训练水平和各项运动损伤的特点，个别对待，循序渐进，合理安排运动负荷。

4. 合理安排教学、训练和比赛

教师应该认真钻研教材，充分备课，应对教学、训练中的重点、难点，对易发生损伤的部位做到心中有数。

5. 掌握运动要领，加强保护和帮助

在体育运动过程中我们要倍加小心，加强保护，确保安全。尽量让事故减少到零，在教学过程中，对于个别高危动作更要重点加强保护。

6. 加强医务监督，提高自我保健意识

医务监督在教学中尤为重要，教师要善于观察学生的身体情况，面部表情：如学生面红耳赤，大口喘气，满头大汗，说明运动负荷大了，应立即调节，采取减少练习次数、降低练习强度、缩短练习时间和距离等措施；如个别学生面色发白，虚汗满面，走路摇晃，说明他体力不支，应让其休息，并注意观察他的变化；在上下午的最后一节课，应特别注意学生的身体变化，此时学生大都是腹空肚饿，精力体力均不充沛了，所以要控制运动总量。

第二节　常见运动损伤的处置与康复

一、运动损伤的基本处置手段

当运动损伤发生后，局部会引起疼痛、肿胀、炎性反应等症状。为防止这些症状的加重所采取的应急手段即被称为“应急处置”。应急处置也被称为“RICE原则”，主要包括：①制动（Rest）；②冷敷（Ice）；③加压（Compression）；④抬高（Elevation）。

1. 应急处置原则

（1）制动（Rest）

制动对于处置骨骼肌的损伤来说是不可缺少的。制动主要是立即停止运动，让患部处于不动的状态。运动终止后的制动可以控制肿胀和炎症，可以把出血控制在最小的限度内。然后用石膏、拐杖或者支架把处置过的患部固定住。受伤后固定两三天，不仅可防止并发症的发生，而且对治疗也有一定的帮助。如果过早地活动患部，不仅会出现内出血等症状，还可能使其机能损伤进一步加重，使恢复时间拖得更长。

（2）冷敷（Ice）

冷敷在应急处置中是效果最为明显的。因为冷敷既可以减轻疼痛和痉挛，减少酶的活性因子，同时又可以减少机体组织坏疽的产生，在受伤后 4～6 小时内所产生的肿胀也会得到一定程度的控制。冷敷还可以使血液的黏度增加，毛细血管的浸透性变小，限制流向患部的血流量。

（3）加压（Compression）

在几乎所有的急性损伤中都采用加压包扎的方法，加压同冷敷和抬高一样都是最重要的处置手段。加压包扎既可使患部内出血及淤血现象减轻，还可防止浸出的体液渗入到组织内部，并能促进其吸收。加压包扎有很多方法，可以把浸水的弹力绷带放进冷冻室，这样可同时起到冷敷和加压的作用，还可以使用毛巾及用海绵橡胶做的垫子来进行加压包扎。

（4）抬高（Elevation）

抬高是把患部提到比心脏高的位置。同冷敷、加压一样，抬高对减轻内出血也是非常有作用的。

2. “RICE” 处置顺序

（1）停止运动保持不动。

（2）掌握了解受伤的程度。

（3）在患部敷上冰袋。

（4）用弹力绷带把冰袋固定住。

（5）把患部举到比心脏高的位置。

（6）感觉消失或者 20 分钟后把冰袋拿掉。

（7）使用海绵橡胶垫子和弹力绷带做加压包扎。

（8）根据损伤的程度每一小时或一个半小时用冰袋进行冷敷直到患部的疼痛得到缓解为止。

（9）睡觉时把弹力绷带拆去。

（10）睡觉时也要把患部举到比心脏高的位置。

（11）次日清晨重新进行一次 RICE 处置。

（12）如果受伤严重，以上程序坚持做 2～3 天。

3. 冷敷法

冷敷可使局部毛细血管收缩，减轻局部血管出血，有消炎、止血、止痛、皮肤散热、降低体温的作用。

冷敷的方法有两种，一种是用冰袋冷敷。在冰袋里装入半袋或三分之一袋碎冰或冷水，把袋内的空气排出，用夹子把袋口夹紧，放在发生损伤的部位。没有冰袋时，用塑料袋也可。另一种冷敷法是，把毛巾或敷布在冷水或冰水内浸湿，拧干敷在患处，最好用两块布交替使用。若降体温时，可用毛巾或纱布包上冰块，冷敷四肢、背部、腋窝、肘窝、国窝和腹股沟等处，敷后用毛巾擦干。

冷敷时，要注意观察局部皮肤颜色，出现发紫、麻木时要立即停用。冷敷时间不宜过长，以免影响血液循环。老、幼、衰弱病人，不宜做全身冷敷。冷敷时，时间一长，毛巾或敷布等会变热，就失去了治疗作用，因此要经常更换。挫伤、肌肉撕裂伤、内出血等运动损伤，开始用冷敷，2～3 天后到恢复期时，为了促进血液循环，应使用热敷。

4. 热敷法

热敷能使肌肉松弛，血管扩张，促进血液循环，因此，它有消炎、消肿、减轻疼痛及保暖的作用。

热敷有两种方法。一种是用热水袋，水温是 60～80℃，以用手背试温不太烫为度，将热水灌至热水袋的三分之二即可，排出袋内气体，拧紧螺旋盖，装进布套内或用毛巾裹好，放在患病部位。也可把盐、米或沙子炒热后装入布袋内，代替热水带热敷。一般每次热敷 20～30 分钟，每天 3～4 次。另一种热敷法是把毛巾在热水中浸湿，拧干后敷于患病部位。在热毛巾外面可以再盖一层毛巾或棉垫，以保持热度。一般每 5 分钟更换一次毛巾，最好用两条毛巾交替使用。每次热敷时间为 15～20 分钟，每天敷 3～4 次。注意事项：不管用哪一种方法，热敷都应注意防止烫伤，尤其是小孩、昏迷者、老年人、糖尿病患者、肾炎患者等血液循环不好或感觉不灵敏的病人，使用热敷时，应随时检查局部皮肤的变化，如发现皮肤发红起泡时，应立即停止。

二、运动损伤的康复

恢复性训练的第一步是开展一系列的关节可动范围及柔软性的改善练习。其中最为简单、有效的一种方法是静止状态的伸展练习，即关节和肌肉在一定的时间内慢慢地做伸展运动。强化肌肉力量的方法主要有三种：静力训练法、动力训练法、动静力综合训练法。

静力训练法的练习是在关节和四肢不动的前提下，通过肌肉的收缩活动使肌肉力量得到强化。简单地说，就是肌肉发挥的力量比所受的抵抗力量要小或者相等。在恢复性训练的早期阶段使用静力训练法会有非常明显的效果。

动力训练法是指针对一定的抵抗和负荷使肌肉的长度缩短，在关节可活动范围内，让关节的活动使肌肉力量得到加强。

动静力综合训练法从方法上来说就是动力训练法与静力训练法的组合。同其他动力学的练习方法不同的是抵抗能够得到最大限度的调整，这种训练是通过控制其实施速度来完成的。

第三节　常见病的体育疗法

体育疗法又称医疗体育，是利用体育运动和机体功能练习的方法，预防和治疗疾病的一门科学，它是运动医学的重要组成部分，也是对疾病进行综合治疗和康复不可缺少的措施。其特点有：①主动疗法，要求患者主动参加治疗过程，通过体育锻炼治疗自己；②全身疗法，通过神经、神经反射机制改善全身机能，达到增强体质，提高抗病能力的目的；③自然疗法，它利用人类固有的自然运动功能作为治疗手段，有利于调动患者的积极性，促进健康恢复。下面介绍几种常见病的体育疗法。

一、脊柱畸形

正常脊柱有几个前后方向的自然弯曲，没有侧向的弯曲。自然弯曲度过大过小，或出现不应有的弯曲，即为脊柱畸形。常见的脊柱畸形有脊柱后凸（即胸椎过于后凸）、脊柱前凸（即腰椎过于前凸）及脊椎侧凸，包括全侧凸（主要凸向一侧）和“S”形侧凸（胸椎凸向一侧，腰椎凸向另一侧）。体育疗法适用于不是因特殊疾病而引起的特发性脊柱畸形。这类畸形的发生涉及先天及后天的很多因素，如幼儿期骨骼及肌肉发育软弱，导致脊柱的负重结构不稳定，是发生畸形的重要原因之一，而姿势习惯不良则对畸形的形式、方向起作用。在畸形发生初期，主动伸展或被动牵伸脊柱，畸形即可消失。此时主要问题是脊柱肌肉软弱及不平衡，及时进行体育疗法锻炼，增强脊柱肌肉，恢复脊柱周围的肌力平衡，即可使畸形在较短期内得到矫正。畸形进一步发展时，在主动伸展或被动牵伸脊柱之后，畸形不能消失，说明已有肌肉韧带挛缩。此时进行体育疗法，仍可逐步牵伸挛缩组织，有选择地增强躯干肌肉，使畸形在较长时期内逐渐得到矫正。如畸形继续存在和发展，在X线片上出现脊柱骨骼的变形，畸形即难以矫正；此时，体育疗法的作用只能是尽量控制其发展，同时增强肌肉，防止劳损，以消除或减轻疼痛。脊柱畸形的体育疗法主要采用矫正体操，其内容主要是做和畸形方向相反的躯干运动，以便有选择地加强肌肉，牵伸挛缩组织。准备姿势多用卧位或匍匐位。这些姿位可减轻脊柱的静力负荷，松解脊柱关节，便于脊柱运动，同时可利用体重做负荷，提高躯干肌肉锻炼的效果。用上肢在肋木或单杠上悬挂，有助于牵伸挛缩组织。矫正体操的动作应严格根据畸形的部位及方向来选择：如脊柱后凸患者，应着重做挺胸及扩胸练习；脊柱前凸患者，应着重做增强腹肌和臀肌，牵伸腰骶部肌肉、韧带的活动；脊柱侧凸患者，应着重做节段性侧弯练习，使动作中形成的侧弯与畸形侧弯部位一致而方向相反。当一臂上举，肩带向对侧倾斜时，胸椎即向同侧凸出；当一腿提起，骨盆向对侧倾斜时，腰椎即向对侧凸出；一侧的上下肢同时举起时，即产生一个胸椎凸向同侧、腰椎凸向对侧的“S”形侧凸，可用来矫治方向相反的“S”形侧凸，避免在矫正一个侧凸时使另一个侧凸加重。

注意事项：①严重的脊柱畸形，至今缺乏合理有效的矫治方法，故对脊柱畸形着重于预防和早期发现，早期矫治；②矫正体操一般每日或隔日进行 1 次，动作须平稳缓慢，注意循序渐进，长期坚持；③做矫正体操的同时要注意养成正确的姿势习惯。方法是对镜或在医务人员（或家长）指导下摆好坐、立、卧的正确姿势，使患者熟悉这些姿势并经常维持。睡眠时，脊柱后凸者应习惯于在硬床上用低枕仰卧，不宜屈体侧卧；脊柱侧凸者应避免向胸椎凸出一侧侧卧。脊柱侧凸者提扛重物时宜用胸椎凹入的一侧上肢，向下撑压时宜用对侧上肢。

二、肩周炎

（1）甩手站立，两脚同肩宽，两臂轻轻前后摆，并逐渐增大摆动幅度，每天早晚各一次，每次 50～100 下。

（2）捞物站立，两脚同肩宽，上身向前弯，患侧前臂向下做捞物动作，每天早晚各一次，每次 30～50 下。

（3）画圆圈站立，两脚同肩宽，身体不动，两臂分别由前向后划圆圈，划圆范围由小到大，每天两次，每次 50～100 下。

（4）摸墙站在墙根，患侧手扶住墙壁，由低向高摸，直摸到最高点不能再向上摸为止，然后把手放下，反复练习，每次 20～30 下。

（5）耸肩坐位或立位均可，肘关节屈曲成 90°，两肩耸动，由弱到强，每天两次，每次 50～100 下。

（6）冲天炮立位或坐位均可，两手互握拳先放在头顶上方，然后逐渐伸直两臂，使两手向头顶上方伸展，直到最大限度，每次 30～50 下。

（7）展翅站立，两脚同肩宽，两臂伸向两侧抬起（外展）与身体成 90°，两臂展开后停 5～10 秒钟再放下，每天做 30～50 次。

（8）摸颈坐位或立位均可，两手交替摸颈的后部，每日两次，每次 50～100 下。

三、颈椎病

1. 治疗作用

（1）增强颈部肌肉力量，加强颈椎的稳定性。

（2）改善颈部血液循环，有利于肌肉组织充血、水肿等炎症的消退。

（3）预防颈椎关节粘连和骨质疏松。

（4）矫正颈部不良姿势。

2. 锻炼方法：引颈运动

预备姿势：直立位，两脚分开与肩同宽，双手叉腰，拇指向后。

动作：①向上引颈，同时头缓缓向左旋转至最大限度。目视左前上方，然后还原；②向上引颈，同时头缓缓向右旋转至最大限度，目视右前上方，然后还原；③向上引颈，同时抬头望天至最大限度，然后还原；④向上引颈，同时低头看地至最大限度，然后还原；⑤向上引颈，同时头向左侧屈至最大限度，然后还原；⑥向上引颈，同时头向右侧屈至最大限度，然后还原；⑦向上引颈，同时头前屈并向左环转1周，然后还原；⑧向上引颈，同时头前屈并向右环转1周，然后还原。

以上各节动作连续完成，重复做4～8次。

第五章　田径运动

第一节　田径运动概述

一、田径运动的发展过程

1. 田径运动起源于社会实践

地球上出现人类以后，人类为了生存，必须进行渔猎或与猛兽搏斗等活动，不得不以快速或相当距离的走、跑、跳、越、投掷石块和其他物体等手段获取食物。在日常生活中不断重复这些动作，逐步形成了走、跑、跳、投等技能，并有意识地传授给下一代，这样代代相传，人类生存的技能不断得到改进和提高。随着人类的进步，人类为了娱乐，就利用这些生存技能进行游戏或比赛，从中得到快乐和抒发情感，这就是田径运动的雏形。

2. 古代奥林匹克运动会是田径竞技运动的初始阶段

综观世界田径运动的发展史，它与人类的生存与发展密切相关，据史料记载，公元前 776 年在希腊奥林匹亚村举行了第一届古代奥林匹克运动会，并规定每四年举行一次。最初运动会上的比赛项目只有短跑一项（距离约 192.5 米），以后才逐步增加了长跑、跳远、掷铁饼、掷标枪等比赛项目。这就是田径竞赛运动的初始时期。但是，人们主要还是将走、跳、投等身体练习作为强身健体的手段，进行身体训练和军事训练。我国春秋战国时期和以后历代统治者都把走、跑、跳、投作为选择士兵和训练士兵的重要内容。可见，健身的目的是十分明确的。

3. 现代奥林匹克运动会是田径竞技运动新的里程碑

田径运动是户外运动，可观赏性强，是一项人们喜闻乐见的体育运动，所以在社会上田径竞技运动得以广泛开展。公元 394 年，古代奥林匹克运动会被罗马皇帝狄奥多西废止。1896 年，经法国教育家皮埃尔·德顾拜旦倡议，召开了以田径运动竞赛为主要内容的第 1 届现代奥运会，规定每四年举行一次，使田径竞技运动得以迅速发展，所以现代奥运会是田径竞技运动发展的新的里程碑。到目前为止，现代奥运会已举办了 27 届，田径竞赛项目由第一届的男子 11 项（无女子项目）发展到第 27 届男子 24 项和女子 19 项。1912 年 7 月 17 日在斯德哥尔摩成立了国际业余田径联合会（简称国际田联）。总部设在伦敦，对田径竞技运动的发展起到了积极的推动作用。在田径竞技运动发展的同时，田径健身运动也得到了广泛的开展，“田径运动是基础，是体育运动”这句话，高度地概括了田径运动的重要作用，目前在世界各国的学校体育和群众体育中，田径被广泛地作为锻炼身体的主要手段。

中华人民共和国成立以后，我国田径运动得到了迅速发展，田径运动被列为学校体育课的主要教学内容。在 20 世纪 50 年代推行的“劳卫制”、60 年代推行的“国家青少年体育锻炼标准”、70 年代推行的“国家体育锻炼标准”和“体育教育大纲”、80 年代推行的“大中小学生体育合格标准”和 90 年代推行的“全民健身计划”中都把田径列为主要内容，这充分体现了党和政府对田径健身运动的重视和关怀。新中国成立后，颁布了“中华人民共和国运动员、裁判员技术等级制度”“教练员技术职务等级制度”和“中华人民共和国体育运动竞赛制度”等，使我国田径竞技运动水平得到了迅速的提高。1957 年郑凤荣以 1.77 米的成绩打破了美国人麦克丹尼尔保持的 1.76 米女子跳高世界纪录，1965 年陈家全以 10 秒（手计时）的成绩平了当时男子 100 米的世界纪录，1970 年倪志钦以 2.29 米的成绩打破了苏联人布鲁梅尔保持的 2.28 米的男子跳高世界纪录。

1966－1976 年，是我国的“文化大革命”时期，田径运动止步不前，学校体育活动几乎停止，竞赛几乎中断，田径竞技运动水平落后了，与迅速提高的世界田径竞技运动水平拉大了距离。1983－1984 年我国运动员朱建华分别以 2.37 米、2.38 米、2.39 米的成绩，连续三次创造男子跳高世界纪录。同期，阎红、徐永久打破女子 5 公里、10 公里竞走世界纪录。同年，我国运动员首次参加第 23 届奥运会，朱建华获得男子跳高铜牌，田径共得 24 分；1988 年第 24 届奥运会上，李梅素获女子铅球铜牌；田径共得 14 分。1990 年第 10 届亚运会，我国田径运动员共获 29 枚金牌。1991 年第 3 届世界田径锦标赛，黄志红和徐德妹分别获女子铅球和标枪的金牌。1992 年第 25 届奥运会，陈跃玲获女子 10 公里竞走金牌，中国田径运动员实现了在奥运史上金牌零的突破。黄志红获铅球银牌，曲云霞和李春秀分别获女子 1500 米和 10 公里竞走铜牌。1993 年第 4 届世界田径锦标赛上，我国女子田径运动员获得 4 金、2 银、2 铜奖牌的优异成绩。中国女子田径运动员一时成为世界田坛的一支劲旅。1993 年我国第 7 届全运会上，曲云霞以 3 分 5.46 秒的成绩创造了女子 1500 米世界纪录；王军霞以 8 分 6.41 秒和 29 分 31.78 秒的成绩分别创造了女子 3000 米和 10000 米世界纪录。这是我国田径运动成就辉煌的一年。1994 年第 11 届亚运会上，我国田径运动员共获 22 枚金牌。1995 年第 5 届世界田径锦标赛上，我国运动员仅有黄志红获女子铅球银牌。1996 年第 26 届奥运会上王军霞获女子 5000 米金牌，10000 米银牌。有 8 名田径女运动员进入前 8 名，田径共得 41 分。男子田径比赛成绩平平。1997 年 8 月第 6 届世界田径锦标赛，中国田径运动员奖牌数为零。1997 年 10 月我国第 8 届全运会田径赛多数项目成绩大幅度提高，女子中长跑运动员姜波以 14 分 28 秒打破女子 5000 米世界纪录，姜波等还冲击并逼近了 1500 米世界纪录，辽宁、山东、河南、云南还有一批女子中长跑新秀出现，再令国人振奋。1998 年 12 月第 12 届亚运会，我国田径运动员共获 15 枚金牌。2004 年雅典奥运会，我国选手刘翔夺得了男子 110 米栏的冠军。

二、世界田径运动现状

1. 每个国家都不同程度开展群众性田径运动

许多国家都定期举行田径运动会，受环境、气候等因素的影响，开展的项目多少也略有不同，但大体都一致。有很多国家还对田径运动健身的内容和方法进行研究与实践，对开展群众性田径运动起到了积极的推动作用。

2. 各国优秀的运动员比赛项目增加，比赛次数增多，比赛规模加大

高水平运动员训练周期中的准备期缩短，比赛期延长在每四年举行一届奥运会的基础上，1983 年国际田联又设立了每四年一届的世界田径锦标赛，1985 年开始又每年设立 15 场田径系列大奖赛。90 年代以来，又将四年一届的世界田径锦

标赛改为每两年一届。此外还有每两年或每四年举行一届的各种洲际规模的比赛，如洲际田径锦标赛、欧洲杯赛、亚运会、东亚运动会以及世界室内田径赛等。世界与国际间大规模田径赛频繁，为各国高水平运动员提供了很多的比赛机会。此外各个国家自己每年都有很多国内的大中小型比赛，也为本国培养优秀的运动员打下了良好的基础。

近几年来，女子三级跳远、撑竿跳高、2000米障碍已开始训练和比赛，其中三级跳远和撑竿跳高还有链球已被列为正式比赛项目，承认这三项的世界纪录。高水平运动员为参加大赛，全年的准备期较短，比赛期延长。

3. 田径运动员职业化，训练更加科学系统化，世界纪录不断更新

现在每个国家优秀的运动员都向职业化发展，随着体育运动迅速发展和水平的提高，且向商业化、职业化的转变，许多优秀的运动员靠比赛的报酬、奖金等为生，促使运动员更加努力地训练，更加职业化。

现代田径运动训练向科学化、系统化发展，利用电脑和医学原理来测试运动员的身体机能状况和调节运动员的身体素质发展水平，利用高科技手段分析每个运动员的技术动作，包括饮食方面都有研究，哪些食物更利于运动员身体训练、生理发展等，使运动员训练有针对性和目的性。另外根据运动员所训练的项目不同，气候等条件也要求不同。例如，长跑、马拉松赛跑是有氧训练，运动员就科学地进行高原训练，使训练效果得到了提高。另外，裁判工作引进了现代科学电子仪器等，也为提高运动员竞赛水平创造了条件。

4. 加强兴奋剂检查，重视营养与恢复

现代运动员，尤其优秀的运动员更加注意科学的营养补充。现代优秀的运动员训练负荷较大，消耗体能多，需要必要的营养补充。为身体机能的有效恢复，利用合理的饮食补充体力和营养是很有必要的。同时，运动员训练后需要身体上充分放松，做一些放松运动或进行按摩、牵拉等，使肌群组织和神经系统得到足够的恢复与放松。以上措施是高水平运动员经常采用的，但现在一些运动员为了在大赛上拿到成绩，存在使用兴奋剂的问题。各种各样的兴奋剂屡禁不止，也对世界大赛造成了一定的影响。为防止运动员使用兴奋剂，国际田联也相应出台了许多惩罚措施。

5. 世界田径运动实力新格局的开端

现代世界田径运动的开展美国尤为成功。在世界大赛上美国总是名列前茅，大多数项目美国运动员都有一定的实力，但不是每个项目都能争到冠军。其他国家在某个或几个项目上也有其优势。但总体水平都远远不及美国。如肯尼亚选手在中长跑项目中突出，经常在世界大赛上拿到冠军。德国在田径上也有其优势，在某些项目上也能成为金牌得主。俄罗斯也有一定实力。近年来我国出现了优秀的 110 米栏运动员刘翔，为我国田径运动水平的提高起到了促进作用。

三、田径运动发展趋势

1. 田径运动在更多的国家里将更普及、更广泛地运用于健身

现代田径运动在很多国家都较普及。某些项目受条件限制较少，利于开展。随着生活水平的不断提高，人们更加注意身体健康。所以很多人都不同程度地参加田径运动，以此来达到锻炼身体的目的，改善其生活质量。

2. 世界田径运动实力的格局将向多极化方向发展

美国是田径运动强国，在世界上享有一定声誉。但近些年来，世界上其他各国随着运动训练水平的不断提高，也出现了一批优秀的田径运动员。一些发展中国家的运动员在中长跑项目上有明显优势。

3. 女子将争取到和男子比赛项目相同的权利，女子田径运动将进入崭新的阶段

随着各国田径运动训练水平的提高，实践证明男子能从事的田径项目女子也都能胜任，女子训练内容、方法及负荷将要接近男性，所以在比赛项目上将争取到与男子比赛项目相同的权利。

4. 田径运动员职业化、训练科学化将会进一步发展

随着世界经济水平和先进的科学技术手段的发展，田径运动的训练水平逐步提高，运动员更加向职业化发展，运动员的训练手段也将进一步地提高。

四、田径运动的定义和分类

1. 田径运动的定义

田径运动包括男、女竞走，跑、跳跃、投掷等四十多个单项，以及由跑、跳

跃、投掷部分项目组成的全能运动。以时间计算成绩的项目叫径赛；以高度和远度计算成绩的项目叫田赛；全能运动项目则是以各单项成绩按《田径全能运动评分表》换算分数计算成绩。

田径运动是从人类长期社会实践过程中产生和发展起来的。尽管田径运动的定义包含了运动竞赛的成分，但决不能简单把它视为田径运动的全部内涵和最终目的。在以增强体质、发展身体素质、提高健康水平和培养意志品质为目的的社会体育和学校体育中，田径运动的作用也是不可替代的。

2. 田径运动项目与分类

现代田径运动的分类不同，多数将田径运动分为径赛、田赛和全能三大类，或分为竞走、跑、跳跃、投掷和全能五大类。

（1）径赛

- 竞走：5 公里（在田径场上进行）、10 公里（在田径场或公路上进行）、20 公里、50 公里（在公路上进行）。
- 跑：60 米、100 米、200 米、400 米、800 米、1500 米、3000 米、5000 米、10000 米、110 米栏（100 栏）、400 米栏、3000 米障碍、马拉松（42195 米）、接力跑（4×100 米、4×400 米）。

（2）田赛

- 跳：跳高、撑竿跳高、跳远、三级跳远。
- 投掷：铅球、标枪、铁饼、链球。

（3）全能运动

- 十项：100 米、跳远、铅球、跳高、400 米、110 米栏、铁饼、撑竿跳高、标枪、1500 米。
- 七项：100 米栏、跳高、铅球、200 米、标枪、跳远、800 米。
- 五项：100 米栏、铅球、跳高、跳远、800 米。
- 四项：100 米、跳高、标枪、800 米。

五、田径运动的价值与特点

田径运动是在人类基本运动形式的基础上产生，是在人类对它的认识中不断发展起来的。随着田径运动在世界上的普及，它的价值越来越受到关注，其特点也更加明显。

1. 田径运动的价值

（1）田径运动的教育价值

田径运动具有教育意义，能培养人勇敢顽强的意志品质、良好的心理素质、集体主义精神等优秀品质，所以田径运动对人类具有一定的教育价值。

（2）田径运动的健身价值

田径运动的不同项目对提高身体的有关能力和相应的身体素质有着不同的作用。

身体素质是体质强弱的标志之一，它是人体各器官系统机能能力在肌肉工作中的反映。由于田径运动项目多，各类项目都有其自身的特点，因此，参加田径运动锻炼能全面地发展人的身体素质。如：参加短跑锻炼能快速发展运动能力和提高人体无氧代谢水平，参加跳跃项目能提高人体的灵活性等。

（3）田径运动的竞技价值

积极的竞技活动能够让人们实现自己的目标，并且能从中获得优胜的精神满足和自豪感。在竞技体育中，田径是公认的大项。各种大型综合运动会，最后一项比赛一般都是田径项目比赛，往往在最后田径比赛的角逐中决出团体的胜负。田径运动在学校体育中开展得也较广泛，一般的学校每年都要开一次田径运动会。所以，田径项目一直被列为竞技体育中选择的重点。

2. 田径运动的特点

（1）广泛的群众性

田径运动的项目很多，在统一的规则限定下，田径运动以时间、远度、高度来衡量运动成绩。田径运动的每个单项都具有自己的特点，既可组织综合性的田径运动会，也可以举行一个单项的比赛。人们可以从事田径运动中的任何一个运动项目，达到锻炼身体、增强体质、提高健康水平的目的。根据人们目前参加田径运动的实际情况，它具有针对性较强，基本不受条件因素的限制、任何人都可以参加比赛等特点，也可以把它分为竞技田径运动和大众化田径运动两个方面。世界各国优秀运动员参与的竞技田径运动是以追求人类究竟能够跳多高、投多远、跑多快为目的。并且以他们高超的运动能力来吸引人们欣赏，成为人们精神文化产物的一部分。而大众化的田径运动则以体育锻炼、健康身体为目的，人们因地制宜，自由选择走、跑、跳、投项目进行锻炼。

（2）激烈的竞争性

田径运动激烈的竞争性体现在运动员在比赛中的能力、技术、心理的较量，运动员的成绩接近时更为明显，经常以微弱之差决定胜负。在田赛项目中是运动员瞬间发挥的水平，而径赛项目运动员同在一条起跑线开始，进行全程的拼搏。因此，田径运动竞赛非常紧张而激烈，运动员不仅要精力高度集中，还要不畏强手，充分发挥出自己的最高水平。田径运动竞赛在实力的较量中，将激烈的竞争气氛推向极点，使比赛更加具有观赏性。

（3）严格的技术性

田径运动的项目就各项技术动作而言，它与技巧性项目和直接对抗性项目有所不同，比赛中的田径技术相对稳定，动作结构也不是非常复杂，但是它对技术要求却特别高。人的潜力是有限度的，要想创造更好的成绩就必须练好合理的技术。要想让运动员训练出合理的技术，主要体现为运动五环节的高度协调配合的能力。五环节包括器官、体能、时间、空间、肌肉。五环节充分利用好，达到高度统一者，才能训练出先进的技术性。同时要使运动员训练出先进的技术，还要符合生物力学的合理性，又要与运动员的身体条件相结合，运动员个人技术的高低将直接影响个人水平的发挥，每个动作、每块肌肉、每个肌群的放松和用力都有它一定的顺序和时间，动作的每一个细节出现问题都将直接影响运动员的成绩，因此，在田径运动训练过程当中，要根据每个运动员的个人条件来确定怎样训练，才能更有效地训练出合理的技术，另外参加比赛时，也要根据比赛场地、气候等情况来调整技术，以便更好地发挥出运动员的水平。

（4）能力的多样性

田径运动的基本动作形式为走、跑、跳、投，有个人和集体项目，而每个项目的要求也有所不同，有的要求耐力、有的要求速度，都有其自身的特点，而一个优秀的运动员大多都是围绕一个项目进行训练，所以表现出来的能力也不尽相同，因此，反映出田径运动具有能力多样性的特点。

六、学校体育开设的田径课程

1. 学校体育开设田径课程的目的

田径运动是学校体育开设的普修课之一。田径课程作为教学内容主要为达到以下几方面的目的：

（1）田径课程是学校体育的重点。学校体育培养目标首先立足于师资，即学校体育教师。学校体育中一直都把田径列为重点，因此，教师只有全面地掌握田径运动的基本知识和技能，掌握田径教学和训练的一般特点和规律，才能适应这一职业的需求。

（2）为了选拔学校的运动员而开展田径运动课程，科学地训练培养优秀的运动员，为学校在比赛中增光添彩。

（3）为全面掌握各运动项目打好基础。学习田径各项目，学生能全面提高身体素质，掌握人体动作的基本技能，有利于其他运动项目的学习。

2. 学校体育开设田径课的内容

田径运动包括诸多项目，根据培养目标的需要，学习田径课程要以打好基础、掌握普及性项目的技术要求为出发点。田径运动的全能项目，其技术要求与单项技术要求相同，通常在教学中不单独开设全能项目的教学。

（1）田径运动的理论课程

开设田径运动理论课程的目的在于使学生能够较全面地了解田径运动概况，掌握田径运动的一般理论和基础知识，能结合实际，指导自身的学习、训练活动，能够为以后从事田径的教学、训练、组织竞赛和科研等工作奠定基础，并能用理论知识创造性地指导实践。

（2）田径运动的技术教学课程

开设田径技术课程使学生掌握学校体育和社会体育中广泛开展的重点田径运动项目技术，掌握田径运动技术教学的方法、手段和一般规律，达到会讲、会做、会教，胜任田径教学工作。了解田径运动一般项目，为以后进一步学习建立初步基础。

3. 学校体育开设田径课程的安排

学校体育开设的田径项目包括重点项目和一般项目。重点项目以适应学校体育要求和社会开展较普及的项目为主，安排的学时较多，对学生提出的要求较高。一般性项目多以介绍技术或了解一般技术动作为主，安排学时较少。为使学生在一次课中始终保持良好的状态，田径课通常每次课安排两个项目，一般把跑、投或跳、投分别安排在一次课中。

第二节 田径运动锻炼的内容和方法

田径运动锻炼是普及性的群众体育活动，它的内容非常丰富，在学校，田径运动锻炼面向广大学生。因此，中学如何选择田径运动锻炼内容，是非常重要的，锻炼既要达到锻炼身体的目的，又要符合从简、易行的原则。

一、短距离跑的锻炼方法

短距离跑是速度性运动项目，也称无氧运动项目。田径运动锻炼中的短距离跑一般包括 200 米、100 米、50 米、25 米往返跑等，其锻炼方法如下。

1. 掌握短距离跑的基本技术

短距离跑技术是完成短距离跑练习的合理动作和有效方法。参加短距离跑锻炼，必须通过体育课教学和课外体育锻炼的复习，使学生牢固地掌握短距离跑的技术。途中跑阶段是取得锻炼效果的主要阶段，每个人的步频都是一定的，只有在步频一致的情况下加大步幅，这样才能更有效地练好途中跑技术。因此，首先要掌握途中跑的技术。其次，还要掌握好蹲距式起跑、起跑后加速跑和终点跑的技术。

2. 发展短距离跑的专项身体素质

参加短距离跑锻炼，除了掌握短距离跑的技术以外，还必须采用多种手段和方法，发展短距离跑的专项身体素质，这样，才能提高短距离跑锻炼的效果。短距离跑的专项身体素质包括速度、速度耐力和力量等。其发展方法如下：

（1）发展速度素质的练习

速度素质的表现形式有反应速度、动作速度和移动速度三种。

1）发展反应速度的方法：

- 身体蹲、坐或各种姿势，听口令起跑。

- 做起动、急停、变速或变向跑。
- 背对跑步方向听口令转身起跑。
- 站立式（见图 5-2-1）或蹲踞式起跑（见图 5-2-2）。

图 5-2-1　站立式起跑

图 5-2-2　蹲踞式起跑

2）发展动作速度的方法：

- 行进间小步跑、高抬腿跑。
- 快速斜支撑跑。
- 原地高抬腿跑。
- 原地快速踏步跑。
- 原地快速摆臂。

3）发展移动速度的方法：

- 行进间跑。
- 加速跑。
- 站立式起跑或蹲踞式起跑。
- 追逐跑。
- 接力跑。
- 下坡跑。

（2）发展速度耐力素质的练习

在进行短跑练习时，经常能看到学生后程跑的速度明显下降，跑的动作变形，因此，应注意发展学生的速度耐力。发展耐力的方法如下：

- 原地快速高抬腿 15～20 秒。
- 斜支撑跑 15～20 秒。
- 行进间快速跑和快速高抬腿。
- 反复快速跑。
- 反复中上等速度跑。

（3）发展力量的练习

在短跑练习中无论是后蹬还是前摆都需要肌肉的力量，这种力量必须是短跑专项力量，必须在发展一般力量的基础上，注意提高发展力量练习的速度及爆发力。

1）发展力量的方法：

- 克服自身体重的力量练习。
- 原地或行进间单足跳。
- 立定跳远、立定三级跳远、多级跳等。
- 跨步跳、蛙跳、纵跳摸高等。
- 连续跳障碍物。
- 快速上坡跑。

2）负重的力量练习：

- 手持哑铃摆臂或跳举哑铃。
- 负重的力量练习。
- 持实心球前后抛。
- 负重上台阶。

进行力量练习时，练习的负荷量，要从学生的实际出发。

二、中长跑的锻炼方法

中长跑是耐力性运动项目，《国家体育锻炼标准》规定的一类锻炼和选测项目有 800 米、1000 米、1500 米、3 分钟 25 米往返跑、4 分钟 25 米往返跑等。锻炼方法如下。

1. 掌握中、长跑的基本技术

良好的中长跑技术，既能使跑的动作具有实效性，又能节省身体能量的消耗。因此，参加中长跑锻炼，必须通过体育教学和课外体育锻炼的复习，使学生牢固地掌握中、长跑的基本技术。主要技术表现为，途中跑时与步子紧密配合的呼吸方法、适合个人特点的跑的节奏以及全程跑的体能分配的方法等。

2. 发展中长跑的专项身体素质

（1）发展一般耐力的练习

发展一般耐力是提高机体负荷能力，发展专项耐力的基础，也是提高人体呼吸和血液循环系统机能、发展有氧代谢能力的主要途径。因此，要把发展一般耐力的练习作为重要手段，一般练习方法如下：

- 跑走交替。
- 定时或定距离跑。

（2）发展专项耐力的练习

发展专项耐力是在发展一般耐力的基础上进行的，发展专项耐力的练习是中、长跑锻炼的又一重要手段。方法如下：

- 变速跑。
- 间歇跑。
- 重复跑。

三、跳高和跳远等项目的锻炼方法

1. 掌握跳高基本技术（见图 5-2-3）

- 单脚跳绳。
- 原地纵跳。
- 纵跳摸高等。

图 5-2-3 跳高基本技术

2. 掌握跳远基本技术（见图 5-2-4、图 5-2-5）

- 行进间单脚跳。
- 助跑起跳头顶悬物。
- 跳台阶、蛙跳等。
- 多级跳、跨步跳等。

图 5-2-4 蹲踞式跳远基本技术

图 5-2-5　走步式跳远基本技术

四、推铅球的锻炼方法

推铅球是力量与协调性运动项目，它是《国家体育锻炼标准》规定的锻炼和选测项目之一。锻炼方法如下：

1. 掌握推铅球的基本技术

推铅球的基本技术见图 5-2-6。

图 5-2-6 推铅球基本技术

2. 发展推铅球的专项身体素质

- 俯卧撑、臂屈伸。
- 连续推举。
- 卧推。
- 负重半蹲起。
- 抓举、挺举杠铃。
- 用实心球前后抛。

五、田径运动锻炼时的注意事项

田径运动是学校广大学生参加课外体育锻炼的主要项目。体育教师是广大学生参加田径运动锻炼的主要组织者和指导者。为了更好地取得田径运动锻炼的实效，在组织学生参加田径运动锻炼中应注意的事项如下：

（1）田径运动锻炼要符合国家体育锻炼标准，且要做好宣传和组织工作。

（2）做好指导工作，首先是选择田径锻炼的内容和方法，其次掌握运动锻炼的基本常识，再次就是做好临场指导。

（3）在田径运动锻炼中，要把田径运动项目的技术练习和各田径运动项目的专项身体素质练习密切结合起来。

（4）田径运动锻炼时，一定要做好准备活动。

（5）要把田径运动锻炼与小型、多样的田径比赛等结合起来。

（6）田径锻炼的同时，一定要注意安全，避免运动损伤。

第六章　球类运动

第一节　篮球运动

一、篮球运动简介

据文字记载，现代篮球运动1891年起源于美国，是美国东部马萨诸塞州斯普林菲尔德市青年基督教学校体育教师詹姆士·奈史密斯发明的。1892年，篮球运动首先从美国传入墨西哥，并很快在墨西哥各地得到开展。此后，这项运动先后传入法国、英国、中国、巴西、捷克斯洛伐克、澳大利亚、黎巴嫩等国家，在世界范围内得到了快速开展、普及和发展。1932年国际业余篮球联合会成立，男子篮球被国际奥委会承认为奥运会正式比赛项目。1946年，美国出现职业篮球联赛，并发展为目前的NBA。20世纪80年代中期，随着世界职业篮球队伍参加奥运会，篮球运动进入了一个崭新的发展阶段。目前，篮球已成为当今世界上最受青年人喜爱的运动项目之一。

二、篮球的基本技术

（一）移动

移动是篮球运动中队员为了改变位置方向速度和争取高度空间所采用的各种脚步动作方法的总称。

（1）移动前的基本站立姿势：站立时，两脚前后或左右开立，脚掌着地；屈膝降低重心，上体稍前倾，手臂自然放于体侧，两臂屈肘，两眼平视，随时准备向各个方向起动（见图6-1-1）。

（2）若原地持球，基本站立姿势是：保持上述姿势，持球于胸腹之间，并做好传、运、投的准备（见图 6-1-2）。

图 6-1-1　起动前基本站立姿势

图 6-1-2　持球的基本站立姿势

（3）防守时，基本站立姿势可用前后步或平行步站立。前后步防守时，前脚同侧的手臂伸向前方，另一手臂向另一侧伸出（见图 6-1-3）。

（4）平步防守时，身体正对对手，两臂左右张开或随球挥动以干扰对方投篮和传球（见图 6-1-4）。

图 6-1-3　防守时基本站立姿势

图 6-1-4　平步防守姿势

（5）转身。以一脚做中枢脚进行旋转，另一脚蹬地向前后跨出，改变原来身体方向的动作叫作转身。一脚向脚尖方向跨出的步法叫“前转身”。背向防守队员持球时，可用前转身衔接下一个进攻动作（见图 6-1-5）。一脚向中枢脚脚跟方向跨出的步法叫“后转身”，利用后转身摆脱防守队员时必须紧贴防守队员，以便转身后获得有利位置。转身时，要用中枢脚的前脚掌转动（见图 6-1-6）。

图 6-1-5 前转身

图 6-1-6 后转身

（6）跨步。跨步是一种起始步法，也是原地做假动作引诱防守队员失去防守位置和重心的一种步法。向移动脚异侧前方跨出的步法为交叉跨步（见图 6-1-7），向移动脚同侧前方跨出的步法为同侧跨步（见图 6-1-8）。

图 6-1-7　交叉跨步　　图 6-1-8　同侧跨步

（7）摆脱、切入、抢位。队员要获得良好的进攻战机，必须在移动前做迷惑对手的动作，使对手在短时间内不能识破自己的进攻意图而失去防守能力。进攻队员运用脚步移动或上体虚晃离开防守队员称“摆脱”，也叫假动作（见图 6-1-9）。进攻队员利用脚步移动超越防守队员并插入到篮下称切入（见图 6-1-10）。进攻队员用身体把防守队员贴在身后称抢位（见图 6-1-11）。

图 6-1-9　摆脱

图 6-1-10 切入

图 6-1-11 抢位

（8）滑步。这是防守队员的主要移动步法，有侧滑步、前滑步和后滑步之分。以侧滑步为例，动作要领为：两脚平行站立，两膝较深弯曲，上体略前倾，两臂侧伸。向左侧滑步时，左脚向左侧跨出一步，同时右脚前掌内侧用力蹬地贴着地面滑动，跟随左脚移动。前滑步、后滑步与侧滑步动作相仿，方向不同。一对一防守时，防守队员常用这三种滑步（见图 6-1-12）。

图 6-1-12 侧滑步

（9）后撤步。这是前脚变后脚的步法（见图 6-1-13）。当进攻队员准备从防守队员前脚一侧突破时，防守队员可以用此步法迅速撤回前脚进行堵截。

（10）交叉步。由攻转守寻找对手或防守队员失去防守位置时，可以用交叉步迅速追随对方再过渡到滑步继续防住对手。动作要领是：向左侧交叉步时，右脚用力蹬地，迅速从左脚侧前方迈出，上体稍左转，右脚落地的同时左脚向左跨步，依次两脚交叉快跑（见图 6-1-14）。

图 6-1-13　后撤步

图 6-1-14　交叉步

（二）传、接球

传、接球是实现战术组织配合的纽带，它能把 5 名队员连成一个整体，充分发挥集体力量，体现篮球运动特点。巧妙准确的传球，能够破坏对方的防御部署，使防守出现漏洞，创造更多、更好的进攻机会；稳定、牢靠、合理的接球，能弥补传球的不足，从而协调连贯地完成传球、突破、投篮等动作。

1. 传球

（1）双手胸前传球。可以用于各种距离或各个方向的传球。双手持球于胸腹之间，两肘自然下垂靠近体侧，身体成基本站立姿势，传球时，下肢发力，身体前移，前臂迅速向传球方向伸直，手腕翻转抖腕，同时拇指用力下压，食、中指用力拨球。出球后手心、拇指向下，手心略向外翻，其余四指向前（见图 6-1-15）。有时也可以用双手反弹传球，动作方法和双手胸前传球相似，但要掌握好传球的击地点，击地点一般应在两队员之间距离接球人三分之一处，若防守队员离传球队员稍远，可在防守队员脚侧击地反弹（见图 6-1-16）。

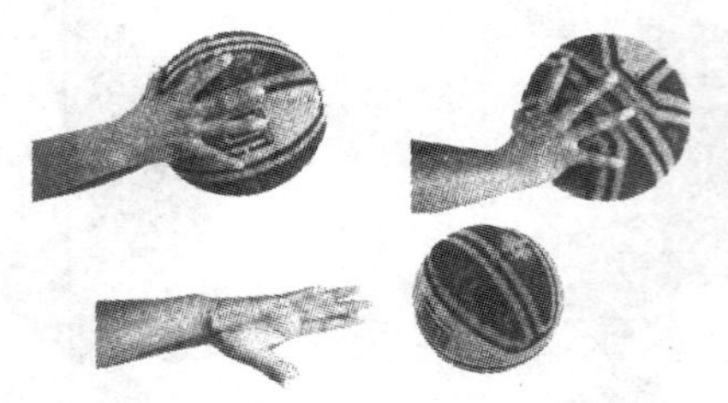

图 6-1-15　双手胸前传球

图 6-1-16　双手击地传球

（2）双手（或单手）低手传球。近距离的隐蔽传球，用于两队进攻队员擦身而过时。传球时，持球于腹前或腰侧，出球时手腕翻转，手指轻轻一挑而出（见图 6-1-17）。

图 6-1-17　双手低手传球

（3）双手头上传球。出手点高，传球时，双手举球于头上，两肘和手心向前，出球时两臂前摆，在手腕前扣外翻的同时，拇指、食指、中指用力拨球，将球传出。此动作常用于抢获篮板后的快攻一传或者外线队员的传中球（见图 6-1-18）。

图 6-1-18　双手头上传球

（4）单手肩上传球。常用于抢得篮板后长传快攻。右手传球时，持球手五指自然张开，左脚向传球方向迈出，同时引球于右肩上方。出球时，下肢发力转腰、转肩，前臂前摆，并迅速向前扣腕带动食指、中指和无名指用力将球传出（见图 6-1-19）。

图 6-1-19　单手肩上传球

（5）单手胸前传球。多用于传球队员与防守队员距离很近的情况下。传球时突然用单手胸前传球，从防守队员的头顶、耳旁传出（见图 6-1-20）。

图 6-1-20 单手胸前传球

（6）单手体侧传球。一种近距离的隐蔽性的传球方法。多用于向内线队员传球或防守队员手臂侧上举时。传球时，右手引球到身体右侧并向前做弧线摆动，拇指向上，手心向前，手腕前屈，食指、中指用力拨球将球传出（见图 6-1-21）。

图 6-1-21 单手体侧传球

2. 接球

（1）双手接胸部高度的球。这是最基本的接球方法，它握球牢固、稳定，易于转换成其他技术动作。接球时，伸手迎球，指端触球，双手迅速后引，握球于胸腹之间（见图 6-1-22）。

图 6-1-22　双手接胸部高度的球

（2）双手接头部高度的球。动作方法与双手接胸前高度的球相同，只是伸臂接球时，双手伸向前上方。

（3）双手接反弹球。要迎球跨步，两臂向前下方伸出接球（见图 6-1-23）。

图 6-1-23　双手接反弹球

（4）单手接球。单手接球控制的范围广，能接不同方向的球，有利于队员快速地攻击。接球时，眼睛注视来球，单手迎球伸出，掌心正对传来的球，腕、指放松。当指端触球时，手臂顺势将球向后下方引，另一手立即协助握球，保持身体平衡。

（三）投篮

投篮是篮球运动的进攻技术之一，是唯一的得分手段。要想练好投篮必须有正确的投篮方法、恰当的瞄准点、合适的飞行路线和球的旋转，并且全身要协调用力。随着篮球技术的发展，投篮技术越来越多。下面根据投篮距离的远近介绍两种常用的投篮方法，一是中、远距离投篮，二是近距离投篮。

1. 中、远距离投篮方法

准确的中、远距离投篮不但有利于个人技术的发挥，也为篮下内线队员的进攻和灵活地运用战术创造良好的条件。原地单手肩上投篮、跳起单手肩上投篮、原地双手胸前投篮、跳起投篮、跑投等都是中远距离投篮运用比较多的方法。

（1）原地单手肩上投篮。这是比赛中应用最广泛的投篮方法，是行进间单手肩上投篮、跳起单手肩上投篮的基础。以右手投篮为例，右手五指自然分开，手心空出，屈肘持球于右肩上，左手扶住球的左侧，两脚开立，右脚稍前，重心落在两脚上。投篮出手时，下肢蹬地发力，右臂抬肘伸臂，手腕前屈，食指、中指用力拨球，使球后旋转，身体随投篮动作向前上方伸展，脚跟微提（见图 6-1-24）。

图 6-1-24 原地单手肩上投篮

（2）原地双手胸前投篮。多用于远距离投篮，女子运动员运用较普遍。投篮时，双手持球于胸前（可高一些），肘关节自然下垂，两膝微屈，上体稍前倾。投篮出手时，下肢发力，腰腹伸展，两臂上伸，拇指向前压送，两手腕同时外翻，用拇指、食指、中指拨球将球投出（见图 6-1-25）。

（3）原地跳起单手肩上投篮。出手点高，稳定性好，突击性强，较难防守，是当今篮球比赛中主要的得分手段，男女运动员普遍运用。右手投篮时，双手持球呈基本站立姿势，起跳时，下肢用力蹬地垂直向上跳起，同时举球于右肩上方（尽可能高一些，可避免封盖），当身体达到最高点时，左手离球，右臂抬肘伸臂，手腕前屈，食指、中指用力拨球通过指端投出，落地时两脚前脚掌着地，屈膝缓冲（见图 6-1-26）。

图 6-1-25　原地双手胸前投篮

图 6-1-26　原地跳起单手肩上投篮

（4）急停跳起投篮。分接球急停跳投和运球急停跳投两种。接球急停跳投是在快速移动中，用跨步或跳步急停接球，并及时起跳投篮（见图 6-1-27）。运球急停跳投是突破结合跳投的重要方式（见图 6-1-28）。

图 6-1-27　接球急停跳投

图 6-1-28　运球急停跳投

2. 近距离投篮方法

近距离投篮包括行进间投篮和篮下投篮。

（1）行进间单手高手投篮。这种投篮可在篮下和中距离（跑投）运用。右手投篮时，右脚跨出一大步接球，左脚跨出一小步并用力蹬地起跳，举球于头上，左手离开球，右手腕后翻托球，当身体接近最高点时，右臂向前上方伸直，手腕前屈，食指、中指用力拨球投篮（见图 6-1-29）。

图 6-1-29 行进间单手高手投篮

（2）行进间低手投篮。这是切入篮下时运用较广泛的投篮方法，它具有速度快、伸展距离长的优势。右手投篮时，步伐同上，起跳后右手托球下部，手心向上，指尖向前，手臂充分向球篮方向伸直，接着屈腕，食指、中指、无名指向上拨球，碰板或空心投篮（见图 6-1-30）。

图 6-1-30　行进间低手投篮

（3）抢得前场篮板球后，如防守站位很好，持球队员可以用投篮的假动作引诱防守队员跳起，利用时间差跳投，也可以用右脚后撤躲开防守队员后跳起投篮（见图 6-1-31）。

图 6-1-31　跳起投篮

（四）运球和突破

1. 运球

运球是控制球、支配球、组织战术配合和突破对手的重要手段，也是大家喜爱练习的技术之一。要想熟练掌握运球技术，必须注意身体姿势、手型、手按拍球的动作和球的运行轨迹之间的协调，这样才能控制好球的反弹角度、高度和速度，做到得心应手。

（1）体前变向换手运球。运球队员与对手接近时，为了摆脱和超越对手，可以用体前变向换手运球。队员先用左手向对手右侧运球，当对手重心向右侧偏移时，突然改变运球方向，使球从自己身体左侧变向右侧，左脚迅速向右前方跨出，上体右转，以臂、腿保护球，右手迅速控制住球（见图 6-1-32）。

图 6-1-32　体前变向换手运球

（2）运球急起急停。当运球队员被对手盯得很紧，又不能快速超越时，可以用突然减速或急停运球，等防守队员也减速或犹豫时，再突然加速运球超越对手（见图 6-1-33）。

图 6-1-33　运球急起急停

（3）运球转身。当队员向对手某一侧运球被封堵时，且双方距离很近、无法用体前变向运球时，可以用后转身运球（见图 6-1-34）。

图 6-1-34　运球转身

（4）背后运球。当防守队员重心转向运球队员有球侧阻截时，可以用背后运球变向，防止对手抢截（见图 6-1-35）。

（5）胯下运球。防守队员迎面贴着运球队员并试图抢球时，可以用跨下运球保护球（见图 6-1-36）。

2. 突破

突破方式有同侧步、交叉步和转身突破几种。突破是一种攻击性很强的技术，是完成个人进攻的主要手段。

图 6-1-35　背后运球

图 6-1-36　胯下运球

（1）同侧步持球突破。以左脚为中枢脚为例：左脚内侧蹬地，右脚迅速向右前方跨出一大步，同时上体右转探肩用右手推放球，左脚迅速前迈，超越对手，突破。同侧突破方式有顺步、交叉步和转身突破几种。突破是一种攻击性很强的技术，是完成个人进攻的主要手段。它是以运球和脚步动作为基础，由蹬、跨、侧身、探肩、推放球和加速等动作组成。运用时应结合投篮、传球、跨步等假动作，使之更具备攻击性和灵活性（见图 6-1-37）。

（2）交叉步持球突破。以左脚为中枢脚为例。先用假动作使防守队员重心左移，然后右脚内侧蹬地并向左侧前方迈出，上体左传探肩，左手推放球于右腿前侧，快速超越对手。也可以做投篮假动作后持球突破（见图 6-1-38）。

（3）转身突破。对手紧逼或背对篮接球时可以用转身突破对手，可分前转身持球突破（见图 6-1-39）和后转身持球突破两种。

图 6-1-37　同侧步持球突破

图 6-1-38　交叉步持球突破

图 6-1-39　前转身突破

（五）对持球人的防守

对持球人的防守是指对持球的进攻队员传球、运球、突破和投篮动作进行积极干扰和破坏的防守行为。对持球人常用的防守方法有平步防守和前后步防守。

（1）平步防守。防守队员正对进攻队员，双脚平行开立，步幅比肩宽，重心降低。防守者的头要低于进攻队员的肩，防守距离为一臂，能摸到持球队员的胸，两臂屈肘，掌心向上放在进攻队员的胸前，并用前臂的伸缩和手指、手腕的挑拨动作干扰和袭击进攻队员手中的球，使对手举球于头上或肩上。两脚随手的动作自然地碎步滑移，做随时起动的准备（见图 6-1-40）。

图 6-1-40　平步防守

当持球队员突破时，防守队员应迅速以对方运球方向的同侧脚向进攻队员的跨出脚前方做有力的滑动，张开双臂并随时准备抢堵进攻队员的球，置对手前脚于自己两脚之间，用胸对着进攻队员的肩，并继续以横滑步来抢占进攻队员的突破路线。

（2）前后步防守。防守队员正对进攻队员，两脚前后分站，后脚尖稍后于前脚根，前脚对准进攻队员的中枢脚，宽步幅，降低重心，防守距离为一臂，前脚一侧的手臂能触及持球队员的胸，两臂屈肘，掌心向上放在进攻者的胸前以干扰和袭击进攻队员手中的球，两脚随手的动作滑动，随时准备起动（见图6-1-41）。

图 6-1-41　前后步防守

当持球队员向防守队员的前脚方向突破时，防守队员的前脚应迅速后撤接侧滑步，同时张开双臂并随时准备抢堵进攻队员的球。当对手的前脚落入自己的两脚之间时，转为横向滑动，并用胸对着进攻队员的肩，以抢占突破路线。如持球队员向防守队员的后脚方向突破时，防守动作方法同平步防守。

当对手运球突破时，防守队员应面对对手，防守距离一臂，运用滑步与后撤步，始终堵球于自己两脚之间，头低于对手的肩，并抖动手腕去破坏球（不能探身去够球，以免失去重心和犯规）。如防守被突破，防守队员应迅速追防并超越对手，用追击步继续防住进攻队员。如对手被迫停止运球，防守队员应立即上前贴身防守，高举双臂，封住对手的传球路线（见图6-1-42）。

图 6-1-42 封住对手传球路线

三、篮球场地尺寸及比赛规则

篮球比赛的标准场地长 28 米、宽 15 米，四条界线外至少 2 米处不得有任何障碍物，如在室内则天花板的高度应至少为 7 米。球场分中线、前场和后场，中线上的中圈和前、后场罚球区罚球线上的两个半圆半径均为 1.80 米。篮圈下面的矩形为限制区，通常称禁区。前、后场内的拱形弧线外的地区称 3 分投篮区，在拱形弧线外投篮命中得 3 分。

篮球比赛中的规则较多，且相当复杂，共有 93 条。现将人们不太熟悉的某些规则简介如下：

（1）3 秒钟规则：某队控制球时，同队队员在对方禁区内停留不得超过 3 秒钟。在比赛过程中或控球后在界外掷界外球的情况下，只要同方队员在对方禁区内停留超过 3 秒钟，裁判员会立即鸣哨，判罚 3 秒违例。

（2）5 秒钟规则：当一个持球队员被严密防守，在 5 秒钟内没有传球、投球、滚球或运球时，也将宣判违例。过去 5 秒违例判争球，现在则由对方队员就近掷界外球。

（3）8 秒钟规则：一个队从后场控制球开始，必须在 8 秒钟内将球推进到前场，否则判 8 秒钟违例，由对方掷界外球。

（4）24 秒钟规则：一个队在场上控制球后，必须在 24 秒钟内出手投篮，否则判24秒违例。

详细规则见当年篮球裁判法。

四、篮球裁判法篮球主要名词术语简释

（1）扣篮：运动员用单手或双手持球，跳起在空中自上而下直接将球扣进篮圈。

（2）补篮：投篮不中时，运动员跳起在空中将球补进篮内。

（3）卡位：进攻人运用脚步动作把防守者挡在自己身后，这种步法叫卡位。

（4）领接球：顺传球飞行方向移动，顺势接球。

（5）要位：进攻人用身体把防守人挡在身后，占据有利的接球位置。

（6）突破：运球超越防守人。

（7）空切：进攻人空手向篮下跑动。

（8）一传：获球者由守转攻的第一次传球。

（9）盖帽：进攻人投篮出手时，防守人设法在空中将球打掉的动作。

（10）补位：当1个防守人失掉正确防守位置时，另一防守人及时补占其正确防守位置。

（11）协防：协助同伴防守。

（12）紧逼防守：贴近进攻人，不断运用攻击性防守动作，威胁对方持球的安全或不让对方接球。

（13）斜插：从边线向篮下或者向球场中间斜线快跑。

（14）时间差：在投篮时，为躲避对方防守的封盖，利用空中停留改变投篮出手时间。

第二节　排球运动

一、排球运动简介

排球运动始于1895年，创始人是美国马萨诸塞州的霍利沃克城基督教青年会

干事威廉·莫根（William Morgan）。他在辅导人们进行各种体育锻炼的实践中，感到不同的对象应采用不同的锻炼方法。他对篮球做了很多实验，最初的排球运动是用篮球胆在室内的网球网上拍来拍去使球不落地的一种游戏。排球运动问世后，由美国的传教士和驻外国的军官、士兵带到了世界各地。1974 年国际排球联合会成立后，排球运动由此成为一项世界性的体育项目。

二、入门与基础

1. 准备姿势

动作方法：两脚左右开立稍比肩宽，一脚稍向前，两脚尖稍内收，脚跟稍提起。膝关节保持一定弯曲，膝关节的投影在脚尖前面。上体稍前倾，可采取稍蹲、半蹲和低蹲，重心靠前。两臂自然放松弯曲，置于腹前，全身肌肉适当放松，两眼注视来球方向，两腿始终保持微动。

动作要求：屈膝提踵，含胸收腹，两腿始终保持微动。

2. 起动

动作方法：以向前起动为例，在正确准备姿势的基础上，迅速向前抬腿收腹，使上体向前探出，同时后腿迅速用力蹬地，使整个身体急速向前起动。

动作要求：时刻准备着，及时判断，迅速收腹抬腿蹬地，破坏身体平衡。

3. 移动

常用的主要移动步法有并步、跑步、交叉步、滑步、跨步、跨跳步和综合步等。

动作要求：时刻准备，及时判断，抬腿弯腰移重心，快速起动第一步，移动中身体重心不能起伏太大，以免影响移动速度。

4. 正面双手传球

动作方法：采用稍蹲准备姿势，抬头看来球方向，双手自然抬起，置于脸前。当来球接近额头时，利用蹬地、伸膝、伸臂的力量，两手微张经脸前向前上方迎球。击球点在额前上方约一球远的距离处。当手触球时，两手自然张开成半球形，手腕稍后仰，两拇指相对成“一”字或“八”字形，两手间要有一定距离，用拇指的内侧，食指全指，中指的第二、三指节触球的后下部，无名指和小指在球的两侧起到辅助控制传球方向的作用。两肘适当分开，两前臂之间约成 90° 角，传球时主要靠蹬地伸膝伸臂和手指手腕力量，以及球的反弹力将球传出（见图 6-2-1）。

传球手型：两手自然张开呈半球形（见图 6-2-2）。

图 6-2-1　正面双手传球

图 6-2-2　传球手型

击球点：在额前上方约一球距离处。

用力：主要利用蹬地、伸膝、伸臂、手指和手腕的力量以及球的反弹力。

5. 正面双手垫球

动作方法：采用半蹲准备姿势，当球飞来时，双手成垫球手型，手腕下压，两臂外翻形成一个平面，当球飞到腹前一臂距离时，两臂夹紧前伸，插到球下，向前上方蹬地抬臂，迎击来球，利用腕关节以上 10 厘米左右处的桡骨内侧所形成的平面击球的后下部，身体重心随击球动作前移。

垫球基本手型：抱拳式、叠掌式和互靠式。

击球部位：腕关节以上 10 厘米左右处的桡骨内侧所形成的平面（见图 6-2-3）。

击球点：保持在腹前一臂远距离。

用力：两臂夹紧，前伸，插到球下，蹬地压腕抬臂击球。

图 6-2-3　正面双手垫球

6. 正面下手发球和正面上手发球

（1）正面下手发球

动作方法：队员面对球网，两脚前后开立，左脚在前，两膝微屈。上身稍前倾，重心偏于后脚。左手持球于腹前，将球轻轻抛起在体前右侧，离手高约 20 厘米，在抛球的同时右臂伸直以肩为轴向后摆动，借右腿蹬地力量，身体重心随着右手向前摆动击球而移至前脚上。在腹前以全手掌、掌根或虎口击球后下方。

抛球：平稳抛球于体前右侧。

击球部位：直臂掌根虎口或全掌击球的后下部。

用力：挥臂以肩为轴，依靠蹬地和身体重心前移，挥臂击球（见图 6-2-4）。

图 6-2-4　正面下手发球

（2）正面上手发球

动作方法：队员面对球网，两脚前后自然开立，左脚在前，左手托球于身前，用抬臂和手掌的平托上送，将球平稳地垂直抛于右肩前上方，高度适中。在左手托球的同时，右臂抬起，屈肘后引，肘与肩平，上体稍向右转。击球时，利用蹬地、转体和收腹带动手臂挥动，在右肩前上方伸直手臂的最高点，以全手掌击球的中下部。击球时，手指自然张开吻合球，手腕要迅速主动地做推压动作，使击出的球成上旋飞行。

抛球：平稳垂直抛球于右肩前上方。

击球部位：半握拳、全掌或掌根击球中下部。

用力：身体稍转，在肩上方伸直手臂至最高点，快速挥臂击球（见图 6-2-5）。

图 6-2-5　正面上手发球

7. 正面扣球

（1）准备姿势

采用稍蹲准备姿势，两臂自然下垂，站在离球网 3 米左右的距离，观察判断，做好向各个方向助跑起跳的准备。

（2）助跑起跳

步法：采用一步、两步、多步或原地垫步等，助跑先观察二传的情况，寻找起跳时机和地点。

节奏：步幅由小到大，速度先慢后快，最后一步时左脚及时并上，踏在右脚之前，制动身体，增加弹跳高度，同时避免前冲力过大而触网。

起跳：左脚跟上，两脚用力蹬地，踏跳，挺胸展腹，上体稍向右转，加强摆臂以增加弹跳高度。

挥臂：迅速转体、收腹发力，依次带动肩、肘、腕各部位成鞭打动作向前上方挥动。

（3）空中击球

手型：五指张开呈勺形。

击球：掌心为击球中心，击球后中部，击球保持最高点，用推压动作击出上旋球。

用力：鞭甩挥臂，展腹腰发力。

技术要点：准确判断二传球落点；加大摆臂，增加高度；挥臂放松，做鞭打动作；高点击球，手掌包满球（见图 6-2-6）。

图 6-2-6 正面扣球

8. 单人拦网技术

准备姿势：面对球网，两脚左右开立，站于距球网 30～40 厘米处，双膝微屈，双臂置于胸前并屈肘，五指张开。

移动起跳：采用并步跑步、交叉步、滑步、跨步、跨跳步和综合步等步法，选好起跳点，重心降低，两膝弯曲，用力蹬地，使身体垂直起跳。

空中击球：双臂尽力过网，向对方上空，两手自然张开，当手触球时五指要突然紧张，手腕用力下压盖住球的前上方。

注意：避免触网或脚过中线的犯规；避免起跳过早，否则身体下降时对方才扣球；避免拦网时低头或闭眼睛，不看扣球动作和球，盲目阻拦（见图 6-2-7、图 6-2-8、图 6-2-9）。

图 6-2-7　起跳

图 6-2-8　腾空

图 6-2-9　空中击球

9. “中二传”进攻阵形

由前排 3 号位队员担任二传，2 号位和 4 号位队员扣球的技术，称为“中二传”进攻阵形（见图 6-2-10）。

10. “边二传”进攻阵形

由前排 2 号位队员担任二传，3 号位和 4 号位队员扣球的技术，称为“边二传”进攻阵形（见图 6-2-11）。

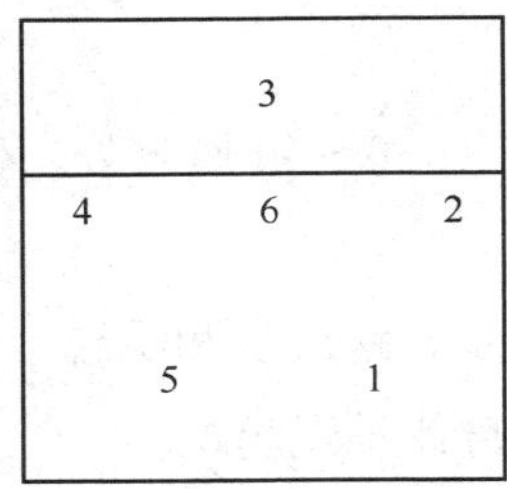

图 6-2-10　“中二传”进攻阵形

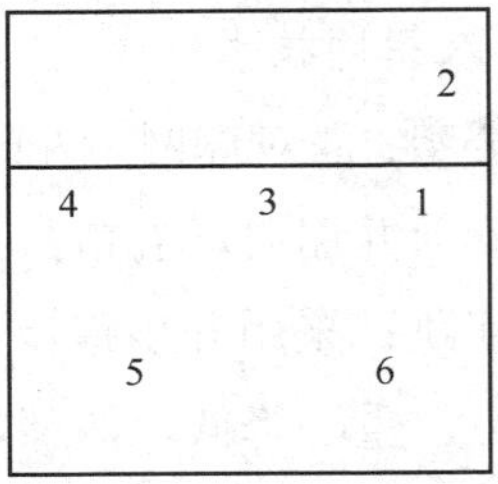

图 6-2-11　“边二传”进攻阵形

11. 五人接发球站位阵形

除站在网前的一名二传队员或由后排“插上”二传不接发球外，其余 5 名队员都按接发球的阵形站位。

（1）“W”形站位：前面3名队员接前场区的球，后排2名队员接后场区的球（见图6-2-12）。

（2）“M”形站位：前面2名队员接前场区的球，中间队员负责接中区的球，后面2名队员接后场区球（见图6-2-13）。

（3）“一字”形站位：5名队员“一”字形排开，左右距离较近（见图6-2-14）。

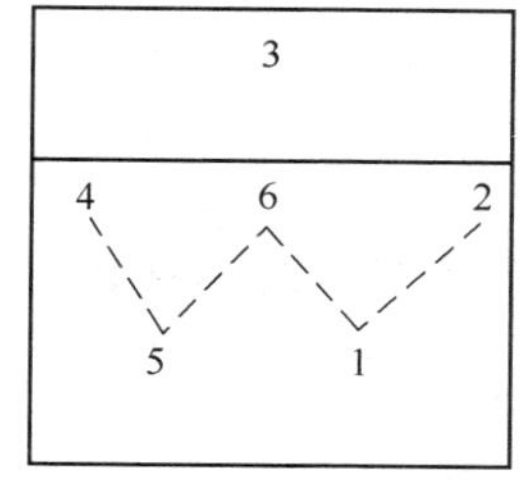

图6-2-12 “W”形站位

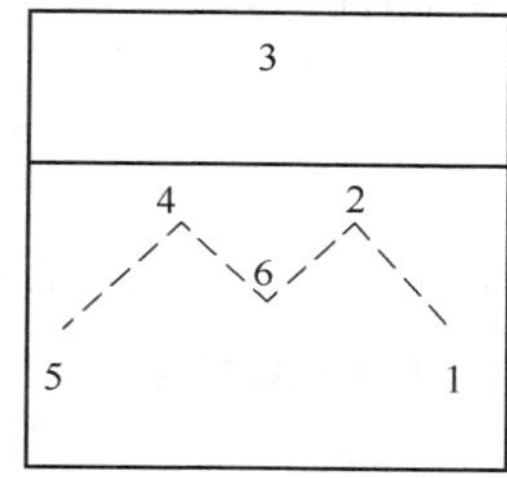

图6-2-13 “M”形站位

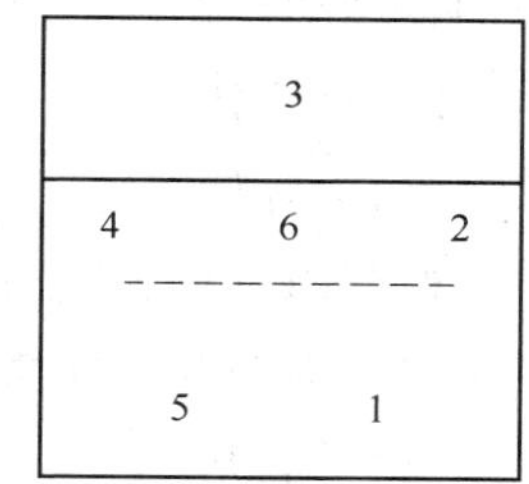

图6-2-14 “一字”形站位

（4）“边二传”站位换成“中二传”阵形：发球出手后，二传队员在4号位或2号位时，可以换位成“中二传”进攻。

（5）“中二传”站位换成“边二传”阵形：发球出手后，二传队员换到2号位组成“边二传”进攻。

12. 接发球技巧

注意力高度集中，对来球迅速作出正确的判断，及时移动取位对正来球。接起来的球尽量送到二传队员的位置上。站位时，以前排同伴为基准适当取位，不要前后重叠站位。接发球技术较好的队员接球范围可以大一些，接发球技术较差的队员范围可以小一些，后排队员接球范围可以大一些，前排队员接球范围可以小一些。

三、技术与战术

1. 传球技术

（1）顺网正面传球

传球时身体不宜面对来球，适当地将身体转向传球方向，尽量保持正面传球，使球顺网飞行。

（2）背向传球

上体稍直立或稍后倾，击球点保持在额头上方，手腕稍后仰，掌心向上，触击球的下部，利用蹬腿、展腹、抬臂、伸肘及手指手腕的弹力将球传向后上方。

（3）调整传球

离网较远做二传时，充分利用蹬地、伸臂及手指手腕等协调用力。其动作与正面传球动作相同，但要加大传球时的力量。

2. 垫球技术

（1）体侧垫球

侧垫时两臂夹紧向体侧伸出，同侧臂要高，保持好反弹角度，利用转腰收腹的力量，双臂截击球的后下部，将球平稳垫起。

（2）背垫

迅速移动到落点，背对垫出球的方向蹬地，利用蹬地展腹、抬头挺胸，使身体呈反弓形，双臂夹紧向后上方摆臂，垫击球的后下部。

3. 接发球技术

接发球技术主要采用正面双手垫球技术。但在接大力发球时，不用抬臂用力，手臂相反还要稍向后撤缓冲来球。接发球要有必能接好球的信心，注意配合，避免相互抢球或让球。

4. 接扣球技术

早判断快取位，下降重心，高球挡低球垫，千方百计争取多起球。要防好扣球，要有争抢险球的作风，不怕重球，防止重心后坐，根据对方扣球动作、特点和同伴拦网情况，预判取位。

5. 正面上手发飘球

与正面上手发球相似，但击球是用掌根击球后中部，同时击球时的挥臂伴有突然制动，出球产生飘忽效果。如球不飘忽，原因是击球面积大或有手腕推压球的动作。

6. 扣近体快球和半高球

扣近体快球的队员的起跳时间在二传队员传球前或传球时起跳，扣半高球则比扣近体快球要晚，因为半高球的高度一般在 1～1.5 米。

注意：重点掌握好助跑起跳的时机，解决好人与球的关系并与二传队员熟练配合。

7. 集体拦网

集体拦网是 2～3 名队员的协调配合，应以 1 人为主，拦住直线，其他队员移动过来，拦住斜线。配合拦网时注意避免身体在空中相互冲撞，形成的拦网面不能留有大于球的缝隙；同时，后排队员不能参加拦网。

8. 排球基本战术

（1）个人技术

1）发球个人战术的应用：主要运用有变换发球方法、变化发球力量、落点和飞行幅度；对方正处于进攻较弱的轮次时，应注意发球的稳定性；“找人”发球，发给连续失误、信心不足、情绪急躁或刚上场的队员；得分困难或比分落后较多的情况下，采取攻击性较强的发球战术。

2）扣球个人技术的应用：避强打弱，避重就轻。从对方身体矮、弹跳力差或拦网能力差的队员的拦网区域进行突破。扣球落点尽量找人、找点，向防守技术差的队员或对方空当扣球。

3）防守个人技术的应用：集中注意力观察对方进攻的意图和本方拦网的情况，在接球前作出正确的判断，选择有利位置，当判断出对方进行大力扣球而本方布置好拦网时，重点防守未拦到的线路或防手出界的球；而对方扣球变吊球时，则要快速前压防守。

（2）“插上”进攻战术

后排二传队员分别从 1、6 或 5 号位充分利用球网全长，突破对方的防线，由后排担任二传队员插到前排传球，以保持前排三点进攻的战术（见图 6-2-15）。

注意：发球时，二传必须在发出球后方可移动“插上”，否则要被判为越位犯规。同时，不要影响其他队员接球，“插上”队员传球后，应立即对进攻队员进行保护，防拦回球或后撤防守。

（3）进攻战术的各种打法

1）平快掩护：2、4 号位平拉开进攻、3 号位中间平快进攻的战术形式（见图 6-2-16）。

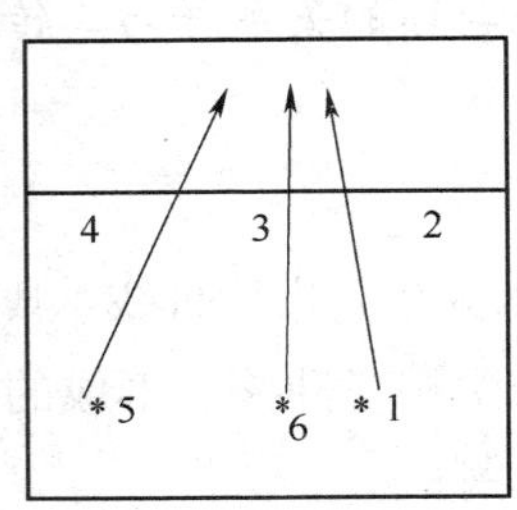

图 6-2-15 “插上”进攻

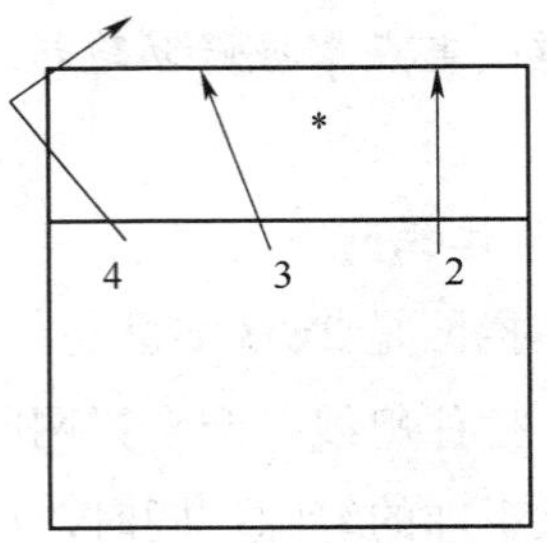

图 6-2-16 平快掩护

2）交叉进攻：两名队员用交叉跑动路线换位进攻的形式，目的在于扰乱对方盯人拦网的布置（见图 6-2-17）。

3）重叠进攻：两名队员几乎在同一点上进行不同时间的进攻成重叠之势，使拦网人难以判断真假（见图 6-2-18）。

4）“夹塞”进攻与“串平”进攻：短平快为掩护，另一进攻队员跑动“夹”在传球手与快攻手之间的进攻，称为“夹塞”进攻。扣球队员在短平快掩护队员的背后打平拉开快球的进攻，称为“串平”进攻（见图 6-2-19）。

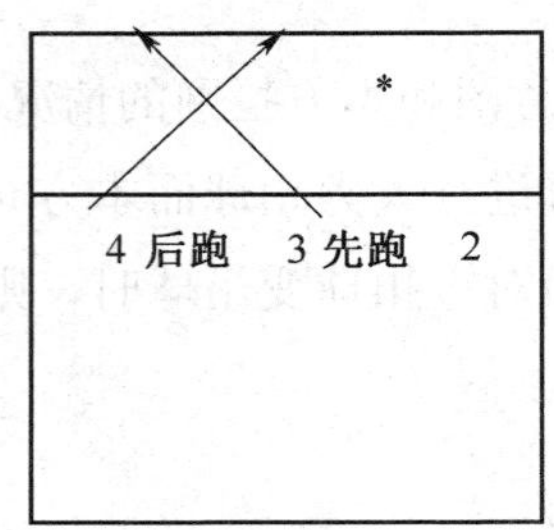

图 6-2-17 交叉进攻

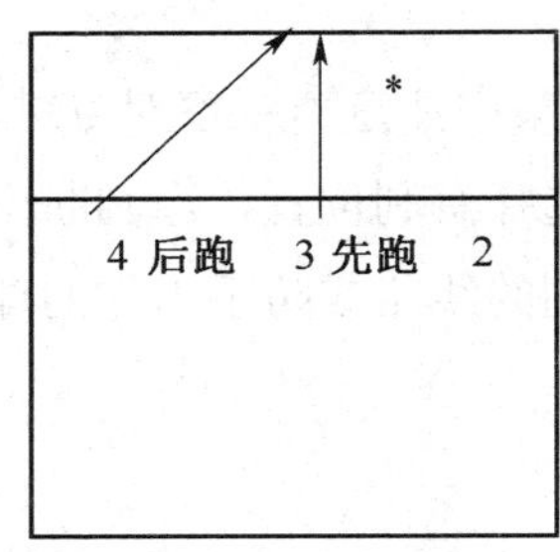

图 6-2-18 重叠进攻

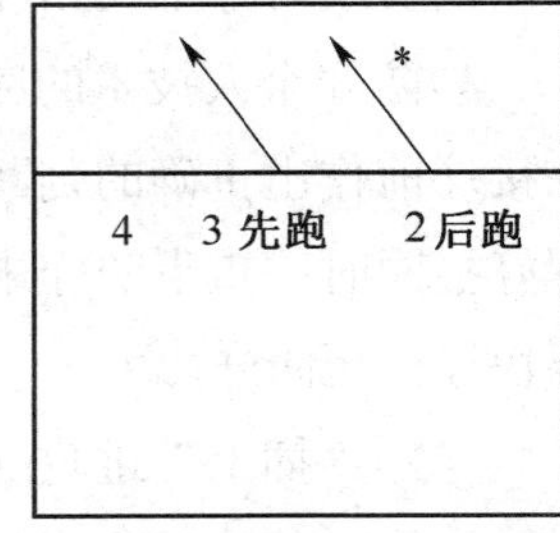

图 6-2-19 “串平”进攻

5）“双快一跑动”进攻：两名队员进行快球进攻，第三名队员进行大范围跑动进攻（见图 6-2-20）。

6）前后排互相掩护的进攻：也称立体进攻，这是近年来世界排球十分流行的战术，优点是可以形成进攻队员人数上的优势，进攻点多，能够扩大进攻的纵深范围（见图 6-2-21）。

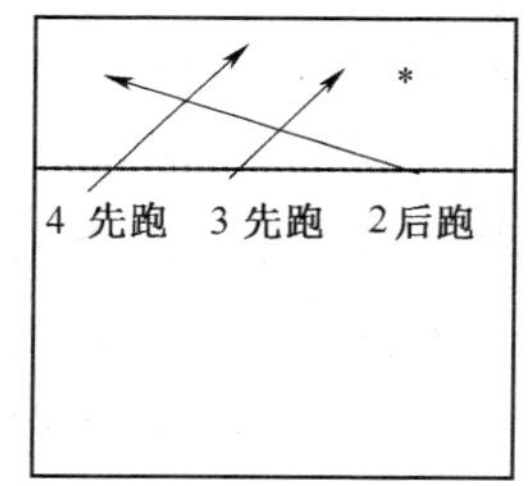

图 6-2-20 “双快一跑动”进攻

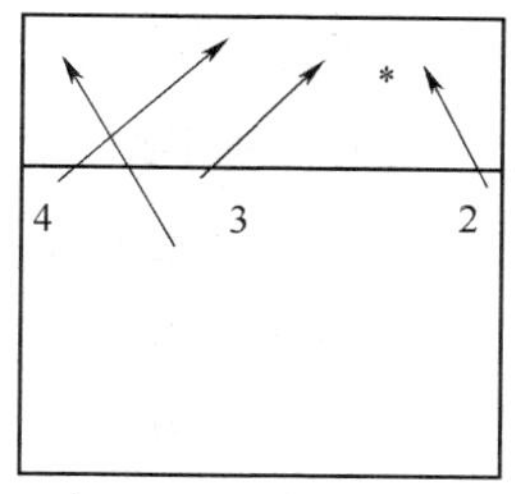

图 6-2-21 前后排互相掩护进攻

（4）防守战术

1）单人拦网防守战术：这是最基本的防守配套形式，在水平较高的比赛中也时常被迫采用。一般情况下，多拦对方相应位置的攻手，邻近的队员则后撤保护，也可以由本队一名擅长拦网的队员专门拦网，不拦网的队员则后撤保护。

2）双人拦网下的防守战术：由前排 2 人拦网，其他队员组成防守阵形。

“边跟进”防守阵形：防守队员取位呈半圆形，“边”上 1 号位的队员重点防守“心”和“边”的吊球。这种阵形有利于防对方的大力扣杀，其弱点在于防吊球，“心”的空当太大，为此便出现了“死跟”和“活跟”的变化。

活跟：1 号位队员根据判断来决定是“退守长线”还是“跟进防吊”的灵活布置，就是活跟。当前压跟进时，要求 6 号位队员及时补直线，4、5 号位队员积极策应，前排拦网则要拦住中区（见图 6-2-22）。

死跟：对方进攻无论是扣球还是吊球，1 号或 4 号位防守直线的队员皆固定跟进防吊球，6 号位防守直线，就是死跟，其在对方吊球多、对方直线进攻少时运用较多（见图 6-2-23）。

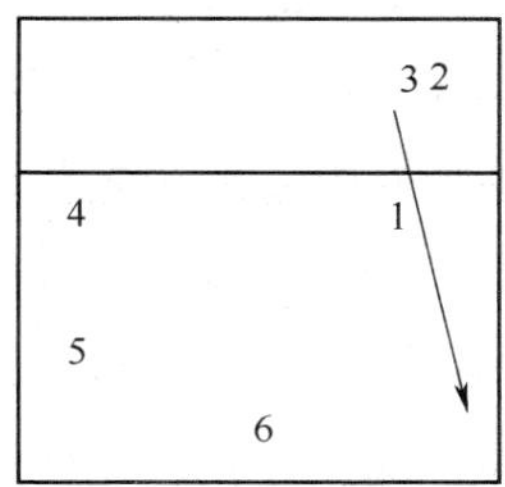

图 6-2-22 活跟防守阵形

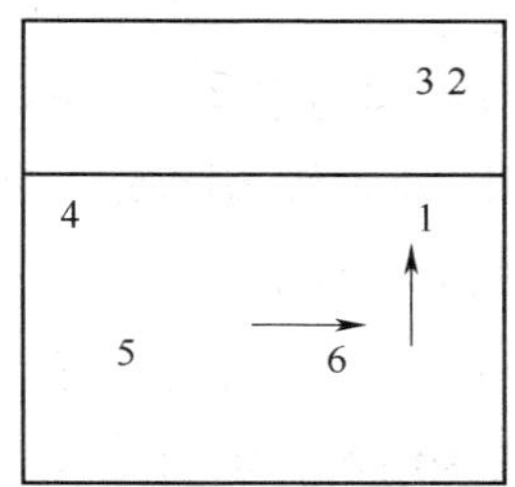

图 6-2-23 死跟防守阵形

双卡：当对手攻击力不强、吊球多时，采用 4 号或 2 号位前排队员向内后撤，1 号或 5 号位队员直线半跟，形成“双卡”防守阵形（见图 6-2-24）。

“心跟进”防守阵形：在本方拦网好、对方运用吊球多的情况下采用，除心跟进队员外，其他队员扼守各自的位置。但因后场只有两人防守，后场中央和两腰容易造成空当，如对方进攻多变，突破点多时，则不宜采用这种防守阵形（见图 6-2-25）。

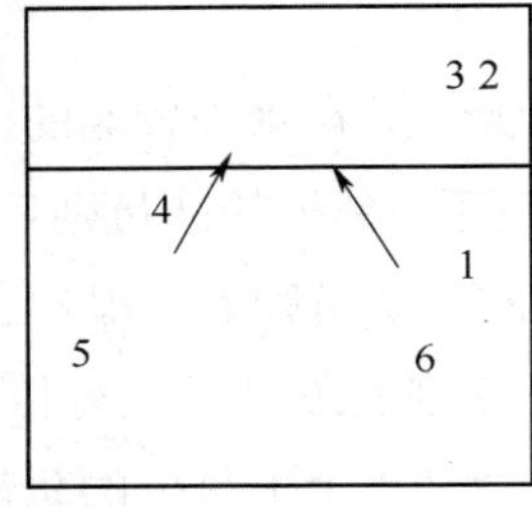

图 6-2-24　双卡防守阵形

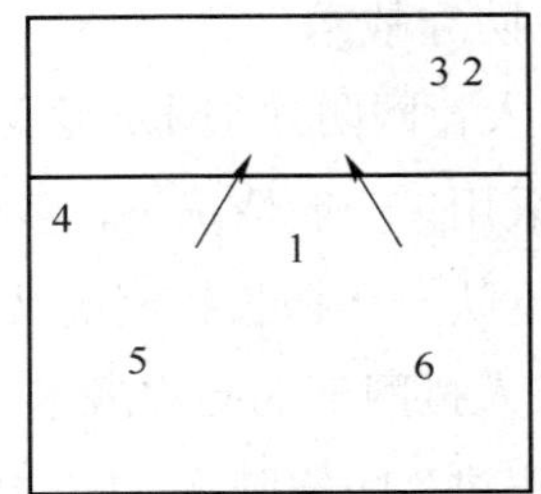

图 6-2-25　“心跟进”防守阵形

四、比赛的基本方法

正式比赛中球网的高度为男子 2.43 米，女子 2.24 米，比赛场区长 18 米、宽 9 米。比赛采用五局三胜制和每球得分制。比赛时双方各上场 6 人，分前后排站位，由获得发球权一方的后排 1 号位队员在端线后宽 9 米区域内发球。发球方胜一球后，由该队同一发球队员继续发球，接发球队胜一球后，按预先登记的发球顺序，换由下一名队员发球。前四局先得 25 分并同时超出对方 2 分的球队胜一局，当比分 24:24 时，比赛继续进行至某队领先 2 分为止，如 28:26；第五局则为先得 15 分并同时超出对方 2 分的队获胜，当比分 14:14 时，比赛继续进行至某队领先 2 分为止，比分无最高限制。局间进行交换场区，决胜局中某队领先获得 8 分时，两队交换场区，不休息，队员在原来的位置继续比赛。第一至四局，每局有两次技术暂停，时间为 1 分钟，每当领先队达到 8 分或 16 分时自动执行，另外每局还可请求两次 30 秒钟的暂停，第五局无技术暂停，每队可请求两次 30 秒钟的暂停。同时，每队每局最多允许请求换人 6 人次。

五、规则

1. 发球规则

必须在发球区内将球抛起后，在球落地前用一只手或手臂的任何部位将球击出，发球队员不得踏及场区（包括端线和发球区）以外地面，鸣哨后 8 秒钟内将球发出；发出的球必须由过网区进入对方场区内。

2. 持球和连击犯规

没有将球击出，使球产生停滞，为持球犯规。同一人连续击球为连击犯规，但拦网时的连续触球以及全队第一次击球时同一动作击球产生的球连续触及身体部位除外。

3. 四次击球犯规

每个队最多击球三次（拦网除外），将球从球网上击回对方场区内，超过规定次数的击球判为四次击球犯规。

4. 过中线犯规

比赛进行中队员的一只（两只）脚或一只（两只）手部分超过中线触及对方场区，身体的其他任何部位越过中线接触对方场区，为过中线犯规。

5. 触网犯规

比赛进行中，队员触及 9 米以内的球网和标志杆、标志带为触网犯规。但队员未试图进行击球轻微触网和被动触网除外。

6. 过网击球犯规

在对方空间触击球为过网击球犯规，但在对方进攻性击球后拦网触球除外。

7. 拦网犯规

（1）从标志杆外拦网并触球。

（2）在对方队员击球前或击球的同时，在对方场区空间拦网触球。

（3）后排队员或后排自由防守队员完成拦网或参加了完成拦网的集体，包括球触及前排队员。

（4）拦对方发球。

（5）拦网出界。

8. 进攻性击球犯规

（1）后排进攻犯规：后排队员在前场区内或踏及进攻线及其延长线，将整体高于球网上沿的球击入对方场区。

（2）扣击发球犯规：在前场扣对方发来的、整体高于球网上沿的发球，完成进攻性击球。

（3）过网击球犯规：在对方场区空间内击球。

（4）自由人进攻性击球犯规：队员在高于球网处对同队自由防守队员在前场区用上手传出的球完成进攻性击球，后排自由防守队员完成对高于球网上沿的球的进攻性击球，均为自由人进攻性击球犯规。

第三节　足球运动

足球运动是以脚支配球为主，两个队在同一场地内进行攻守的体育运动项目。它是世界上开展最广泛、影响最大、最受人们喜爱的体育运动项目，被誉为“世界第一运动”。大学生足球选项课的目的是有效地使大学生锻炼身体、增强体质，对其进行思想品德和团队精神教育，培养其欣赏和参与足球运动的意识，普及足球运动的基本技术、战术与相关知识，提高学生的运动技术水平，为培养当代高素质的复合型人才服务。

一、足球的基本技术

（一）颠球

颠球是指运动员用身体的各个有效部位连续地触击球，并加以控制尽量使球不落地的技术动作。颠球是熟悉球性的一种练习手段，以增强对球的弹性、重量、旋转及触球部位、击球时用力轻重的感觉。

1. 技术动作要领

双脚脚背颠球：脚向前上方摆动，用脚背击球，击球时踝关节固定，击球的下部。两脚可交替击球，也可一只脚支撑，另一只脚连续击球。击球时用力均匀，使球始终控制在身体周围。

2. 易犯错误

（1）脚击球时踝关节松弛，造成用力不稳定。

（2）击球时脚尖向下或向上勾，造成球受力后向前或向后触碰身体，使球难以控制。

（3）颠球时身体其他部位不够放松，以至于动作僵硬。

（二）踢球

踢球是指运动员有目的地用脚把球击向预定目标的技术。踢球是足球技术中最重要的技术，主要用于传球和射门。

踢球的动作方法很多，这里只介绍几种主要的踢球方法。

1. 脚内侧（足弓）踢球

这种方法由于脚内侧接触球面积大，易控制出球方向，传球平稳、准确，但力量小，适用于短传配合和射门（见图 6-3-1）。

图 6-3-1　脚内侧（足弓）踢球

（1）技术动作要领

踢定位球时，直线助跑，支撑脚在球的侧方 15 厘米左右处，脚尖指向出球方向，膝微屈。踢球腿以髋关节为轴，由后向前摆动，屈膝外转，脚尖稍翘起，脚内侧正对出球方向，小腿加速前摆。击球时，踝关节紧张，脚掌与地平行，用脚内侧击球的后中部。

（2）易犯错误

①踢球腿屈膝外展不充分，脚尖没有翘起；②摆腿动作过分紧张，使摆速受到限制；③在踢球腿前摆时膝关节伸直，形成直腿扫踢；④踢球时上体向踢球腿一侧倾斜，脚掌内翻。

2. 脚背内侧踢球

这种方法出球有力，方向变化较大，适用于中、远距离传球和射门，可以踢定位球（如球门球、任意球、角球）、过顶球和行进间转身踢球。

技术动作要领：踢定位球时，要与出球方向成 45° 斜线助跑；支撑脚立于球的侧后方，膝微屈，脚尖指向出球方向；踢球腿大腿带小腿向前摆，膝接近球的内侧垂直上方时，小腿加速；踢球时，脚尖稍外转，指向斜下方，脚面绷直，用脚背内侧踢球的下中部；踢球后，踢球腿继续自然前摆。

3. 脚背正面踢球

这种方法力量大，准确性高，用于踢定位球、反弹球、空中球和倒勾球（见图 6-3-2）。

（1）技术动作要领

踢定位球时，直线助跑：立足脚立于球侧，膝微屈；摆动腿，大腿带小腿由后向前摆膝关节至球上方时，小腿加速前摆；踢球时，脚面绷直用正面部位踢球的后中部；踢球后，身体顺势前移维持身体平衡。

（2）易犯错误

①支撑脚的位置靠后，造成踢球时身体后仰，脚背击在球的后下部，出球偏高；②踢球腿前摆时，小腿过早地做爆发式前摆，造成直腿击球，出球无力；③摆腿方向不正，造成脚触球部位不准；④因怕脚尖触地，脚背没有充分跖屈，造成脚趾背面触球。

图 6-3-2 脚背正面踢球

4. 脚背外侧踢球

这种方法经常用于踢定位球、反弹球、弧线球（见图 6-3-3）。

图 6-3-3 脚背外侧踢球

（1）技术动作要领

基本上同脚背正面踢球，只是踢球腿的膝关节和踢球脚脚尖向内转，脚面绷直，脚趾扣紧，以脚背外侧触球的后中部。踢球脚踢弧线球时，支撑脚踏在球侧，离球约 20 厘米的地方，身体稍向支撑脚一侧倾斜，踢球侧后方，同时脚腕用力切削球。踢球后，踢球腿向侧前上方摆出，以加大球的旋转力量。

（2）易犯错误

①踢球时膝盖和脚尖内转不够，造成脚触球的部位不正确；②身体左转，小腿的摆动不够，造成直腿用脚背外侧去推球。

（三）接球

脚内侧接球动作方法如下：

（1）接地滚球：支撑脚正对来球，膝微屈，接球腿屈膝外转并前迎，脚尖稍翘起，脚内侧对准来球。当脚与球接触前一刹那，踝关节放松后撤，缓冲来球力量，把球挡在需要的位置上。

（2）接反弹球：判断好来球的落点，支撑脚踏在球落点的侧前方，接球脚提起，膝关节外转，脚内侧对准球的反弹方向，脚触球一刹那稍下压，缓冲球反弹的力量，把球控制在需要的位置上。

（3）接空中球：接球脚的大腿高抬，膝弯曲，上体侧转，脚弓对准来球。在脚与球接触的一刹那，小腿放松向后撤或下切球的侧上部位，把球停在地面，控制在需要的位置上。

（四）运球

在比赛中，为进行战术配合，变换比赛节奏，往往需要合理地运用运球的技术。运球时，队员应养成抬头观察的习惯，以便及时了解场上的情况，一旦战术需要即能及时衔接其他的技术动作，不至于贻误战机；其次应掌握全面的运球技术，包括快速运球中灵巧地做躲闪、变方向、变速度的技巧。运球时应远离对方的脚带球，这样能合理地运用身体保护球。

1. 脚背内侧运球

跑动时，上体前倾并稍向运动方向转动。运球脚提起时，膝关节稍弯曲，脚跟提起，脚尖稍外转，在迈步前伸脚着地前，用脚背内侧推拨球。此种方法多在改变方向并需要用身体掩护球的情况下运用（见图 6-3-4）。

图 6-3-4　脚背内侧运球

2. 脚背外侧运球

运球脚提起时，膝关节弯曲，脚跟提起，脚尖稍内转。在迈步前伸脚着地前，用脚背外侧推拨球。此种方法多在快速奔跑和向外改变方向时使用。运球易犯的错误是：只低头看球，未能随时观察场上情况，以致未能及时完成传球或射门；运球时不是推拨球而是击球，致使失去对球的控制（见图 6-3-5）。

图 6-3-5　脚背外侧运球

3. 运球过人

运球过人是在运控球基础上，根据临场需要，准确判断和把握对手的防守站位和重心变化情况，利用速度、方向或动作变化，获得时间和空间优势，从而突破防守的一种技术手段。运球过人的动作过程可大体分为三个阶段：逼近调动阶段、运球超越阶段、跟进保护阶段。运球过人从动作方法上可大致分为强行突破、假动作突破、变向突破和人球分离突破几种（见图 6-3-6）。

图 6-3-6 运球过人

（五）抢截球

抢截球技术是指运动员在规则允许的范围内，使用身体的合理部位将对手的控球权夺过来或破坏掉。抢截球技术动作方法如下所述。

1. 正面抢球

动作要领：正面抢球是对手运球从正面而来时所采用的方法。其动作方法是两脚前后开立，膝微屈，身体重心下降并落在两脚间，面向对手。对手运球前进，当脚触球即将着地或刚着地时，支撑脚立即用力蹬地，抢球脚以脚内侧对正球并屈膝向球跨出，挡住球的正面。支撑脚立即前跨，上体前倾保持身体平衡，把球控制住（见图 6-3-7）。

图 6-3-7　正面抢球

2. 侧后抢截球

动作要领：侧后抢截球多是在对手突破情境下进行回追反抢，由于位置上的劣势，因此须靠抢前动作争取时间主动，通常采用倒地铲球的动作方法（见图 6-3-8）。

图 6-3-8　侧后抢截球

易犯错误：①身体重心不能及时移向抢球脚上和抢球脚的踝关节不够紧张，抢球无力而徒劳；②支撑脚没有迅速跟上，影响衔接下一个动作；③抢球的时机掌握得不好，出脚稍早或稍晚而抢球失败；④抢球脚抬得过高，造成犯规。

抢截球技术练习方法：①两人一球，用脚内侧做抢球的模仿练习；②两人一球相对站立，相距 3～4 米将球放在中间，听信号后，两人同时上前伸脚拼抢；③两人一球，相距 6～8 米，一人向前运球，另一人上去做跨步抢球。

（六）头顶球

用前额正面或侧面去触击球（见图 6-3-9）。

图 6-3-9　头顶球部位

学习头顶球技术时应注意：①判断要准，选位要正确，起跳要及时，否则会顶不到球；②顶球时不要害怕，不要闭眼，更不要缩脖子，记住，颈部要用力（见图 6-3-10）；③顶球时根据情况的需要，击球的不同部位。如击球后中部，顶出去的球是平直的；击球的后下部，顶出去的球是向前上方的；击球的后上方，顶出去的球是向前下方的。

图 6-3-10　正面头顶球

（七）掷界外球

球被对方碰出边线后，在边线用双手将球掷入场内继续比赛。因相当于做一次传球，而接球人又不受越位规则限制，故在对方罚球区附近进行时，尤可为进攻创造有利条件。掷球时，要求动作连贯，避免违例，并注意动作的隐蔽性，注重战术配合。一般可分为原地掷界外球和助跑掷界外球两种。原地掷界外球动作要领是：面向球场，两脚立于边线外或踏在边线上，双手持球置于头的后方，上体尽量后仰，膝微屈，重心落在两脚，利用两腿蹬地、收腹、挥臂、屈腕的连贯动作，将球经头顶向场内掷出。掷球时须注意掷球动作完整，不可间断为两个动作，两手力量平均，应有将球掷出的动作，双脚可以滑动，但任何一脚不得全部离地，也不得全脚踏入场内（见图 6-3-11）。

图 6-3-11　掷界外球

（八）守门员的技术

随着足球规则的不断发展，足球比赛对守门员的要求越来越严，守门员技术的好坏对全队起着决定性的作用；防守时，他是最后一道防线，不让对方射门得分；进攻时他是指挥全队的核心。现代足球规则不允许守门员用手接同队队员用脚有意识的回传球，这样就要求守门员不仅要有良好的技术，还要有清醒的头脑。足球的发展，对守门员的要求越来越全面。他既要有全面的技术作保证，又要有指挥全队比赛的能力，所以一个队守门员技术的好坏，直接影响着全队的成绩。

守门员技术动作方法如下：

1. 守门员接球手型（见图 6-3-12）

2. 接地滚球

接地滚球分直立接球和单膝跪立接球两种。

（1）直立接球时，两脚要自然并拢，脚尖对准来球，上体前屈，两臂自然下垂，手指自然张开，手心向前，两手接球底部。接球后，两臂同时弯屈，并互相靠拢，将球抱至胸前（见图 6-3-13）。

图 6-3-12 守门员接球手型

图 6-3-13 直立接地滚球

（2）单膝跪立接球时，两腿向侧前方开立，前腿弯屈，支持身体重心，后腿跪立，膝关节接近地面，并靠近前脚踵，上体前倾，手臂下垂，掌心对准来球方向，两手接球底部。接球后将球抱至胸前。正面跪立接地滚球时，两脚前后开立，身体正对来球方向，重心放在前脚掌上，后脚脚尖支撑地面，保持身体平衡，身体前倾，两手接近地面，掌心向前，接球底部。接球后将球抱至胸前这种接球动作多用于跑出球门接直线地滚球（见图 6-3-14）。

图 6-3-14 单膝跪立接球

3. 接高球：包括跳起接球和不跳起接球

动作要领：接球时，两手自然张开，拇指相对，食指与拇指成一“桃形”，要接触球的后中部，触球部位以手指为主，手掌上端轻微触球（掌心不能触球）。在接球的一刹那，两手要有缓冲动作，将球牢牢接在手中。

（1）不跳起接球：接略高过头部的来球时，两臂屈肘上举，并按上述接球手型将球接住后，收至胸前。接近侧略过头顶的高球时，可以利用脚步移动或身体向侧倾斜将球接住，并收至胸前。

（2）跳起接球：双脚起跳接球多用于接正上方的高球。接球过程可分为判断、踏跳、腾空、接球、落地五个步骤。最后将球收至胸前。

单脚跳起接球应用范围较广，而且接球点比较高，多用接远侧高球、高吊球、传中球等。接球步骤与双脚跳起接球相同，只是用单脚起跳（见图 6-3-15）。

图 6-3-15　单脚跳起接球

二、足球的基本战术

攻守战术的方法和手段如下。

1. 全队攻守战术

（1）快速反击战术：是近几年最盛行的一种进攻战术。当全队快速收缩半场防守或当甲方压着乙方打时，乙方抢断球后，通过简捷的中、长传递，或 2～3 人的快速短传配合以及个人带球突破等手段，迅速推到前场，威胁甲方球门。这种战术威胁大、效果好。发动快速反击的主要时机是在守门员接到球后、后场定位球后或抢断球后，而以抢断球后的发动，效果最好。防守快速反击战术的办法，主要是离球最近的队员，阻碍或破坏对方快攻的第 1 传，其他队员快速回防到位，当形成 1 对 1 的局面时，要以堵截、且退且战来延缓对方进攻时间，争取同伴回防。

（2）逐步进攻战术：是指双方实力相当、互有攻守，而采用的进攻战术。在进攻结束阶段时，经常采用 2 人或 3 人的传切配合、2 过 1、个人突破、边线传中、外围冲吊等进攻手段。防守逐步进攻战术的办法，主要是遵循一般防守原则，根据“敌我”双方特点，采用不同的防守方案。但目前多数队采用盯人结合区域的综合防守方法。

（3）攻破密集防守战术：是在防守队采用固守门前、待机反击的密集防守形式时，进攻队经常采用的手段，包括抓住时机快攻快打，拉开防区，从两侧展开进攻；左右转移，制造空当；远射；利用高大前锋占据空中优势等。

2. *局部攻守战术*

（1）局部进攻战术：主要是 2～3 人的进攻配合。当出现以多打少或攻守人数相等的局面时，应快速突然地拉空插空，抓住防守中的破绽，果断攻击。当出现以少攻多时，如果快攻不成，则应在护住球的前提下，伺机进攻。

（2）局部防守战术：以少防多时，应以延缓对方的进攻速度为原则，切忌盲目抢断。攻防人数相等时，应以盯人为主，并注意互相保护、补位。随着防守能力的提高，攻击性的防守日益增多，如主动断、铲、夹击、围抢等。此时离球近的人全力拼抢，其他人夹击围堵，伺机抢截。

（3）特殊攻守战术：主要是指运用越位规则所组织的攻防战术。在比赛中，当进攻队采用长传大吊向中路冲击时，防守队常采用制造越位战术来破坏对方的进攻。这种战术若多次生效，不仅能解除进攻威胁，而且还能挫伤对方的士气。进攻者则常采用不向越位队员方向传球，转移传球方向；后面队员审时度势地插上；持球队员自己带球直捣球门等手段来瓦解对方所制造的越位战术。

（4）定位球攻守战术：指发球门球、中圈开球、掷界外球、判罚门前任意球和角球时的攻守战术。主要是发角球和门前任意球的攻守战术。发角球进攻的办法，一是直接将球发到门前，利用高大或头球好的队员，直接攻门，或利用头球摆渡给同伴，创造射门机会；二是通过配合，再把球传向门前，攻击球门；防守角球，以盯人防守为主，尤其是对头球好的队员，要有专人看守。门前任意球分直接和间接两种。直接任意球可以直接射门得分，防守时常采用“筑人墙”的方法，同队其他人要盯住对方参与进攻的队员。间接任意球不能直接射门得分，防守时一般采用盯人方法。

3. 个人攻守战术

分为有球和无球两种。跑位和盯人都属于无球的个人战术。跑位是不带球的进攻队员跑到一定的位置，为本人或同伴创造得球的机会。跑位时必须快速、突然、合理；盯人是看住对手，不让对手得到球。在盯守无球队员时，靠近球者要紧盯不放，远者则松动些，要站在对手与球之间便于抢断球的位置上，做到人球兼顾，有球的个人战术是指传球、射门、接球、运球和抢球时的战术动作与行动。要求是快速、果断、合理、准确。在运用个人攻守战术时，守门员、中后卫、边后卫、前卫、中锋和边锋等都各有不同的位置打法。这些打法要根据个人特点和对手情况，灵活运用。

三、足球比赛的主要规则

（1）足球场地须为长方形且地面应平整。场地长 90～120 米，宽 45～90 米。球门高为 2.44 米，宽为 7.32 米。

（2）越位。

1）越位位置。进攻队员在踢球和触球的一刹那，攻方队员在对方半场内，较球更接近于对方端线，并且在他与对方端线之间的防守队员不足两人时，该攻方队员即处在越位位置。

2）越位判罚。当同队队员踢或触球的一刹那，处在越位位置的队员正在干扰比赛或对方，或正企图从越位位置获得利益，就判罚越位。

3）越位而不判罚越位。队员仅仅处在越位位置或直接得球门球、角球、掷入的界外球或守门员坠落地的球，均不应判罚越位。

4）队员被判罚越位。由对方在越位地点踢间接任意球。

（3）犯规与不正当行为。

1）判罚直接任意球和点球。队员故意违反下列九项规定中的任何一项，应由对方队员在犯规地点罚直接任意球。如果守方队员在本方罚球区内故意违反下述九项规定中的任何一项，应被判罚点球：一是踢或企图踢对方队员；二是绊摔对方队员；三是跳向对方队员进行冲撞或蹬踏；四是猛烈地或带有危险性地冲撞对方队员；五是除对方正在阻挡外，从背后冲撞对方队员；六是打或企图打对方队员，或向对方队员吐唾沫；七是拉扯对方队员；八是用手、臂或肘部推对方队员；九是有意识地用手或臂部击、携带或推球（守门员在本方罚球区内除外）。

2）判罚间接任意球。场上队员违反下列几项之一者，由对方在犯规地点罚间接任意球。一是队员的动作和踢球方式有伤及对方队员的危险时；二是队员的目的不是为争球，而球又不在对手控制范围内，这时对该对手进行合理冲撞；三是队员不去控制球，而故意阻挡对方队员接近球；四是在球门区内守门员手中无球，也没有阻碍对方时，冲撞守门员；五是守门员在本方罚球区内违例（守门员持球行走四步以上，未将球发出；守门员在行走 4 步以下将球发出，但在球未经其他队员触及前，再次用手触球；守门员持球时间过长或有意延误时间）；六是守门员用手触本方球员的回传球（应该用脚）。

3）警告。比赛中，队员有下列情况之一者，予以（黄牌）警告。一是队员未经裁判员允许擅自离场或进场；二是队员屡次违反规则；三是用语言行动对裁判员的判罚表示不满；四是有不正当行为（如对方踢任意球时，拒不后退 9.15 米或故意延误比赛时间，或故意用手接球，破坏对方进攻等）。

4）罚出场。比赛中，队员有下列情况之一，以红牌罚出场。一是有恶劣行为或严重犯规者；二是用污言秽语进行辱骂者；三是经警告仍坚持不正当行为者；四是累积两张黄牌者。

第四节 网球运动

一、网球运动概述

网球运动的起源可以追溯到12～13世纪的法国，在当时传教士中流行着一种用手掌击球的游戏，方法是在空地上两人隔一条绳子，用手掌将用布包着头发制成的球打来打去。这种游戏就是网球运动的最初模式。后来这种运动出现在法国宫廷，法国国王路易十世在位时，宫廷中就经常进行这种以消遣为目的的网球运动。1358～1360年，这种古式网球从法国传入英国，得到当时君主的喜爱。随着不断的流传，有了一些变化，球拍的拍面改装成羊皮，球由布面改成皮面。15世纪发明了穿弦的球拍，16世纪古式室内网球成为法国的国球。从此以后，古式室内网球有了自己的规则，在欧洲，尤其是在英国得到了较好的开展。

1873年，英国少校沃尔特·克洛普顿·温菲尔德在羽毛球运动的启示下，把古式网球和羽毛球结合起来，设计出一种适于户外开展的草地网球，并取得有关场地、规则和器材的专利权。1881年，英国正式成立了网球协会，并统一了网球规则。1913年，世界网球的最高组织——国际网球联合会在法国巴黎正式成立。

目前，网球运动的发展趋势有这样几个特点：一是普及快；二是水平高；三是随着器材的改革，尤其是球拍的研制，网球将向着力量、速度型方向发展；四是随着网球各种大赛奖金的不断提高，网球的职业化、商业化程度会越来越高。总之，网球这项优美而激烈的运动的由来和发展可以用四句话来概括：孕育在法国，诞生在英国，开始普及和形成高潮在美国，现在盛行全世界，被称为世界第二大球类运动，并以其无比的魅力和不断发展的技术赢得越来越多的爱好者和观众。

二、网球的基本技术

1. 握拍方法

掌握正确的握拍方法，同儿童初学写字必须从握笔姿势开始的道理是一样的。

俗语说：球拍是击球者手臂的延伸和手掌的扩大，每个击球动作都是由手臂、手腕、手指相互配合用力来完成的，所以握拍的好坏对技术的提高和全面发展有较大的影响。正确、稳定地握拍可以使所学技术不断提高，我们在握拍训练时要进行专门的练习，通过训练达到对技术产生牢固记忆和动力定型的要求，并掌握相应的握拍技巧。

（1）东方式握拍法

东方式正手握拍可以被称为“万能握拍法”。它是最容易学习且有利于初学者产生合理、规范技术动作的一种握拍技巧。动作要领：学习者先用另一只手托住球拍颈部，拍头朝上置于身体腰高以上正前方，拍面与地面垂直，然后把握拍的手掌平贴在球拍的弦面上，在稳定球拍位置的情况下，握拍手沿拍颈下滑至握柄处将球拍握住，好像与人握手一样。准确地说，用握拍手的虎口对正拍柄右上侧棱，手掌根与拍柄右斜面紧贴，拇指垫握住拍柄的左垂直面，食指稍离中指，呈“扣枪”状，拇指略有弯曲，食指下关节压住拍柄右垂直面，五指握紧拍柄。握拍手的位置不宜朝前或过后，手掌小鱼际应与握柄末端平行。从技术的角度讲，东方式正手握拍就是先以大陆式握拍法持拍，然后逆时针方向旋转球拍（左手握拍的选手方式相同，方向相反）。该握拍法非常适宜底线正、反拍击球，同时对各种高度的来球及各种旋转球的打法具有广泛的适应性，但不适用那些希望打出更多上旋球的选手。

（2）大陆式握拍法

这种握拍法起源于欧洲大陆，既称英国式握拍法，又被称为“榔头”式握拍法。由于该握拍法不需变换握拍位置，所以具有简便灵活的特点。对某些人处理齐腰的高球也方便，也适合于臂力、腕力都较强的人网上截击。动作要领：球拍面与地面垂直（与东方式握拍法一样），学习者将球拍侧立，从上而下握拍，大拇指与食指呈 V 形握在拍柄的中部，犹如手握铁锤柄的姿势。即虎口对拍柄上面棱面正中间，手掌根抵住拍柄上部的小平面，拇指直伸围住拍柄，食指下关节紧贴拍柄。仿佛要在用拍框的侧面钉钉子一样。该握拍法的优点在于能以不变的握法进行击球使攻防转换十分迅速。但由于在打球时需要相当的腕力，力量不足的选手使用这种方法很难打出好球。同时适于击打已到达身体侧面、击球点较晚的球。

但这种方法不容易处理高速的落地球，也很难打出带上旋的击球或削球。

（3）西方式握拍（又分正拍和反拍握法）

此握拍法是在美国西部加利福尼亚州的水泥硬地球场上发展起来的。以握拍方法来说，西方式握拍法的击球点低且靠前。正拍握拍法动作要领：拍面与地面平行，手掌心朝下，用手从拍上面抓住拍柄，手掌的根部贴在拍柄的右下斜面上，拇指和食指都不前伸，拇指压在拍柄的上部手面，食指的下关节握住拍柄的右下斜面。拇指与食指的“V”形对准握柄的右垂直面。握拍的形状好似“一把抓”。反手握拍法动作要领：在西方式正拍握拍的基础上，把球拍上下颠倒过来，用同一拍面击球或是手腕顺时针转，使拇指与食指的“V”形对准拍柄的左垂直面，食指下关节压住拍柄的上部手面，手掌贴在左上斜面。这种握拍方法特别适合打跳球和齐腰高球，但对近网低球、低空截击球等比较难处理，打锐角球也较困难。

2. 正手抽球

正手抽球是在端线附近回击来球和进攻对方的重要基本技术，正手抽球速度快、力量较大，球被击出后有一定弧线，比赛中常用来进行底线长抽攻击，在上网前的一击中也多使用。正手抽球的动作要领主要有以下几点：

（1）准备姿势

面对球网，双脚向前自然分开与肩同宽，双膝微屈身体略向前倾，重心落在双脚的前脚掌上，右手握拍，左手轻托拍颈，双肘微屈，球拍舒适地放在身前，托面垂直于拍头指向对方，两眼注视对方来球，作好击球准备。

（2）后摆引球

当判断来球需用正拍回击时，转动双脚，左脚跟抬起并向右倾前方上步，右脚向右转 90 度与底线平行，同时转肩转髋带动右手向后摆动引拍（此为关闭式步法，适用于初学者转体；另一种为开放式步法，左脚不必上步，两脚平站但需要更多的向右转体动作），引拍时肘部弯曲、自然下垂，拍头低于膝盖，左手伸向前方，保持身体平衡，后摆引拍时身体重心移向右脚，左肩对着右侧的网柱，手腕固定，挥拍转动约 180° ，拍头指向后挡网。

（3）击球动作（前挥击球）

从后摆进而向前挥动时紧握球拍，手腕后伸、固定，用力蹬脚，转动身体和挥拍，正拍的击球点在身体的右侧前方不超过腰的高度，击球时的挥拍速度最快，球打在拍面的中心，击球挥拍时的拍头是自上而下的臂挥动使球稍带上旋。

（4）随挥跟进动作

球触拍后，使拍面平行于网的时间尽量长些，挥拍沿着球飞行的方向前送，重心前移落在左脚，身体也随着转向球网，挥拍动作在左肩上方结束，拍头指向上方高出头部。随挥跟进动作要比后摆动作大而充分，保证击球的稳定性，随挥跟进结束，立即恢复准备姿势，准备下一次击球。

（5）几种不同的正手抽球方法

从球的旋转性能分类，有上旋球、下旋球、平击球、侧旋球（内侧球）等不同旋转的打法，网球的各种打法于旋转很有关系，下面介绍几种不同的正拍击球法。

1）上旋球。正拍上旋球是球拍自后下方向前上方挥动摩擦整个球体产生球由后下方朝前上方转动，故叫做上旋球。这种打法是在击球时，加大向上提拉挥动的幅度，使球产生较为急剧的上旋。上旋球的特点是飞行幅度高，下降快，落地弹起的反射角度较小，前冲力较大。打上旋球最大的优点是便于加力控制，是正拍击球中既能发力重大，又能控制进入场区减少失误的击球方法。上旋球是破坏对方上网的有力武器，较低的上旋球落在对方上网人的脚下，使其难于还击。

2）下旋球。下旋球和上旋球相反方向的球是下旋球，俗称“削球”。击球时，球拍稍向后倾斜，挥拍由后上方至前下方击打球的后下部产生下旋转，球是由前上方向后下方旋转并向前飘行，过网时很低，落地后弹起也很低并伴有回弹（走）现象。下旋球的落点容易控制，也可以打对方的深区，常用于随击上网，可以协调连贯地把随击与上网结合起来，利用球的飞行时间和深而准的落点冲至网前截击；也可以作为变换旋转和节奏的打法，扰乱对方的节奏，使之失误。

3）平击球。挥拍击球的路线向上较平缓，击球时拍面几乎垂直地面。击球的正后部，用同样的力量击球，平击球的球速最快，球落地后前冲力大，球的飞行路线较平直，但其准确性和控制力较差，因此这种击法在比赛中较少使用。

4）侧旋球。击球时球拍由后部向内侧平行挥动（也称“滑击”），使球产生由外向内的侧旋转，故称侧旋球。这种球飞行路线呈水平向外侧的弧线飞行，落地后向外跳，常用于正拍直线进攻。

在实践中，球的旋转常是混合性能的，球的旋转与来球的方向、力量，旋转速度和击球时的挥拍路线、触球时的拍面角度等因素有关。要掌握正拍击球的不同旋转球方法，需要在平时训练中反复练习（见图 6-4-1）。

图 6-4-1　侧旋球拍法

3. 反手削球

如果掌握了反手削球技术，对于扩大击球范围和击球的稳定性很有益处。如果能在进攻或防守中轻松自如地使用这一便利的攻击手段，无疑将扩大击球的控制范围，显著提高竞技能力。

削球的动作小，主要是借对方来球之力将球削出。即使是在身体平衡遭到破坏的情况下，也仍然可以打出削球来。此外，反手双手击球的选手，当来球很远时，也可以双手变单手，采取反手削球的回击方法，从而扩大防守范围，有效地将球击回对方场地。

反手削球也具有进攻战略意义，一般来讲，反手削球属于防守性技术，但根据其使用方法的不同，它也可以成为一种很得力的攻击手段。在实战中，遇到对方上网时，可先将球削到对方脚下，迫使对方无法反攻而只能回一般的高球，然后再狠狠地向对方发起猛攻。

能打出下沉球的削球技术，既可以在向前截击时使用，也可以在接发球时使用。还可以利用削球的后摆动作与反手击球相同的特点，出其不意地削出网前小球。因此，很好地掌握削球技术，无疑将扩大击球范围，提高竞技水平。

（1）反手削球握拍方法

反手削球握拍方法为：①让球拍拍面与反手单手击球的击球点相吻合；②以左手支撑着球拍（右手选手）；③用右手从上面抓握拍子。

握拍的方法不同，拍面也因此而变化，而且挥拍回击也会因此而改变。首先应以单手反手击球时使用的握拍方法开始练习。基本上是使用东方式反手握拍法。只要是单手反手击球，无论是削球、平击球还是猛抽球，基本上是以采用东方式握拍法为宜。

引拍方法：为了能削出旋转球，实际上引拍方法比击球时的挥拍更重要。能否正确地完成后摆引拍，做好削球准备，决定着削球的成功与否。反手削球技术的要点是：后摆引拍后拍子的高度、位置；完成向后引拍做好准备的时间早晚；削击球的时机。

（2）注意事项

①持拍一侧的右手臂肘关节不能太低；②绝对不能使用手腕；③运用削球时，完成后摆时拍子所在的位置；④后摆引拍时，只有做到左腋不打开，才能保证削球的挥拍动作是由内向外的挥动；⑤向后摆拍要做到使肩触到下颌为止；⑥反手削球技术不使用腰的转动和膝关节的伸屈动作以及重心的移动。双手反手击球的人，特别容易利用腰的转动去击球，因此，特别要注意不要使用腰的转动工作。

此外，如果削球时球不向前飞，有些人就企图使用身体动作，或是击球时有了挑球的动作，这些都是不正确的。实际上球不向前飞主要是挥臂所走的轨道不正确，即未能沿一条直线挥拍的原因所造成的（见图 6-4-2）。

图 6-4-2 错误的挥拍方法

4. 发球

发球是比赛开始的第一个动作，也应当把发球看做是进攻的开始。好的发球应具有攻击性，并使发出的球在速度、力量、旋转和落点方面有变化。发球可分为大力发球，侧上旋发球和削击球等。

完成正确发球动作的程序是：站在规定位置－抛球－拍触球－越网落在对方角的发球区。动作方法：两脚自然开立，侧向球网，前脚与端线成 45°，身体重心置于右脚。抛球时球拍开始在背后下垂。向上挥摆击球时，充分伸展手臂，拍头朝前，在右肩上空击中自上下落的球。发球动作结束时，球拍向左下挥过身体，后脚摆过端线。

（1）大力发球

大力发球（平击发球）的特点是出球力量大，速度快，落点深，威力强。优秀选手一般用于第一次发球，常可直接得分。但这种发球命中率较低，又因对方回击快，上网有时来不及，并且体力消耗较大。

动作方法：发球时应使球拍从后开始挥击，在背后下垂拍头。一般有两种方式：①直接转体后下垂拍头；②从下绕环后下垂拍头。其目的是为了增大摆幅，以求获得足够的距离。发球时球拍触球的最佳击球位置应保持在身体垂直稍前的部位。身体适当前倾，有利于扩大命中范围。大力发球时，先将球向右侧上方抛起，然后球拍下垂从背后开始挥拍迎球，挥拍过程中力争球拍瞬时速度最快的片刻、在头上适合高度使拍触球，击球后继续使拍向目标挥动，头部保持随球移动，拍顺势挥过身体左侧，身体重心随之向前进入球场。

（2）侧上旋发球

它是结合手腕爆发力发出来的一种带侧上旋性质的球。球向上旋转力强，在空中是高弧线飞行，准确性较高。如右手发左侧上旋球，该球落到对方发球区后，弹起较高，并向接球员的左侧拐弯。它能造成对方接发球困难，这种发球适于对付反拍差的对手，也易于发球后上网截击。

（3）削击发球

这种发球的击球点不是很高，击球时球拍多由上向下削切，发出球后向后旋转较强，球的飞行弧度曲线很大，容易控制落点，球落地后向对方场地一侧的角上跳动，可起到拉开对方、造成对方接发球困难的作用。比赛中常作为第二次发球用。削击发球易被正拍攻击力强的对手抽杀。

上述大力发球，侧上旋发球和削击发球的抛球方向略有差异，发出去的球产生的效果也不同。

5. 接发球（见图 6-4-3）

要接好发球必须掌握全面的基本技术，因为接发球之前，接球员对于对手可能发过来的球的方向、旋转、力量、速度等都无法控制。一旦对方将球发出来就要迅速作出判断和反应，并且选择恰当的击球方式来完成接球动作。

（1）接发球站位：一般位于端线附近，力求在接发球时向前移动击球。准备姿势：保持两脚平行站位，比肩略宽，右手持拍者一般右脚稍前，两膝微屈，上体稍前倾，脚跟提起，将球拍置于体前。

图 6-4-3 接发球动作

（2）在接发球的全过程中眼睛始终要注视来球，一直到完成回击动作。要观察对手的抛球，这样有利于判断发球的方向和旋转。

（3）对方第一次发球时多采用大力发球，站位应偏后一些，如果是第二次发球时可略向前移，以利于采取攻击性回击。接大力发球时不要做大幅度的后摆动作，主要是控制好拍面角度并紧握球拍以免拍面被振而转动。

（4）回击来球后要观察对方行动，对自己的回球路线和落点要有所考虑。选择好接发球落点，对控制对手发球后抢攻有重要意义。

6. 截击球（见图 6-4-4）

截击球在现代网球比赛中，是一项重要的得分手段。掌握好网前截击技术，对单打时的发球上网，随击球上网和双打中的上网，都有很大的帮助作用，同时也能使自己的技术水平提高到一个新的高度。

截击球技术包括：中场截击和近网截击，低球截击和高球截击。由于网前截击球距离短，球速快，在实际比赛中，正、反拍截击球要转换握拍是既困难又不切实际的，所以正反拍截击球的握拍法均应为东方式反拍握拍法或大陆式握拍法。

准备动作　　正手截击　　反手截击

图 6-4-4　截击球动作

正手截击动作方法：截击时站在网前 2.5～3 米的位置，准备姿势与一般击球大体相同，但球拍要举得高一些，约与眼部同高。截击时后摆动作要小，击球点保持在身体前方，拍触球瞬间手腕固定，用力紧握球拍，略加向前推击的动作即可。截击较近的球，左脚跨出一步，截击较远的球要跨出一大步。

反手截击动作方法：准备姿势同正手截击，动作区别在于反手截击的击球点要靠前一些，因此要及早跨出右脚。击球时手腕固定，用力紧握球拍，拍面稍后倾，触球中上部。击球后右臂伸展，向前下压送。当球还没落地并在空中飞行时（除高压球外），被凌空打掉，称为截击，亦称拦网。

（1）中场截击

1）特点和作用。中场截击在网球训练及比赛中，通称为一拦，即第一次拦击。在实战中，发球上网或随球上网不可能直接冲至近网，上网途中在发球线附近有一短促的停顿和重心转换，然后迎球作中场截击。中场截击球落点、质量的好坏，直接影响到网前的得分，所以中场截击球在网前截击球技术中起着很重要的作用，中场截击一般站位于发球线中点附近。

2）正拍中场截击动作要点。一是面对球网，两脚分开与肩同宽，膝关节微屈，重心在两脚前脚掌上，在对方击球时脚跟提起，转胯转肩（右手握拍者为准），左脚向侧前方作 45° 角跨步，以转肩来带动球拍后摆，后摆动作不超过肩，肘关节微屈，手腕形成 45° 角，拍面略开。二是截击时手腕紧固，击球点在左脚尖的延长线上，以短促而有力的动作向前迎击来球，触球部位为球的中下部。三是由于中场截击球距离较长，所以击球后的跟进动作，随着球的行进路线要稍长些，但不能太长，否则会影响下一段击球的准备动作。然后向网前迈进，准备近网截击或高压。

3）反拍中场截击动作要点。一是准备动作与正拍相同。判断来球后，向左侧转肩转胯，同时左手托拍颈向后引拍，拍面略开至身体前面，后引动作不超过左肩。二是击球时右脚向侧前方 45° 角跨出，重心前移在后脚上，同时向前向下截击来球，击球点位于右脚尖前面，手腕固定，肘关节微屈，利用前臂与手腕向前下方击球。三是击球后的跟进动作与中场正拉一样，稍长一些，随时准备截击下一板球。不论正拍还是反拍截击中场球，拍面应随着对方来球高度随时进行变化调节。截击中场高球，拍面应垂直向前向下击球，截击中场低球拍面应打开些，击球的中下部向前搓顶过去。

（2）近网截击

1）特点与作用。近网截击的站位比中场截击要靠前，位于发球线前 1～1.5 米处，它是在中场截击基础上的网前得分的主要手段。好的近网截击，其判断、落点的准确、击球的果断，能给对方以致命的一击。为使自己的技术水平更全面、更有威力，必须掌握好近网截击球技术。

2）近网正拍截击动作要点。一是判断清楚对方来球的质量，包括球速、球离网高度及球的角度，以便于迅速起动调整位置，控制拍面。如来球快而平，拍面应稍开，击球中下部，手腕紧固，以短促的动作向前向下顶撞来球。如来球快而高并略带上旋，拍面应树起垂直，击球中部，以短促的动作向下向前顶撞球，手腕紧固。二是后摆动作小，身体重心向前，转体同时带动完成后摆动作，击球点在身体侧前方。三是击球时左脚应向侧前方跨出，同时重心落在左脚上，肘关节与身体距离不应太远（除扑击球外），以便顶住重球。四是动作短促简单，随球动作小，并迅速准备下一板截击球。

3）近网反拍截击球动作要点。一是前期准备动作与近网正拍截击动作相同，要求重心向前，后摆动作小，根据来球高低，调整后摆拉拍高低。二是以肩和肘关节为轴，由上向下或由后向前顶撞击球，手腕紧固，以前臂发力控制落点。三是击球时右脚跨出，重心在后脚上，随击动作短小有力。

（3）追身球的截击（中路球截击）

1）特点与作用。追身球截击比正、反拍截击难度要大，这主要存在一个反应快慢及步法移动的问题，在对方朝两侧破网不成功时，往往会朝中路打来，如准备不充分就会措手不及，近身截击处理或掌握不好，就会失去网前的主动权，因此需要运动员掌握好近身截击技术。

2）动作要点。一是准备动作与正、反拍截击动作一致，两膝微屈，面对球网，重心落在前脚掌上，拍子放在身前注视对手。二是当球朝着偏正拍中路来时，左脚向左侧迅速横移一步，重心落在左脚上，右脚跟进同时转体侧身，球拍始终保持在身体前面。另一种方法是当球朝中路来时，右脚迅速向左后侧退一步，重心落在右脚上。如中路球朝偏反拍来时，动作准备要点与正拍中路球相同，步法则相反。三是击球时手腕要固定并紧握拍子，根据来球高低向前或向下撞击球。四是击球后的随击动作小，并迅速回到原来位置，准备截击下一板球。

7. 高压球

高压球多用于网前的击球动作，分为原地高压球、跳起高压球和后退高压球。高压球要及时侧身，早举球拍，眼睛看准球，找准击球点。高压球一般以平击高压为主，也可以用切削高压打出好的角度和落点。当对方挑高球挑得很高，很深时，可打落地高压球。打这种球要快速侧身后退，后退时眼睛不能离开球，要求步子退后，然后再向前做高压击球动作。

高压球的动作与发球动作相似，只是没有向后拉拍的挥拍动作，而是直接把球拍引向头后。在向来球方向跑动中，抬头仰视球，上体右转，同时使球拍垂向背后，完成击高压球的准备动作。当球下落到合适高度，左脚蹬起起跳，在头部上方，跳起向前下挥击，完成高压动作（见图 6-4-5）。

图 6-4-5　高压球动作

三、网球的基本战术

1. 单打战术

（1）发球

发球要考虑落点、力量和旋转等因素的变化才能有良好效果，如果发出的球有角度而使球反弹出边线，就能迫使对手离开基本位置，则发球效果好。若对手站位离中线较远，可发球至接发球人的中线附近，以牵制对方。第一次发球应尽量利用大力发球，以加强攻击性，给对手造成压力。第二次发球应具有稳健性，以保持较高的命中率。

（2）接发球

在第一回合较量中，对手发角度大而弹出边线的球时，若球速慢，可用进攻方法回击，亦可回击大角度球，以牵制对手发球后抢攻。接大角度球时，不要向后跑，而应向前迎球，用拉球回击。接发球时应选择合适位置，其标志是使正手和反手各有 1/2 的机会接球。切忌在中场等球，应将中场视为接球时不站人的区域。

（3）把球打深

把球打深是指打出的球其落点要靠近球场端线附近。在单打比赛中，把球打深能将对手压在底线附近，这样可以防止对手上网，还能使对手回击的角度减小。

对准备随球上网的队员来说，将球打深也有重要作用。这里应当注意，在底线击球要想把球打深，就应使球在网的上空较高处通过，大约离网上空至少 1.5 米。

（4）调动对手

调动对手也就是把对手调离其能较好发力击球的位置，使其在场上出现空当，这样就能争取比赛的主动权。一般通过打斜线球和打直线球达到调动对手的目的。

打斜线球可以有较高的安全系数，因为斜线球要过球网上空的中间位置，而球网中间的网高要比两侧的立柱低 15 厘米，故容易击球上网，它对提高命中率有较大作用，这是球网特点所形成的，应当充分利用。还有打斜线球比打直线球飞行距离长 1.98 米。

打直线球对调动对手也有特殊意义，因为直线球距离比斜线球相对来说要短一些，故它能适当加快回击速度。当对手打来斜线球时，以直线球回击，可以左右调动对手。在对手出现空当时，用直线球回击，可增大击球的威胁性。

（5）网前截击

当队员处于较有利的网前位置时，可充分发挥网前快速截击的威力，截击时采用变线打法，能够向空档回击，取得良好的效果。所谓变线打法就是对手打斜线球，用直线球回击，或者对手打直线球，用斜线球回击。

2. 双打战术

（1）基本站位

双打时除发球和接发球队员在端线附近外，一般都站在网前位置。发球的队员站在规定发球区的网前，接发球的队员则站在规定发球区的另一侧的网前。有时候发球的同伴也可以站在端线附近，位于发球队员的另一侧。在后场的队员基本站位，发球队员站在规定的发球位置，接球人站在端线附近，准备接发球。有时接发球同样不直接站在网前，而是站在发球线附近，当对手打球后再向左或者向右前扑截球。

（2）发球

双打发球落点要深，如果发球有一定深度，就能控制对手冲到网前进行截击。第一个发球应采用大力发球，发球后随球上网，这时动作要迅速，先冲前三四步，然后停下来，准备进行第一次截击。

（3）接发球

对方发球时，接发球的同伴一般站在发球线附近，接发球人的情况将直接影响其同伴的行动。如果接球队员能有效地接过发球，并且能够上网，这时两个人都应同时上网；如果接发球回击的球力量较弱，这时接球队员的同伴就应立即退到端线附近，不要停在原地。对发过来的球不能做有力的回击，就要想到在端线附近进行防御。如果两人同在后场站位时，应保持使球落在中间地带，以减小对手回球的角度。

（4）及时补位

双打比赛中两个人及时补位很重要，它可以补救场上出现的薄弱地区。例如发球队员的同伴由于截抢冲力过大而冲过中线，这时发球队员就应及时向空当补位。如果遇到两个对手同时上网时，同伴向中路回球较低，被对手截击，这时处在截击队员对面的网前队员应及时抢截。如果接球队员将球打给网前队员，这时接球队员的同伴应迅速后退到中场。

（5）双上网和双底线

双打是两个人互相配合而进行的比赛，两个人应当发挥出一个整体水平来。优秀运动员双打时，采用的理想阵势是两人在前或两人在后，如果两个人是处于双上网的位置，而同时对方也是双上网，这种情况下双方都会向有球的一侧移动。很多球是在中场来回击打，因此球场另一部分就会出现一个很大的空区。这一空区往往是对手进攻偷袭的地区，比赛中应当有意识地注意这一地区。如果两个人是处于双底线位置，那么回击时就应当使球多落在中间场区，以减小对方回球的角度。另外，双打比赛应随时重视防御中间地带，因这一地带是被攻击的主要目标，所以要求两人配合默契。

第五节　乒乓球运动

一、乒乓球运动简介

乒乓球运动于 19 世纪末起源于英国，流行于欧洲。乒乓球运动的起源与网球有着密切的联系，乒乓球运动英文名为 Table Tennis，即为桌上网球。乒乓球运动是手握球拍在中间隔一网的球台上轮流击球的一项球类运动。它具有球体小、速度快、变化多、设备简单、趣味性强、不受年龄性别限制的特点，深受人们的喜爱。经常参加练习，可以发展人的灵敏、协调等素质，提高动作速度，改善心血管系统机能，还能锻炼人机智、沉着的心理素质，培养运动者勇于拼搏，敢于胜利的积极上进的品质。

大学乒乓球的教学任务是结合教学教育学生勤学苦练，培养互帮互学的精神，向学生传授乒乓球运动的基本知识、技术和技能，增强学生体质。

二、球拍的规则规定

（1）球拍的大小、形状和重量不限。但底板应平整、坚硬。底板至少应有85%的天然木料。加强底板的黏合，尽可能用诸如碳纤维、玻璃纤维或压缩纸等纤维材料，每层黏合不超过底板总厚度的7.5%或0.35毫米。

（2）用来击球的拍面应用一层颗粒向外的“普通颗粒胶”覆盖，连同黏合剂厚度不超过2毫米；或用颗粒向内或向外的“海绵胶”覆盖，连同黏合剂厚度不超过4毫米。“普通颗粒胶”是一层无泡沫的天然橡胶或合成橡胶，其颗粒必须以每平方厘米不少于10颗、不多于50颗的平均密度分布于整个表面。“海绵胶”即在一层泡沫橡胶上覆盖一层普通颗粒胶，普通颗粒胶的厚度不超过2毫米。

（3）覆盖物应覆盖整个拍面，但不得超过其边缘。

（4）底板、底板中的任何夹层、覆盖物以及黏合层应为厚度均匀的一个整体。

（5）球拍两面不论是否有覆盖物，必须无光泽且一面为鲜红色，另一面为黑色。

（6）由于意外的损坏、磨损或褪色，造成拍面的整体性和颜色上的一致性出现轻微的差异，只要未明显改变拍面的性能，可允许使用。

（7）运动员在比赛间歇时应将球拍放在比赛的球台上，得到裁判员特别许可者除外。

（8）球板覆盖物可用压力感应胶纸或其他国际乒联批准的黏合剂进行黏合。

三、握拍法

握拍法即指运动员手握乒乓球拍的方法。基本上分直握法和横握法两种。两种握法各有千秋，实践时应因人而异，扬长避短。

运动要点（以右手为例）：

（1）直式握拍法：正面拇指第一指节和食指第二指节握拍，拍柄压住虎口（两指间距离适中），背面中指、无名指和小指自然弯曲斜形重叠，中指第一指节侧面顶在球拍背面约 1/3 处，使球拍保持平稳（见图 6-5-1）。

图 6-5-1　直式握拍法

（2）横式握拍法：中指、无名指和小指自然地握住拍柄，拇指在球拍正面轻贴在中指的旁边，食指自然伸直斜放于球拍的背面，虎口轻微贴拍，击球时拇指和食指帮助手腕调节拍形和加力挥拍作用。正手攻球时食指向上移动，反手攻球时拇指向球拍中部移动帮助手腕下压加大击球力量（见图 6-5-2）。

图 6-5-2　横式握拍法

四、基本姿势

击球前后，身体保持的合理姿势即为基本姿势。合理恰当的准备姿势有助于判断来球，及时移动到位，并能运用各种基本技术完成击球动作。

1. 动作要点

（1）上肢：持拍手和非持拍手均应自然弯曲置身体前侧方，保持相对的平衡姿态。

（2）下肢：两脚左右开立，约与肩同宽，面向球台。两膝自然弯曲，略提踵，重心置于两脚之间。

（3）躯干：含胸收腹，上体略前倾，下颌微收，两眼注视来球（见图 6-5-3）。

图 6-5-3 基本姿势

2. 基本姿势的重点难点

两脚前脚掌内侧着地，屈膝提踵放松微动。

五、基本步法

步法训练不能忽视，灵活的步法是抢占合理位置、熟练运用各种手法击球的前提。

1. 单步

一脚为轴，另一个脚向前、后、左、右不同方向移动，重心随之落到移动脚上。单步具有移步简单、灵活、重心平稳的特点，一般用于离身体不远的小范围移动，如接近网短球等（见图 6-5-4）。

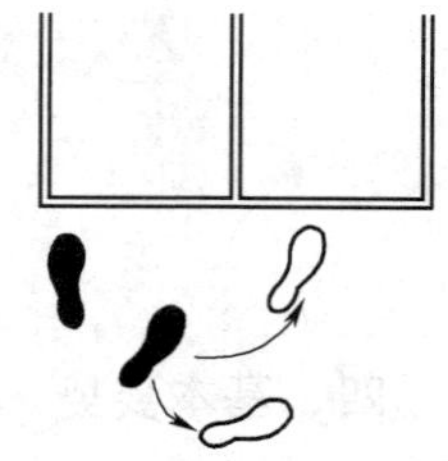

图 6-5-4 单步

2. 并步

一脚先向另一只脚移（或叫并）半步或一小步，另一只脚在并步脚落地后即向同方向移动。其特点是身体不腾空，重心起伏小，很稳定（见图 6-5-5）。

3. 跳步

以来球同方向脚蹬地为主，双足有瞬间的腾空，离来球较远的脚先落地，另一只脚跟着离地。其特点是移动范围比跨步大，利于发力进攻。攻球选手在左右移动时常用（见图 6-5-6）。

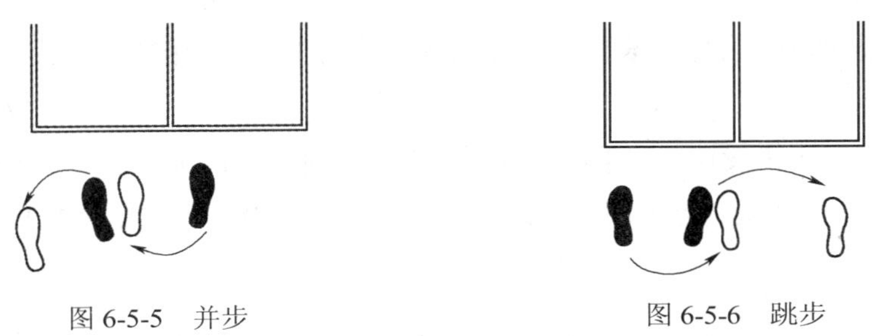

图 6-5-5　并步　　　　图 6-5-6　跳步

4. 跨步

一脚蹬地，另一只脚向移动方向跨一大步。多用于进攻型选手左右移动击球。为了防止跨步后失去重心，蹬地脚应随后跟上半步或一小步（见图 6-5-7）。

5. 交叉步

近来球方向的脚尖先由向前转向移动方向，并略移半步或原地调动一下重心；远来球方向的脚向来球方向跨一大步，在身体前（侧）瞬间呈交叉状态。身体随之向来球方向移动，另一只脚再跟上一步，身体重心随手臂挥动方向略转。在远来球方向脚跨出的一步将落地时击球，另一只脚移动时击球已完成（见图 6-5-8）。

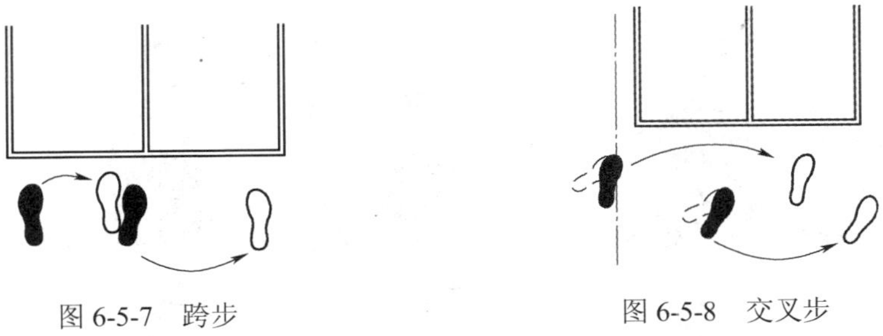

图 6-5-7　跨步　　　　图 6-5-8　交叉步

6. 小碎步

较高频率的小垫步，主要适用于步法的调节，在步法移动到一定的位置时还没有找到合适的击球点，就要通过小碎步来调整，争取更好的击球点。小碎步是步法中尤为重要的步法，也是衡量一个人步法跑得是否合理、协调的一个重要因素。

六、发球与接发球

乒乓球比赛是从发球和接发球开始的，两者的好坏都能导致直接得分或失分，因此要重视发球和接发球技术的练习。以下介绍发球的技术动作要点（以右手为例）。

1．发球

（1）正手平击发球：左手将球向上抛起，同时右臂内旋，使拍面稍前倾，向右后方引拍；当球从高点下降至稍高于球网时，击球中上部向左前方发力（见图6-5-9）。

图 6-5-9　正手平击发球

（2）反手平击发球：左手将球向上抛起，同时右臂外旋，使拍面稍前倾，向左后方引拍；当球从高点下降至稍高于球网时，击球中上部向右前方发力（见图6-5-10）。

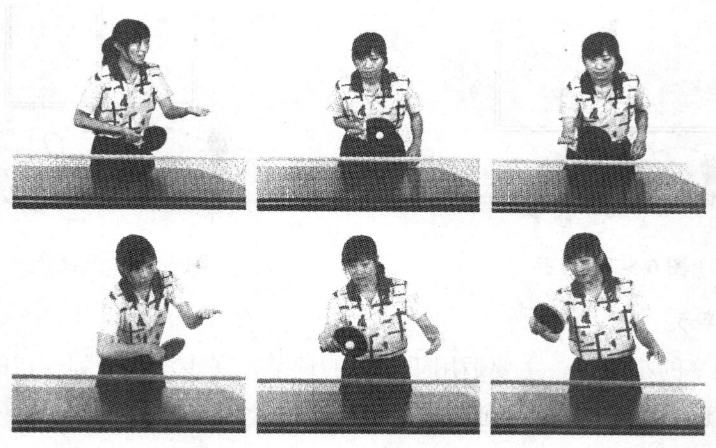

图 6-5-10　反手平击发球

（3）反手发急球：准备姿势同反手平击发球。抛球同时持拍手向左后方引拍，待球下落到低于网高时，持拍手由左后向右前加速挥拍，拍面稍前倾，以前臂和手腕发力为主击球中上部，腰部配合向右转动（见图 6-5-11）。

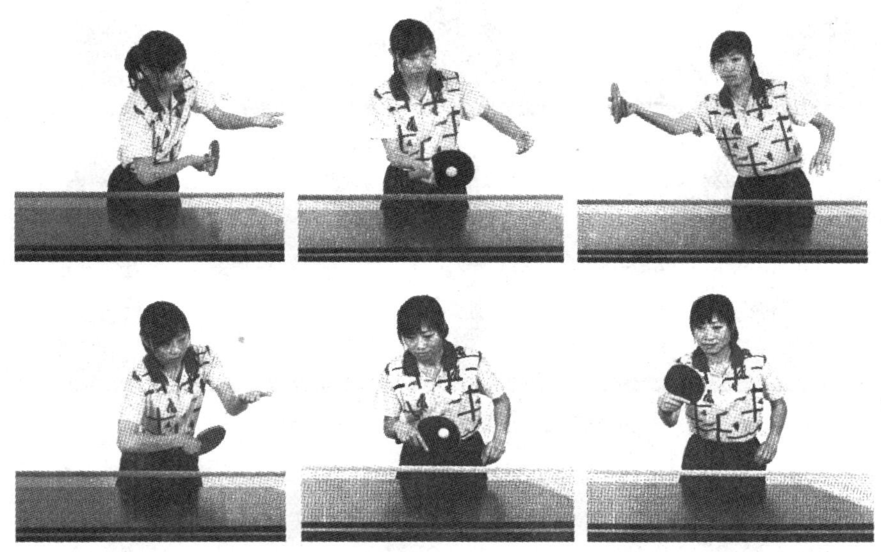

图 6-5-11　反手发急球

（4）反手发右侧上（下）旋球：站位和准备姿势同反手平击发球。抛球同时持拍手向左后引拍，当球从高点下降至接近网高时，用前臂带动手腕向右前上方挥动，拍面逐渐向左稍前倾，拇指压拍手腕内转从球的中部向右侧上摩擦，即为右侧上旋球。右侧下旋球的动作方法与右侧上旋发球大致相同，区别在于：引拍向左后上方，右臂向右前下方挥摆，击球中下部向右侧下方向摩擦，触球点略高于发侧上旋球（见图 6-5-12）。

（5）正手发左侧上（下）旋球：抛球同时持拍手迅速向右上方引拍，腰部略向右转动。当球从最高点下降至接近网高时，手臂自右上方向左下方挥摆，球拍从球的右侧中下部向左侧上方摩擦，即为左侧上旋球。若发左侧下旋球时，手臂自右上方向左前下方挥摆，拍从球的右侧中部向左侧下部摩擦（见图 6-5-13）。

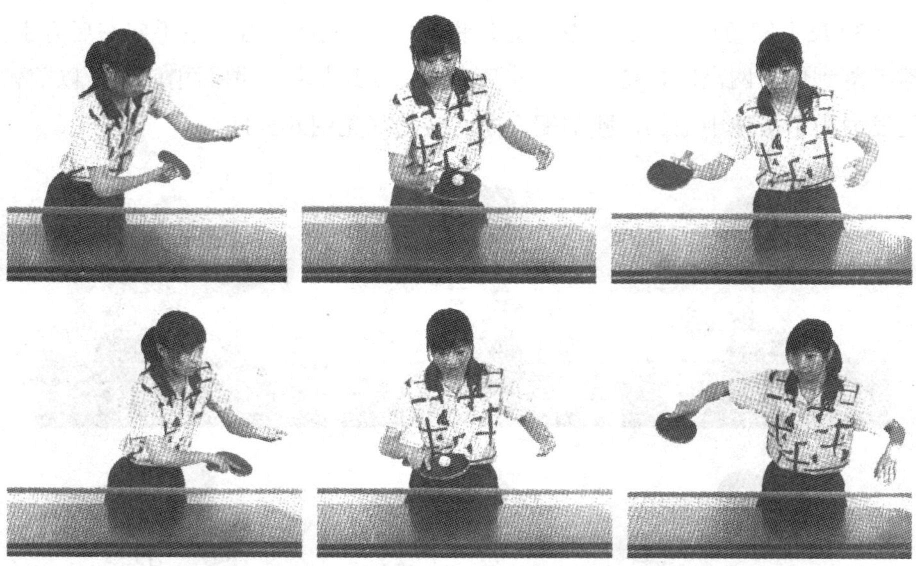

图 6-5-12　反手发右侧上（下）旋球

图 6-5-13　正手发左侧上（下）旋球

（6）正手发奔球：左手将球向上抛起，同时右臂内旋，使拍面稍前倾，前臂手腕自然下垂，肘关节高于前臂，向右后方引拍。当球从最高点下降至近于网高时，击球右侧向右侧上方摩擦，触球一瞬间拇指压拍，手腕从右后方向左上方抖动。注意要求角度尽量偏大（见图 6-5-14）。

图 6-5-14　正手发奔球

2. 接发球

视对方发球站位而定的接发球站位要恰当，判断来球的旋转性能、飞行弧度、落点要准确，移动回击手法要适当。

七、推挡球

挡球是初学者首先应学习的一项基本技术。推挡球是我国近台快攻传统打法的独特技术，是教师最重要的教学技能。以下介绍推挡球动作要点（以右手为例）。

1. 挡球

特点是球速慢，力量轻，动作较简单，初学者容易掌握。它可以帮助初学者熟悉球性，认识乒乓球的击球规律，提高控制球的能力。动作要领：挡球是推挡球技术的基础，初学者应形成正确的动作手法。引拍时，上臂应靠近身体。前臂前伸近球，手腕手指调节拍形，食指用力，拇指放松。

2. 快推

快推的特点是站位近，动作小，借力还击，速度快，线路变化多。适用于回击一般的拉球、推挡球和中等力量的攻球；在相持中能发挥回球速度快的优势，推压两大角或袭击对方空当，为自己的进攻创造条件。它是推挡球最常用的一项技术。动作要领：击球前靠近身体，前臂适当后撤引起。在前臂向前推送的过程中，完成外旋动作。转腕动作不宜过大，关键是时机要恰当（见图 6-5-15）。

3. 加力推

特点是回球力量重，速度快，击球点较高，充分发挥手臂的推压力量。比赛中运用加力推可迫使对方离台，陷于被动局面（如侧身正手攻前一板，加力推底线或大角度），与减力挡搭配使用，能有效地调动对方，获得主动。它适用于应对速度较慢、旋转较弱的上旋球或力量较轻、着台后弹起比网稍高的来球。动作要领：球拍后撤上引是为了增大用力距离。击球点适当离身体远一点。击球时间不宜过早或过迟。要有效地把身体各部分的力集中在击球的一瞬间（见图 6-5-16）。

图 6-5-15　快推

图 6-5-16　加力推

4. 减力挡

特点是回球弧线低、落点低、力量轻。回接对方的大力扣杀或加力推挡时能减弱回球的力量，如与加力推结合运用，可以前后调动对方，是应对中台两面拉或两面攻打法的有效战术，它还常用于接加转弧圈球。动作要领：击球前身体重心略升高，稍屈前臂，球拍保持合适的前倾角度。触球瞬间，有意识地做手臂和手腕后收的动作。削弱来球反弹力的同时，借来球的力量将球挡过去，回球速度快（见图 6-5-17）。

图 6-5-17　减力挡

挡球与推挡球的重点难点是正确的拍面，身体的协调配合和准确的线路落点。

八、攻球

攻球从大的动作结构来讲，可分为正手和反手攻球两大类。攻球是快速进攻最重要的一项技术，杀伤力强，是解决战斗的关键技术。以下介绍其动作要点（以右手为例）。

1. 正手攻球

近台中偏右站位，左脚稍前，身体斜对球台，持拍手自然放松置于腹前，拍半横状。顺来球路线略向右侧引拍，约与台面齐高，拍面与台面约成 80° 角左右，前臂与台面基本平行。当球从台上弹起，持拍手由右侧向左前上方挥动，以前臂快速内收发力配合手腕内转沿球体做弧线挥动，在上升期击球的中上部，击球位置在身体右前方一臂距离处（见图 6-5-18）。

2. 反手攻球

站位近台右脚稍前，持拍手自然弯曲置于腹前偏左，重心偏于左脚。顺来球线路向后引拍。当球从台上弹起，持拍手由左后向右前上加速挥拍，前臂发力为主，手腕外转，拍面前倾，重心移至右脚，左右胸前击球上升时期的中上部（见图 6-5-19）。

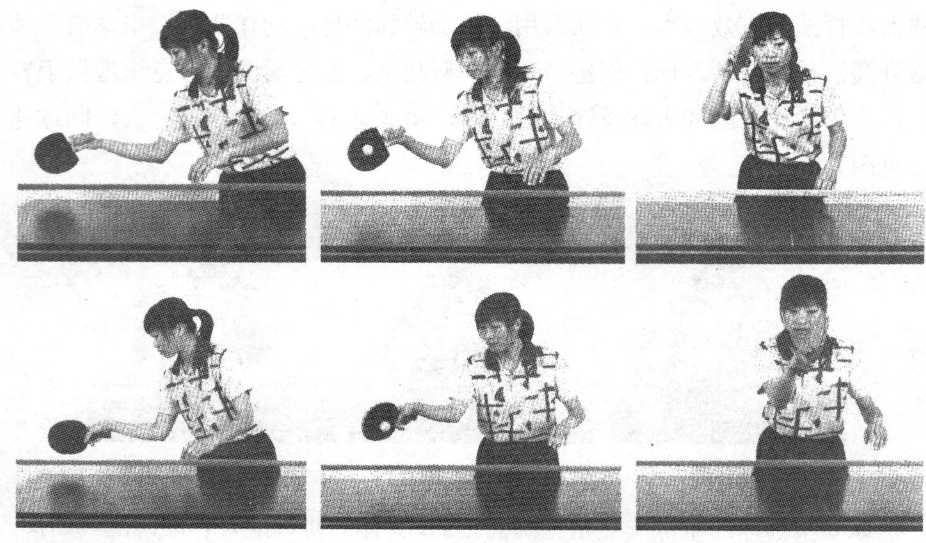

图 6-5-18 正手攻球

图 6-5-19 反手攻球

攻球的重点难点是挥拍发力和正确恰当的击球点。

九、搓球

搓球是近台还击下旋球的一种基本技术，特点是站位近动作小，回球多在台内进行。以下介绍其动作要点（以右手为例）。

1. 慢搓

（1）正手慢搓：手臂外旋使拍面后仰，前臂向右后上方引拍，当来球跳至下降前期，前臂带动手腕加速向前下方用力摩擦球，触球中下部（见图 6-5-20）。

图 6-5-20　正手慢搓

（2）反手慢搓：与正手相同，但方向相反（见图 6-5-21）。

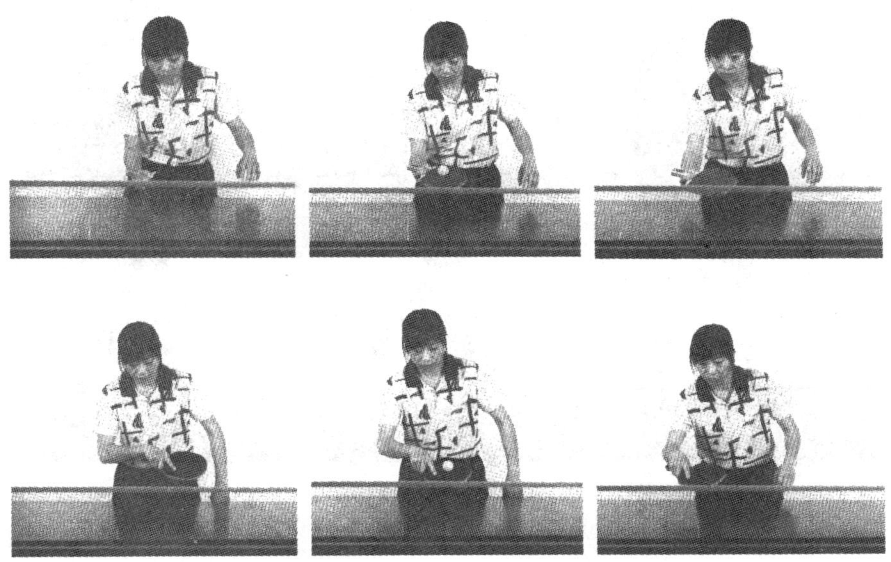

图 6-5-21　反手慢搓

2. 快搓

（1）正手快搓：肘部自然弯曲，手臂外旋使拍面角度稍后仰，后引动作较小。当来球跳至上升期，利用上臂前送的力量，前臂与手腕配合，借力结合发力，触球中下部并向前下方用力摩擦（见图 6-5-22）。

（2）反手快搓：与正手基本相同，但方向相反（见图 6-5-23）。

搓球的重点难点是前臂和手腕的挥拍路线及用力方法。

图 6-5-22 正手快搓

图 6-5-23 反手快搓

十、双打

1. 双打的配对

（1）两人具有较好的协同作战的思想基础。

（2）在站位和走位的方式上，两人最好具有不同的特点，以利于灵活地交换击球位置。

（3）技术上各种比较有利的配对是：一人左手握拍，一人右手握拍；一人为近台快攻，一人为中台攻击（最好还能拉弧圈球）。

2. 双打的技术、战术和训练

（1）双打的技术

1）对双打位置移动的要求：一是有利于本身还击下次来球；二是不妨碍同伴抢占击球位置和还击来球；三是不影响同伴的视线和判断来球。

2）各种配对常用的位置移动方法：一是两个右手握拍者配对时，常用三角形的移动方法；二是左手握拍和右手握拍者配对时，常用横斜向或横向的移动方法，一般在打完球后，向自己的反手一侧移动；三是左推右攻和两面攻者配对时，左推右攻者多作左右移动，两面攻者多做前后移动；四是近台攻击和中台攻击者配对时，近台攻击者多作横向移动，中台攻击者多作横斜向的移动。

（2）双打的战术

1）紧盯一角，突袭另一角：紧盯对方一角，迫使对方两人在一角匆忙交换击球位置，在此过程中突袭对方的另一角。

2）发球抢攻：本方发球时，根据同伴抢攻的需要和对方接发球的能力，用手势暗示发球意图，争取发球抢攻战术的有效运用。

3）交叉攻两角或长、短结合：例如，把右手握拍向左移动的人调到右边去，把左手握拍向右移动的人调到左边来；把近台进攻的人挤到后面去，把中台进攻的人诱到近台来。这样就打乱了对方的基本站位和基本走位方法，破坏了对方的协调配合，为我方的扣杀创造了机会。

4）控制较强者，主攻较弱者：这是进行双打比赛的一种战略性的安排。双打配对的两人，无论技术水平多么接近，其攻击力总是会有区别的。因而大都选择对方技术水平相对较低、攻击力相对较弱者，作为我方的主要攻击对象。例如，设我方两人为甲、B 甲，对方两人为乙、B 乙。第一局比赛，我方甲发球，对方是乙接球，那么在第二局比赛当乙发球时，就要由甲接球。这种击球顺序是比赛规则所规定的。为了选准主要的攻击对象，事先必须对对方的技术情况、打法特点了解清楚。经调查了解，如对方乙攻击较好，攻击力较强，我方就应根据各局比赛发球和接发球的顺序，对乙严密控制，对其先行攻击，尽可能不给或少给乙主动进攻的机会。为了实现这一战略意图，在控制和主动攻击乙的过程中，即便造成一些失误也不要动摇。而对乙作为我方主要的攻击对象，力求在其身上得分或打出进行扣杀的机会球。

5）各施所长：如果配对两人，一人防守较好，一人进攻较强，一般由防守好的人来抵挡对方的强者，由进攻强的人攻击对方弱者，以突破对方的防线。前面提到，双打的技、战术要求能够在同伴之间取得默契配合，这一点十分重要。例如，快攻和弧圈球配对时，当快攻者一板下旋推过去时，同伴紧接着就能抢拉弧圈球，快攻者随即又能进入拉后扣杀。要使两人的配合如同一个人，就必须在单打训练的基础上，进行严格、系统的双打训练。

（3）双打的训练

1）全台对半台的练习。

2）以双打发球区为限，做正手攻球基本走位的练习。

3）以一方接发球抢攻为主的练习。

4）以一方发球和发球抢攻为主的练习。

5）一人单打帮助两人双打的练习。

6）及时调整基本站位的练习（事先颠倒基本站位，要求在练习开始后 1～2 个回合中，迅速将位置调整过来）。

7）多球步法练习。

8）全台双打练习。

9）适应各种类型打法的针对性练习。

10）各种计分练习及比赛。

第六节　羽毛球运动

一、羽毛球运动简介

羽毛球是一项在室内外均可进行的小型球类运动。根据资料记载，羽毛球运动起源于古印度的普那游戏，现代羽毛球形成于英国。据说 1860 年在英格兰的伯明顿庄园有一位鲍菲特公爵，有一天他在庄园举行宴会，由于下雨，客人们只能呆在室内，有几个从印度回来的退役军官就向大家介绍了一种游戏，就是隔网用拍子来回击打毽球，人们对此产生了很大的兴趣。后来人们就以伯明顿（Badminton）作为此项运动的名称，“伯明顿”即成为英文羽毛球的名字。1893年英国成立了羽毛球协会，1899年举行了第一届全英羽毛球锦标赛。此后羽毛球运动就传遍了全世界。

现今，羽毛球运动是一项重要的体育项目，它深受广大群众的喜爱，而且有十分重要的锻炼价值。它不仅能够全面地锻炼身体，增强体质，锻炼身体协调能力和爆发力，而且能够在运动的过程中培养人们顽强的毅力和良好的道德风尚。

二、羽毛球的基本技术

1. 握拍

羽毛球是一项使用球拍击球的运动，握拍的方法是否合理，对于掌握和提高羽毛球技术水平有着重要的影响。下面介绍正手握拍法和反手握拍法。

（1）正手握拍法

正手击球时的握拍方法称为正手握拍法（见图 6-6-1）。球拍垂直于地面，使手掌下部靠在球拍的拍柄底部，虎口对着球的边框，拇指和食指贴在拍柄的两个宽面上，食指和中指稍分开，中指、无名指和小指并拢握住拍柄，掌心与拍柄有一个手指的空隙。

（2）反手握拍法

反手击球时的握拍方法称为反手握拍法（见图 6-6-2）。反手握拍是在正手握拍的基础上，由正手握拍法将拍框往外旋，拇指伸直贴在球拍柄一侧的宽面部位，球拍斜侧向身体左侧，拍面稍后仰。

图 6-6-1　正手握拍法

图 6-6-2　反手握拍法

需要注意的是，在正反手转换的过程当中，关键在于拇指与食指上下对搓转换拍面，及时调整击球角度。

2. 发球

发球是羽毛球运动的开始。发球的质量高低直接影响到进攻的效果，同时保持清醒的头脑也同样重要。所以，发球的好坏会直接影响到比赛的主动。按照发球方式可分为正手发球和反手发球两种。若按球在空中飞行的弧线，又可分为发高远球、平高球、平快球和网前球。

（1）正手发高远球（以右手握拍为例）

用正手发不同的球时，击球前的准备和前期动作是相仿的，只是在击球时及其后的动作有所差异。当发高远球时，身体一侧靠近中线，离前面的发球线一米左右。身体左肩对球网，左脚在前（脚尖向网），右脚横在后，两脚距离与肩同宽，45 度站位。身体自然放松并直立，重心放在右脚上。准备发球时，右手握拍自然后摆，肘部微屈，左手端住球托置于胸前等高位置，放球后让球做自由落体，击球时，身体重心先由右脚移至左脚上，球开始下降再挥拍击球。在球下落时，右手腕关节外展握拍由大臂带动小臂，自右后方沿身体向前左上方挥动。当球下降到右臂向前下方伸直能够触到球的瞬间，紧握球拍，用手腕外展回收的力量向前上方发力击球，然后顺势向左上方挥拍（见图 6-6-3）。

图 6-6-3　正手发高远球

（2）正手发平高球

当发平高球时，动作过程大致与发高远球相同，只是在击球的瞬间，前臂加速带动手腕向前上方挥动，拍面要向前上方倾斜，使球达到一定的弧度，发出球的弧线以对方伸拍刚刚击不着球的高度为好，以向前发力为主，球落到对方场区底线为宜（见图 6-6-4）。

图 6-6-4　正手发平高球

（3）反手发球（以右手握拍为例）

发球站位靠近中线附近，右脚在前，左脚在后，右脚尖面对球网。身体重心在前脚上。右手臂屈肘，用反手握拍将球拍横举在腰间，拍面在身体左侧腰下。左手拇指与食指捏住球毛三分之一处，球头后摆，将球在球拍前对准拍面。击球时，主要靠挥动前臂和手腕发力，动作小、力量轻，速度较快，前臂带动手腕朝前横切推送，使球的飞行弧线略高于网顶，下落到对方前发球线附近（见图 6-6-5）。

图 6-6-5　反手发球

3. 接发球

接发球就是还击对方发过来的球。接发球的站位和姿势如下（以右手持拍为例）：

（1）单打的接发球站位：一般的站位是离发球线 1.5 米左右，如果在左发球区要站在靠近左边线附近；如果在右发球区要站在靠近中线的位置。这样的站位主要是有利于回击对方发球后直接进攻反手部位。一般是左脚在前，右脚在后，双膝微屈，收腹含胸，身体重心放在前脚上，后脚脚跟稍抬起。身体稍侧向左边，球拍举在身前，两眼注视对方（见图 6-6-6）。

（2）双打的接发球站位：由于双打发球区比单打发球区短 0.76 米，如果发高远球容易被对方扣杀，所以双打发球多以发网前球为主。

图 6-6-6　单打站位和姿势

4. 击球

羽毛球击球技术方法重点是注意击球的部位，基本包括击高远球、吊球、杀球、搓球、推球、勾球、扑球、抽球、挑球等，每一种技术又可分为正手和反手击球。依据战术球路的需要，可随时击出直线球或斜线球。下面介绍几种击球动作方法。

（1）击高远球

高远球是从自己的后场打到对方后场端线经过高空飞行的球。

正手击高远球：当来球比较高时，首先要判断好来球的落点，移动步法，使球保持在自己的右肩稍前上方的位置。左肩对网，左脚在前，右脚在后，重心在右脚上，左臂屈肘，左手自然高举虚指来球方向（目的是保持身体平衡），右手持拍，手臂自然弯曲，将球拍举在右肩上方，两眼注视来球，从右腿发力开始，屈膝—蹬地—送胯—转肩—提肘—击球，击球时要击打球托中下部，朝前上方击出（见图 6-6-7）。

图 6-6-7　反手击高远球

（2）吊球

吊球指对方击来高球，本方可从后场轻击、轻切、轻劈到对方的近网附近。根据出手的位置和球落向的位置。

1）正手吊球：击球准备和前期动作同正手击高远球，只是击球时拍面稍向内倾斜，手腕做快速切稍下压动作，击球托的中上部。若吊斜线球时，则球拍切削球托右上方并向左下方发力；若吊直线球，则拍面正对前方向下方切削（见图 6-6-8）。

图 6-6-8　正手吊球

2）头顶吊球：击球准备和头顶击高远球类似。头顶吊斜线球时，中指、无名指和小指屈指调整拍柄，使拍子内旋，拍面稍前倾，以斜拍面击球托左侧部位，头顶吊直线球时，球拍击球托的正中部位（见图 6-6-10）。

图 6-6-10 头顶吊球

（3）扣杀

扣杀球是羽毛球进攻的主要技术之一。需要运动员具有良好的身体素质和爆发能力。准备姿势和动作要领与正手击高远球相似。不同之处是身体后仰成弓形在空中收腹用力，靠腰腹带动大臂、前臂、手腕，用力挥拍击球，方向向下，形成鞭打动作，球拍正面击球托的后部，无切击动作，使球沿直线向前下方快速飞行。击球后迅速还原。按照技术动作的不同可分为正手扣杀直线球、正手扣杀斜线球、头顶扣杀球。

腾空突击扣杀直线球：当球过来时，先判断好落点。移动步法，保持身体在来球的左下方。身体向右上方腾起，上身后仰成反弓形，右臂向上抬，肩尽量后拉。击球时，前臂全速往上摆起，手腕从后伸经前臂内旋至屈收，同时握紧球拍压腕产生爆发力，高速向前下方击球。突击扣杀后，右脚在右侧着地屈膝缓冲，重心在右脚前，左脚在左侧前着地，利用左脚蹬地向重心位置回动，手臂随惯性自然往体前收回（见图 6-6-12）。

（4）搓球

搓球是用球拍搓击球的左或右侧下部与球托底部，使球向右侧或左侧翻滚过网的打法。搓球有正手搓球和反手搓球。

1）正手搓球：侧身对右边网前，正手握拍。球拍随着前臂伸向右前方斜举。当球拍举至最高点时，前臂向外旋转，手腕由后伸转至稍内收转动，握拍手的食指和拇指夹住拍，中指、无名指和小指轻握拍柄，使球拍在手腕和手指的挥摆用力下，搓击来球的右下底部，使球旋转翻滚过网（见图 6-6-13）。

图 6-6-12　腾空突击扣杀直线球

图 6-6-13　正手搓球

2）反手搓球：击球前前臂稍往上举，手腕前屈，手背约与网同高，而拍面低于网顶，反拍面迎球。搓球时，主要靠前臂的前伸外旋和手腕由外展至内收带动球拍向前切送，搓击球的右侧后底部，使球侧旋滚动过网。

（5）推球

推球是把对方击来的网前球推击到对方的后场两底角去。推球分为：正手推球和反手推球。通过推球可以调动对手的行动路线，调整战术。

（6）勾球

在网前用屈腕或伸腕的动作调整球拍角度，轻巧地将球回到对方斜对角的网前区内，称为“勾球”。勾球分正手勾球和反手勾球两种。

（7）扑球

1）正手扑球：右脚蹬步到网前，身体前倾，举拍于右肩上方。击球时，手腕发力，由后伸至前屈收腕用力，球拍带动球向前下扑击球。如果球离网较近，手腕从右前向左前方向推击球（见图 6-6-14）。

图 6-6-14 正手扑球

2）反手扑球：右脚跨向左前再蹬跳上到网前，身体前倾，球拍举于左前方。击球时，前臂外旋，同时手腕内收，然后外展击球，拇指顶压配合用力加速挥拍。如果来球靠网，手腕可外展由左向右切击球，避免触网。击球后，球拍回收于体前（见图 6-6-15）。

图 6-6-15 反手扑球

（8）抽球

1）正手抽球：击球前，站位在右场区中部，两脚平行开立，稍宽于肩，重心在两脚间，双膝微屈，握拍于右肩上。击球时，前臂内旋，手腕伸直闪动，手指抓紧拍柄，球拍由右后前方高速平扫盖击来球。击球后手臂左摆，左脚往前迈一步，右脚跟上一步回到中心位置。

2）反手抽球：击球前，右脚前交叉在左侧前，重心在左脚上，右手握拍在左侧面，肘部稍上抬，前臂内旋，手腕外展，引拍至左侧。击球时，在髋的带动下，前臂外旋，手腕由外展到伸直闪动，击球托的底部。击球后，球拍随身体回收到右侧面。

四、发展专项力量练习方法

1. 上肢专项力量练习

（1）挥拍练习。挥网球拍，重点进行前臂、腕、指的各种击球动作，以发展肌肉力量和击球爆发力，并且在练习的过程当中保持握拍姿势达到动作定型。

（2）掷垒球练习。对墙掷垒球，以发展大力击球时的挥臂速度和手腕的闪动爆发力。

（3）稳腕练习。手持哑铃于体前，做腕关节拉伸动作，以发展手腕灵活性。

（4）转臂练习。手持哑铃于体侧大幅度做旋内、旋外练习，以发展臂的灵活性。

2. 躯干专项力量练习

（1）仰卧起坐，左右体侧起，背起，以发展腰腹肌力量。

（2）抛实心球练习。两手持实心球背对抛球方向，两腿分开站立，用力后抛，指尖充分拨球，以发展腹部和指尖控制球拍的力量。

3. 下肢专项力量练习

（1）交叉步。通过髋关节的不断转动，练习脚下的步伐和身体协调性。

（2）半蹲提踵。两腿分开稍比肩宽，做半蹲提踵动作，快上慢下，以发展踝关节和小腿肌肉力量。

（3）蛙跳练习。做半蹲跳动作，快上慢下，以发展下肢的爆发力。

（4）跳绳练习。单脚跳、双脚跳、单摇、双摇，以发展踝关节、小腿肌肉力量及下肢的灵活性。

五、场地

羽毛球场呈长方形（见图 6-6-16）；球网两边（网柱）高 1.55 米，中间高 1.524 米，场地线宽均为 40 毫米。

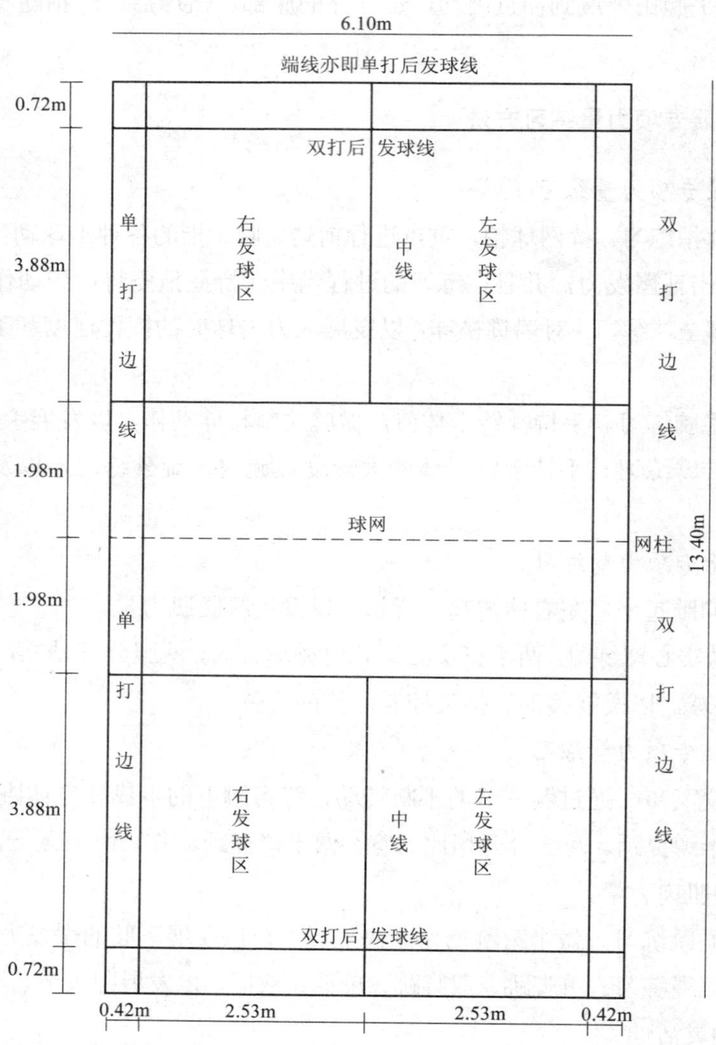

图 6-6-16 羽毛球场地

六、羽毛球比赛方法简介

羽毛球比赛一般分男子单打、女子单打、男子双打、女子双打、混合双打、男子团体和女子团体七个项目。团体赛多采用五场三胜制，单打和双打每场比赛采用三局两胜制，不受时间限制。双打和单打都以 21 分为一局。胜方必须赢负方至少两个球或以上即为一局结束。当双方打成 20 平时，比分相互叠加交错上升时先到 30 分的一方获胜（在 20 分至 30 分之间如出现胜负方比分差 2 分即为比赛结束）。每一局比赛到 11 分都有一个 60 秒技术暂停休息时间，局与局之间有 120 秒休息时间。每一局结束后双方运动员需交换场地，如前两局双方运动员打成 1:1，将进行决胜局（第三局）比赛，在决胜局中不论哪一方先到 11 分技术暂停休息时间都需要交换场地。

在单打比赛中，发球方的分数为零或偶数时，发球方站在右发球区发球；分数为奇数时，发球方站在左发球区发球。无论站在哪个区域发球，都应把球发到对手与自己相同的区域中（即为对角发球，发斜线球）。

在双打比赛中，一方得到发球权后，首次发球，发球员都在右发球区域发球，如果连续得分的话，此方发球员不变，将连续换位发球，如非发球方获得发球权，则按照比分的单双数站位发球，如得分为单数则左区运动员发球，如得分为双数则右区运动员发球。发球员的同伴、接发球员及其同伴站位不限。无论站在哪个区域发球，都应把球发到对手与自己相同的区域中（即为对角发球，发斜线球）。

发球员发球时脚不得踩线或单脚支撑。击球的瞬间，球的任何部位都不得高于 1.15 米，球拍头指向下方，发球时挥拍手臂要做连续动作，击球瞬间必须首先击中球托，违者判发球违例。接球员站在所对应的区域内，在对方完成发球动作前，不得过早移动。一人不得连续击球两次，否则判连击违例。比赛中，身体、衣服或球拍不得触及球网或网柱。不得有阻挠或影响对方击球的动作和行为。球击落在场地线外即为球出界，球落地时，如球托或羽毛的任何部分压在线上，则属界内球。发球时，球不到前发球线、双打中过了双打后发球线或发错区均判为界外球。发球时，球擦网落在合法发球区内为好球。

第七章　游泳运动

第一节　熟悉水性

一、玩水游戏

消除初学者对水的恐惧。了解水的浮力特性，感受水中压强。掌握一些水中的基本技能。具体练习方法如下：

（1）扶边或3～5人手拉手向前、后、左、右走动，边走边上下跳动。

（2）侧对池壁，手扶池边，向前、向后迈步行走，或面向池壁、手扶池边，向左向右迈步行走。

（3）与同伴手拉手成圆圈做游戏性地走、跑或互相推水、戏水。

（4）分组打水仗。

二、憋气练习

（1）手扶池槽或手握同伴的手，深呼吸后憋气。然后慢慢下蹲，把头部全部浸入水中，停留片刻，在水中用鼻、嘴慢慢吐气，直到吐完。然后起立，在水面上吸气后再重复做几次。

（2）同上练习。要求吸气后头浸入水中，稍憋气后即在水中用嘴和鼻同时呼气，继之抬头。在嘴将出水面直至嘴一露出水面时，用力把气呼完。随即用嘴迅速吸气，吸气后头部又立即浸入水中。如此反复练习，做到吸、闭、呼气有节奏。

三、漂浮与站立练习

1. 抱膝漂浮站立练习

原地站立深吸气后，下蹲低头抱膝，双膝尽量靠近胸部，脚掌蹬离池底，自然漂浮于水中，此时后背部分露出水面。站立时，两臂前伸，向下压水并抬头。同时两腿伸直，以脚触池底站立，两臂自然放于体侧。

2. 直体漂浮与站立练习

吸足气，身体前倒，手头先后入水，憋气，两手臂夹在两耳侧。伸直臂和腿，成俯卧姿势漂浮水中。两手臂尽量放松，肩关节放松。站立时，收腹、收腿，两臂向下压水。然后抬头，两腿伸直，两脚触池底站立。

四、滑行练习

在直体漂浮的基础上蹬边滑行，要求全身放松，两脚尖绷起来，身体尽量伸直（见图 7-1-1）。

图 7-1-1 漂浮

第二节 蛙泳

一、蛙泳技术

1. 身体姿势

蛙泳时，身体姿势不是固定不变的，而是随着臂、腿及呼吸动作的周期性变化而不断变化着。当蹬腿结束后，两臂并拢前伸，两腿向后蹬直并拢时，身体处于较好的流线型滑行状态，身体较平，头略抬起，水浸于前额处，胸部一部分、腹部和大小腿处在水平姿势。这时身体纵轴与水平面约成 5°～10° 角。

2. 腿部动作

蛙泳时腿的技术动作可分为收腿、翻脚、蹬夹腿和滑行四个紧密相连阶段。

（1）收腿

开始收腿时，两腿随着吸气的动作自然向下。同时两膝开始弯曲并自然分开，小腿向前回收。回收时，两脚放松，脚踵向臀部靠拢，边收边分。收腿时力量动作要慢要小，两脚和小腿回收时，要收在大腿的投影截面内。收腿结束时大腿与躯干成 130°～140°角，两膝内侧与髋关节同宽，为翻脚和蹬夹腿做准备（见图 7-2-1）。

（2）翻脚

收脚将结束时，脚仍向臀部靠近。这时大腿内旋，膝关节稍内扣。同时两脚向外侧翻开，勾足尖，使脚内侧和小腿内侧对准水，使腿在蹬夹时有一个良好的受力面（见图 7-2-2）。

图 7-2-1 收腿

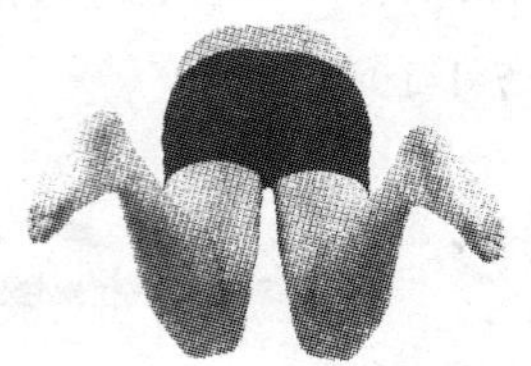

图 7-2-2 翻腿

（3）蹬夹腿

翻脚后，立即以腰腹和大腿同时发力向后蹬水。先伸髋，再伸膝，以大腿、小腿内侧和脚掌向后做急速而有力的蹬夹动作。在蹬夹腿过程中，脚尖向两侧划两个半圆，当两腿并拢时略向下压，以形成前后鞭打动作。该动作是推动身体前进的重要动力来源。（见图 7-2-3）

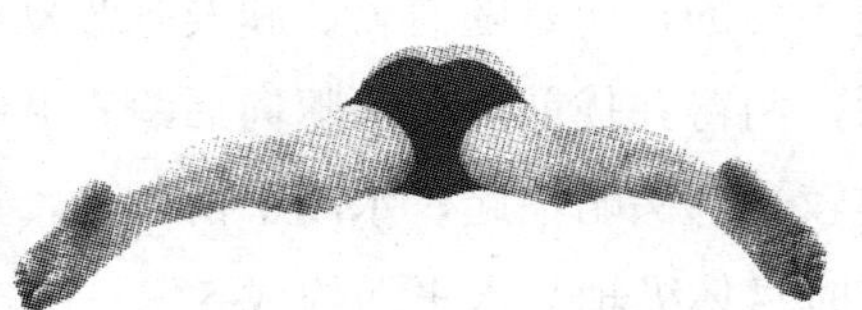

图 7-2-3 蹬夹腿

（4）滑行

蹬腿结束后，脚距离水面约为 20～30 厘米。此时，两腿迅速并拢伸直，身体适度紧张，呈流线型，做短暂滑行，准备开始下一个腿部动作周期（见图 7-2-4）。

图 7-2-4 滑行

3. 臂部动作

蛙泳广泛采用高肘、快频率。动作可分为抓水、划水、收手和向前伸臂四个紧密相连的阶段。

（1）抓水

从两臂前伸并拢、掌心向下的滑行开始，前臂、上臂立即内旋，掌心转向外斜下方，略屈腕，两手分开向侧斜下压水至两手间距离约为两倍肩宽处。手掌和前臂感到有压力，便开始划水。此阶段动作速度较慢（见图 7-2-5）。

（2）划水

当两手做好抓水动作，两臂分至大约 40°～45°夹角时，手腕开始逐渐弯曲。这时两臂、两手逐渐积极地做向斜下后方屈臂划水。划水时肘的最大屈角为 90°左右，划水应用力，使上体上升到便于吸气的位置，为下一阶段收手、向前伸臂做好充分准备（见图 7-2-6）。

图 7-2-5 入水与抓水

图 7-2-6 划水

（3）收手

收手是划水阶段的继续。收手过程也能产生较大的前进作用和升力。收手过程手臂向里、向上收到头前下方。这时，前臂与肘几乎同时做动作。收手时不应降低划水速度，而是以更快的速度积极完成（见图 7-2-7）。

（4）伸臂

伸臂动作是由伸直肘关节、肩关节来完成的，掌心由朝上逐渐转向下方。手指朝前。同时迅速低头，将头夹于两臂之间。动作完成时，两臂伸直并拢充分伸肩，手掌心向下，成良好的流线型向前滑行（见图 7-2-8）。

图 7-2-7 收手

图 7-2-8 伸臂

4. 蛙泳的完整配合技术

目前教学中采用一个动作周期呼吸一次的“晚吸气”配合。在抓水过程中，随着头、肩的上升，口露出水面时将气吐尽，两腿保持稍紧张的伸直姿势；当划水结束时，头、肩向前上方升至最高点时快速吸气，同时两膝开始弯曲；当收手并开始前伸臂时放松低头憋气，收腿；滑行时向水中呼气。

二、蛙泳的练习方法

蛙泳简单易学，省力、能负重，游动声音小，便于观察和掌握方向。武装泅渡主要采用蛙泳。

蛙泳通常是划一次臂，蹬一次腿，呼吸一次。腿的动作是基础，可先通过陆上模仿练习，然后在水中反复练习。呼吸是关键，呼吸动作要与划臂动作密切配合。根据不同的情况，抓住主要矛盾进行练习。

1. 腿的练习

（1）收腿

边收边分慢收腿。大腿带动小腿屈膝前收。收腿结束时，两膝接近髋下，与肩宽同。

（2）翻脚

向外翻脚对准水。脚跟靠近臀部，脚尖向两侧，脚心向上用脚内侧和小腿内侧向后方对准水。

（3）蹬夹腿

用力向后蹬夹腿。大腿发力向外后蹬夹脚尖向两侧划弧。蹬夹动作要连贯。

（4）水中腿练习

收腿要放松，翻脚要充分，蹬夹腿动作要快，两腿并拢后要向前滑行一段时间。

2. 臂和呼吸的练习

（1）划臂练习

两臂伸直，向斜后方边划边屈。当臂划至肩侧下方时，收手伸向前。

向前伸臂时，两臂与两肩同宽，滑行时低头放松。

（2）臂和呼吸配合练习

先陆地模仿，后水中练习。

要领：入水低头慢吐气，划水抬头快吸气。

3. 蛙泳的手臂呼吸配合

（1）划臂腿不动

两手分开向斜后方划水，两腿自然伸直，准备收拢。开始抬头。

（2）收手又收脚

臂划近肩下时，两腿自然分开，屈膝前收，抬头吸气。

（3）收手夹肘收好腿

臂划至肩的侧下方时，收手夹肘将手收至颚下，同时完成收腿动作。头逐渐浸入水中憋气。

（4）先伸手臂翻脚再蹬腿

两臂前伸同时向外翻脚，立即用力向后做圆弧形蹬夹水。

（5）身体放松漂一会儿

蹬腿结束后，臂腿收拢，头埋入水中，向前滑行，然后接下一个动作（见图7-2-9）。

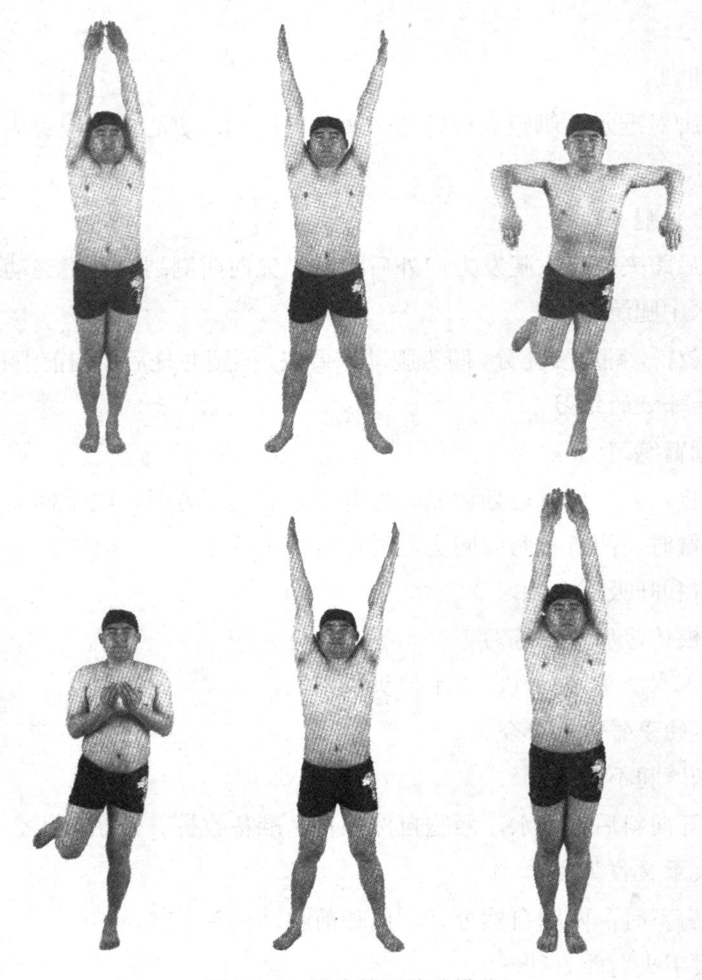

图 7-2-9 蛙泳徒手陆地模仿

第三节 爬泳的锻炼方法

爬泳，俗称自由泳。游爬泳时，运动员在水中成俯卧姿势，两腿交替上下打水，两臂轮流划水，动作很像爬行，所以人们称之为“爬泳”。在自由泳项目比赛中多采用它。它在防洪抢险、横渡急流、抢救溺水者时能发挥积极作用。爬泳是四种竞技游泳技术中速度最快的一种姿势，在奥运会自由泳项目的比赛中，运动员都采用这种姿势。

一、爬泳技术

1. 身体姿势

游爬泳时身体要保持几乎水平的俯卧姿势，躯干肌适当紧张，成较好的流线型，身体纵轴与水平面约成 3°～5° 角。头部应自然地颈后屈，两眼注视前下方，头的 1/3 露出水面，水平面接近发际。为了争取动作效果，允许双腿暂下沉。游进中身体可以围绕身体纵轴有节奏地转动，这种转动一般在 35°～45° 角范围内。

2. 腿部动作

爬泳打腿主要是起维持身体平衡的作用，使下肢抬高，保持身体有较好的流线型，以及协调配合两臂用力的划水动作，并能提供一定的推动力。

打水动作脚尖伸直并稍内扣，踝关节放松，以髋为支点，动作从髋关节开始，大腿发力，带动小腿。两腿分开的距离约为 30～40 厘米，向上打水膝关节弯曲 140°～160° 角，向下打水结束（见图 7-3-1）。

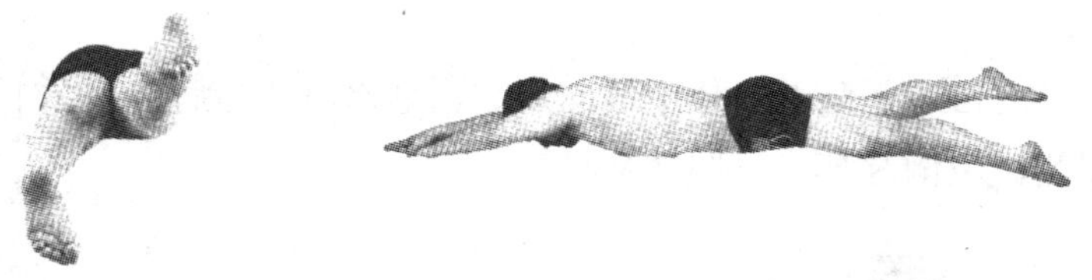

图 7-3-1　正、侧打水动作

3. 臂部动作

划水是爬泳身体前进的主要动力。臂的一个划水周期可分为入水、抱水、划水、出水、空中移臂五个部分。

（1）入水

臂入水时，肘关节略屈并高于手，五指并拢伸直，向斜下方入水，使手掌与水面的角度为 30°～40°。动作要自然放松，臂入水时在身体中线与延长线之间手臂尽量前伸。臂的入水顺序为手－前臂－肘－上臂（见图 7-3-2）。

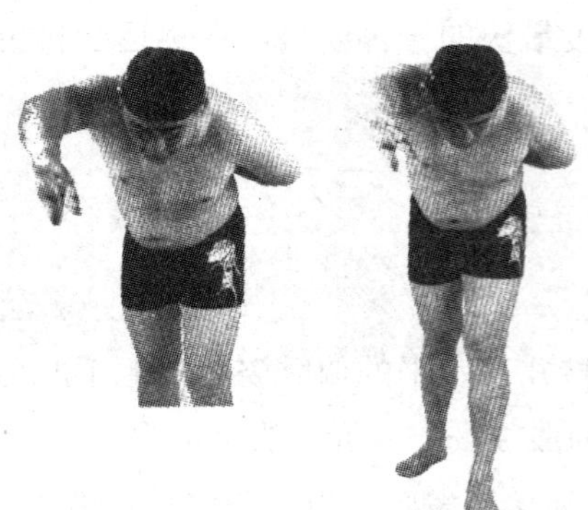

图 7-3-2　入水

（2）抱水

手臂入水后，手腕自然伸直，掌心转向侧，此时前臂和上臂应积极外旋，当手臂接近完全伸直，手臂与水平面成 15°～20° 角时，手腕向下弯曲，同时开始屈肘，使肘高于手。上臂划至与水平面成 30° 角时，手和前臂已经接近垂直对水，肘关节屈至 150° 角左右，手和前臂以较大的截面积对准划水面，此时前臂和上臂夹角大约 90°（见图 7-3-3）。

（3）划水

手掌外旋对准水，沿着身体中线向后划，划水路线为肩前－颚下－胸前，最后到达大腿侧，呈倒 S 形（见图 7-3-4）。

图 7-3-3　抱水

图 7-3-4　划水

（4）出水

在划水结束出水时，手臂放松，肘部向上方提起带动前臂出水面。手臂出水动作必须迅速、放松（见图 7-3-5）。

（5）空中移臂

出水后手臂高肘吊手放松前移手心向内侧，方便入水（见图 7-3-6）。

图 7-3-5　出水

图 7-3-6　空中移臂

4. 两臂配合技术

两臂配合技术分为三种组成形式，即前交叉、中交叉，后交叉，在平时我们还可以看到另一种属手后交叉形式。

（1）前交叉配合：一臂入水时，另一臂处于肩前方，与水平面构成 30° 左右角。

（2）中交叉配合：当一臂入水时，另一臂处于肩下垂直部位，与水平面构成 90° 左右角。

（3）后交叉配合：当一臂入水时，另一臂划水至腹部下方，与水平面构成 150° 左右角。

以上三种配合形式都有其各自的特点，对一般初学者来说，可以采用第一种形式，以便有利于掌握爬泳动作，特别是掌握呼吸动作。采用第二种和第三种形式，则有利于发挥两臂力量和提高动作频率，加快速度，保持连续的推进力。

优秀爬泳运动员，在两臂配合中应根据个人的技术条件和特点，充分发挥推进力的连续作用。如果运动员的身体较轻、力量好、划水技术效果好，那么他在一臂入水时，另一臂（划水臂）就应完成50%～60%的划水动作。即中交叉配合技术形式或稍偏后（中后交叉配合）。它也是现代爬泳优秀运动员采取较多的一种配合形式。此外，有的运动员在一臂入水时，划水臂位于前交叉和中交叉之间，通常称之为中前交叉配合或中交叉偏前的配合技术。

5. 呼吸与臂的配合技术

爬泳技术中的呼吸动作比较复杂，运动员要在水面上吸气，在水面下用口和鼻呼气。

不同情况下的呼吸与臂的配合技术：在长距离项目中，每一划臂周期应呼吸一次，即两臂各划水一次，吸一次气，训练水平高的运动员在比赛时，常常采用多射臂、少吸气的方法。也有的运动员采用向左右两侧轮流地转头吸气的方法，这种配合技术有利于运动员防止两侧肩带肌发展不均衡，另外还便于在比赛中观察左右两侧的对手，取得主动地位，便于发挥技术和战术（见图7-3-7）。

呼吸技术动作中的注意事项：运动员在水中呼气时，不要过分用力，运动员通常每次呼吸只有半公升左右的空气，因此必须掌握口在水中吐气的停留时间和臂划水动作周期的密切配合。呼吸过深，并不会使肺部得到更多的空气，而只会使呼吸肌肉疲劳；呼吸过浅，则会造成肺部血液中的氧和二氧化碳不能充分交换。

爬泳的完整配合技术——腿、臂、呼吸配合技术分析：爬泳技术中的完整协调一致的配合，是游泳运动员匀速地、不间断地向前游进的保证，其中手臂的动作是推进力的主要部分，因此头、躯干、腿部动作都应服从于手臂的动作。

二、爬泳的练习方法

1. 腿的练习

（1）扶池边打水

大腿带动小腿交替上下打腿。向上要放松，向下要用力。脚尖内扣，踝关节要放松。

（2）浮体打水

蹬边或蹬池底滑行漂浮之后打水。

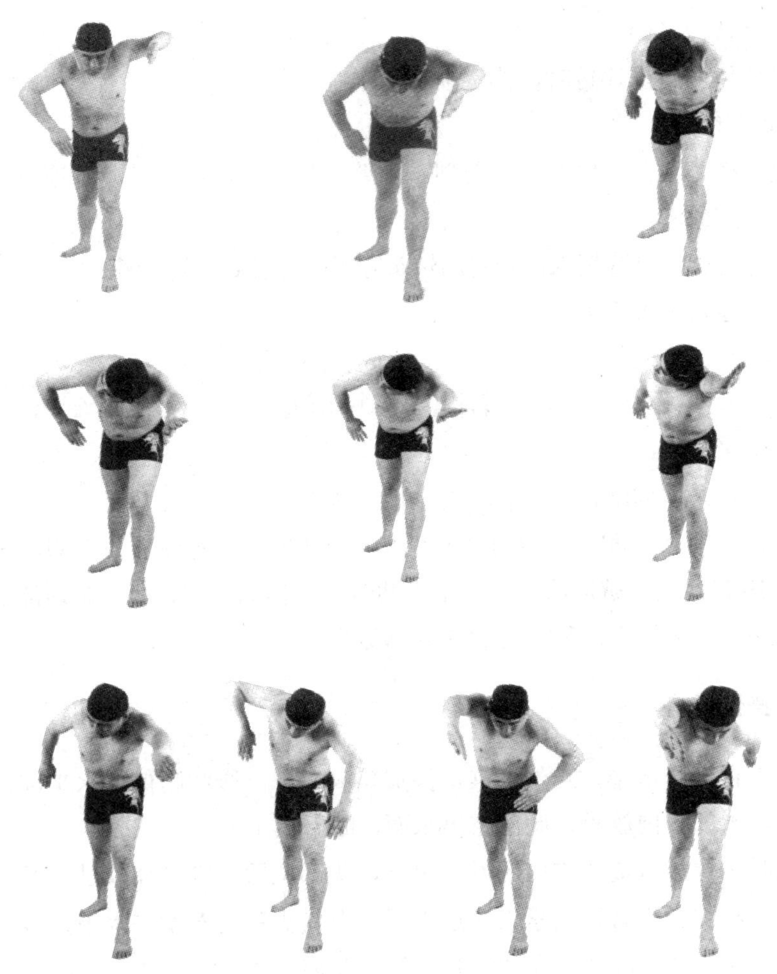

图 7-3-7　手臂划水全过程

2. 臂和呼吸的配合

（1）划臂呼气

以右臂为例，左臂在肩前插入水后，逐渐屈臂向后划水，同时呼气。划臂不要超过身体中线。

（2）推水吸气

右臂向后推水时转头吸气，提肘出水时同时完成吸气动作。侧头不要太高太猛。

（3）移臂憋气

右臂从体侧向前移臂时，头逐渐转入水中憋气。

3. 划水练习

两腿连续打水，一臂前伸一臂划。两臂交替进行，逐渐过渡到连贯动作。

4. 完整配合游

由滑行打腿，单臂划水，向同侧转头呼吸。过渡到两臂轮流划水。两侧呼吸。反复多练，逐渐加大距离。

第四节　仰泳

仰泳，是人体仰卧在水中进行游泳的一种姿势。

仰泳技术的产生和发展也有较长的历史，1794 年就有了关于仰泳技术的记载，直到 19 世纪初，游仰泳时仍是采用两臂同时向后划水，两腿做蛙泳的蹬水动作，即所谓“反蛙泳”或称之为“蛙式仰泳”。

一、身体姿势

身体平直仰卧水中，自然伸展，头肩略高于臀，腰和腿保持水平部位，后脑浸入水中，颈部肌肉放松，脸部露出水面，眼看后上方。

仰泳时头像控制前进方向的舵，另外，头部位置不宜过高或过于后仰。过高会造成背肌和胸肌不必要的紧张。过于后仰会使头和肩淹没在水中，容易呛水，从而造成呼吸困难。因此，在仰游时头的位置很重要（见图 7-4-1）。

图 7-4-1　漂浮

二、腿部动作

仰泳时腿部动作的作用主要是维持身体平衡，产生一定的推进力。整个动作是以髋关节为轴，由大腿发力，腿膝关节带动小腿和脚来完成。

下压水是由腿伸直与水面平行时开始的。当臀部肌肉收缩时直腿下压，下压到占整个移动路线的2/3时，大腿停止下压准备上踢。后1/3由小腿和脚利用继续下压的惯性屈膝来完成。

上踢水是腿下压动作结束，大腿用力向上和股四头肌用力收缩开始。此时，大腿与小腿构成130°～140°角，小腿与水平面约40°～45°角。大腿向上，直至超过髋关节水平线，与此同时，由大腿带动小腿向上踢水，直至腿完全伸直为止。仰泳时两腿的主要推动力是靠向上踢水产生的。向上踢水时，在任何情况下都不要使膝和脚踢出水面，否则会影响踢水效果（见图7-4-2）。

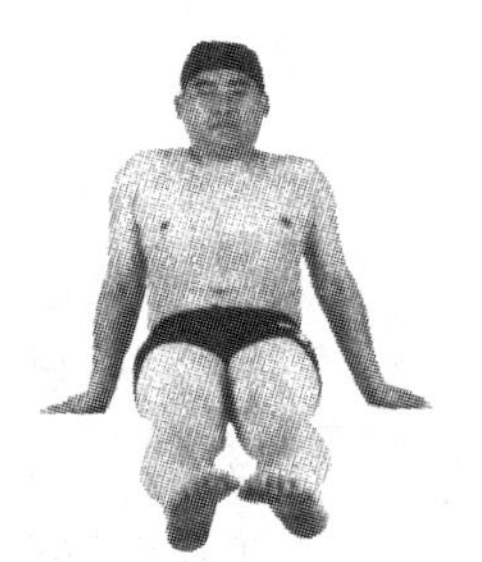
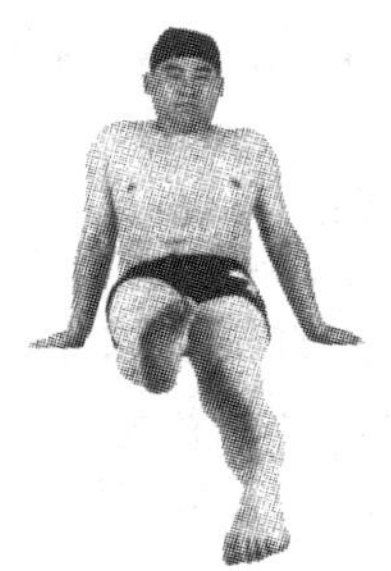

图7-4-2 仰泳腿陆地模仿

三、臂部动作

仰泳时臂的动作与爬泳一样，都是产生前进力量的主要因素。目前一般都采用两臂交替在体侧屈臂划水技术。在一个动作中臂部动作分为入水、抱水、划水、出水和空中移臂五个紧密相连的阶段。

1. 入水

入水紧接着空中移臂后开始。入水时手臂自然伸直，手掌展平，入水点在肩的延长线上。手臂入水的顺序一般先上臂入水，然后前臂和手几乎同时入水。

2. 抱水

手臂入水后，躯干向入水的一侧转动，借助前移的速度，直臂向深水处积极抓水，并做转腕和肩臂内旋的动作，同时开始屈臂，使手臂和前臂处在最有利的位置，形成有利的划水面，即抱水。

3. 划水

划水动作从抱水开始，包括拉水和推水。开始拉水时，前臂内旋、肘关节向下弯曲，并逐渐下沉至靠近腰部，以手臂和前臂对准水划。当手臂划过肩关节垂直面时，即开始推水。推水应充分利用拉水速度和划水面，使整个臂同时用力向后下方做推压动作。

4. 出水

手臂划水结束后，手掌自然转向下，并靠近大腿，利用手臂内旋下压的反作用力和肩部三角肌的收缩力量，使手臂自然地提出水面。

5. 空中移臂

臂出水后，应迅速地沿着与水平面接近垂直的面上，由后向前旋转。

四、呼吸与臂、腿的动作配合

仰泳时身体成仰卧姿势，脸一直露出水面，因此呼吸技术简单、自然，只要张口有节奏地呼吸即可。呼吸可与臂动作配合，当一臂空中前移时吸气，而另一臂空中前移时则呼气。为了增加臂划水力量，在吸气后应有一个短暂的憋气过程。仰泳腿、臂和呼吸的配合一般采用“6:2:1”的比例完成，即在一个循环动作内腿打水 6 次、臂划水 2 次、呼吸 1 次（见图 7-4-3）。

五、仰泳打腿练习的注意事项

（1）稍收下颏，以防鼻孔朝上使水进入鼻中而呛水。

（2）髋部上提，可使身体成流线型仰卧水面，以防止臀部下坐，增大阻力。

（3）腿下压时要直，上踢时大腿带动小腿，稍屈腿做“鞭状”踢水，控制膝盖和脚不要踢出水面。

（4）髋关节适度放松，以免腿的动作僵硬。

现代仰泳技术中采用 6 次打腿、2 次划臂的配合技术是比较普遍的，也有运动员采用 4 次打腿、2 次划臂的配合技术。下面就 6:2:1 的配合技术以图表的形式加以说明。

图 7-4-3　仰泳手臂动作

初学者在水中不能随意呼吸及行动，且容易呛水和失去平衡，甚至造成溺水事故。有些已会游泳者，由于在水中抽筋、碰撞、精神紧张等也可能发生溺水现象。因此，游泳教师必须有高度的安全观念，备课时要考虑安全措施，在课上认真落实。并把安全教学及其措施列为评议课的标准之一，从而彻底避免事故发生。仰泳臂腿动作配合见表 7-4-1。

表 7-4-1 仰泳臂腿动作配合表

臂部动作		腿部动作	
右臂	左臂	右腿	左腿
抱水	出水移臂开始	上踢	下压
拉水	移臂中间	下压	上踢
推水	移臂结束入水	上踢	下压
出水移臂开始	抱水	下压	上踢
移臂中间	拉水	上踢	下压
移臂结束入水	推水	下压	上踢

第五节 游泳教学的安全组织工作

一、课前准备

（1）加强安全教育，并贯彻游泳教学的始终。

（2）游泳季节前对学生进行健康检查，凡有传染病、心脏病、高血压、癫痫病等，一律不能游泳。教学过程中教师要经常注意了解学生的健康状况。

（3）准备好场地和救护工具。上课前教师应了解池水的深浅，标出深浅区。如在天然水域上课，课前更要勘察好上课场地的水情、地形，并准备好简易的安全救护工具，如救生圈、竹竿、绳子、浮板、充气球等。

（4）培训救生人员：对救生人员进行必要的水上救护知识及技术的训练。

二、下水前准备

（1）组织好学习小组，3～5 人编成一组，挑选责任心强，水性好的学生担任组长。要求小组成员要互相关心，互相帮助，并注意清点人员。

（2）认真作好准备工作。

（3）落实救生人员。上课时应配备一定数量的救生人员在岸上进行观察。如发现情况立即发出呼救信号和使用救生器材进行救护。

三、课堂准备

（1）第一次游泳课，必须对学生进行摸底测验，切实了解学生的游泳水平，做到心中有数。

（2）经常检查人数，以防万一，出现事故及早发现。

（3）教师对学生要全面观察与重点照顾相结合。教师的位置应能全面观察学生，并对不会游的或个别学生多加注意。也可指定水性好的人专门照顾不会游泳的学生。要注意防止在深浅区交界处发生事故。

（4）教学的组织要严密，强调组织纪律性，令行禁止，不得自行其是。在人多水浅或不明水情的地方禁止跳水。学生离队须经教师同意，归队时须向教师报告方能下水。

四、课后总结

清点人数进行小结，表扬好人好事，指出下次课应注意的问题，不断提高学生的安全观念。

五、游泳教学的分组

在游泳教学中，通常是以班为单位，按分组的形式进行教学。合理的分组便于教和学，有利于提高教学效果。常用的分组方法有两种：

（1）混合分组：游泳技术好的与技术差的学生混合分组，这样可以互教互学，发挥技术好的学生的作用，协助教师完成教学任务。但可能不能满足基础好的学生的学习要求，影响他们的积极性。

（2）按技术水平分组：按技术水平的高低分组进行教学，可以根据学生的不同情况布置、安排不同的练习和运动量，有助于区别对待。亦可根据学生掌握技术的快慢，定期调整组别，有利于调动学生学习的积极性。

上述两种方法各有利弊，应根据学生不同阶段的具体情况灵活采用。

每组以 10 人左右为宜，若按技术水平分组，技术水平高的组人数可以多几名，技术水平低的组可少两人。一般中学每班 50 人左右，可分为五组。也可在上述原则基础上再按性别、年龄分组。此外还要根据场地的大小、泳道的多少等具体情况考虑组数。

六、游泳教学中错误动作的纠正

纠正错误动作，首先要观察动作是否正确。在学生人数较多的情况下，观察错误动作的方法可采用分类观察法，即把全班学生在一个教材的练习中所产生的错误动作分成几种类型，先纠正普遍存在的错误动作，再纠正个别人的错误动作。

在天然游泳场教学，由于水比较浑浊或距学生较远，不易直接看清学生的动作错在什么地方，只能根据动作的外形来判断进行纠正。

教师发现错误动作后，要分析错误产生的原因，以便对症下药进行纠正。产生错误动作的原因，通常有以下几种：

（1）对动作概念不清，要领不明。

（2）身体素质差。如肩关节灵活性差造成移臂困难；踝关节灵活性差而造成勾脚打水等。

（3）旧错误动作定型的影响。如爬泳时大爬式移臂动作影响蛙泳腿不对称等。

（4）怕水心理造成思想紧张。初步学会游泳的学生，在深水区练习，由于不会踩水而思想紧张，动作僵硬或乱蹬乱触等。

（5）教法手段不当。如蛙泳腿的教学，长时间采用“四拍”分解练习，没有及时过渡到“两拍”和“一拍”，就会造成动作不连贯的错误。

找出了产生错误的原因，应对症下药及时纠正。如属于第一种原因，纠正的方法是反复进行示范、讲解，或用其他直观的方法帮助学生加深对动作的理解、明确动作概念和要领。

如属于第二种原因，则应加强身体素质训练，或有计划地布置一些课外陆上模仿、辅助练习动作。有时被纠正过的动作，如不注意巩固，错误动作仍有可能重新出现。因此，教师应要求学生对已经改正的动作进行反复练习，才能收到应有的效果。

第八章　武术

第一节　武术基本功

一、手型

1. 拳

动作说明：四指并拢卷握，大拇指第一指节紧扣食指和中指的第二指节处。

要求与要点：握拳要紧，拳面要平。

2. 掌

动作说明：四指并拢伸直，拇指第一指节弯曲，紧扣于虎口处。

要求与要点：掌心展开，立腕。

3. 勾

动作说明：五指指肚并拢捏在一起，向下屈腕。

要求与要点：尽量屈腕。

二、步型

1. 弓步

动作说明（以左弓步为例）：左脚向前一步，脚尖微内扣，屈膝半蹲，大腿接近水平，膝盖垂直投影落于脚尖，右腿挺膝伸直，脚跟蹬地，脚尖内扣向右前方，两脚全脚着地，上体正对前方，两手抱拳于腰间，眼向前平视。

要求与要点：前腿弓，后腿绷；挺胸，塌腰，沉髋；前脚尖与后跟成一直线。

2. 马步

动作说明：两脚平行开立，宽度约为本人脚长的三脚半，两脚脚尖平行正对前方，屈膝半蹲，膝部向下的垂直投影不超过脚尖，大腿接近水平，全脚着地，身体重心落于两腿之间，两手抱拳于腰间，眼看前方。

要求与要点：肩平，两大腿平，挺胸，塌腰，脚跟外蹬。

3. 虚步

动作说明（以左虚步为例）：两脚前后开立，右脚外展 45 度，屈膝半蹲，左脚脚尖、脚面绷平，脚尖稍内扣，膝微屈，重心落于右腿上，眼向前平视。

要求与要点：挺胸，塌腰，虚实分明。

4. 仆步

动作说明（以左仆步为例）：两脚左右开立，右腿屈膝全蹲，大腿和小腿靠紧，臀部接近小腿，右脚全脚着地，脚尖和膝关节外展，左腿挺直平仆，脚尖里扣，全脚着地，两手抱拳于腰间，眼向左方平视。

要求与要点：挺胸，塌腰，沉髋，腿平仆。

5. 歇步

动作说明（左歇步为例）：两腿交叉靠拢全蹲，左脚全脚着地，脚尖外展，右脚前脚掌着地，膝部贴近左小腿外侧，臀部坐于右腿接近脚跟处，两手抱拳于腰间，眼向左前方平视。

要求与要点：挺胸，塌腰，两腿靠拢并贴紧。

三、肩部练习

1. 压肩

预备姿势：面对肋木或一定高度的物体站立，距离一大步，两脚左右开立，与肩同宽或稍宽。

动作说明：两手抓握肋木，上体前俯，挺胸，塌腰，收髋，并做下振压肩动作，也可以两人对面站立，互相扶按肩部，做体前屈的振动压肩动作，也可由助手帮助做搬压肩的练习。

要求与要点：臂、腿要伸直，压点要集中于肩部。

2. 单臂绕环

预备姿势：成左弓步站立，左手按于右膝上，右臂上举垂于体侧。

动作说明：右臂由上向后、向下，向前绕环，为向后绕环。右臂由向前，向下，向后绕环，为向前绕环。联系时，左右臂交替进行。做左臂绕环时，换右弓步站立。

要求与要点：臂伸直，肩放松，划立圆，逐渐加速。

3. 双臂绕环

（1）前后绕环

预备姿势：两脚并立，与肩同宽，两臂垂于体侧。

动作说明：左右臂依次做绕环动作。左臂由下向前、向上、向后做向前绕环，右臂由上向后、向下、向前做向后绕环，然后做反方向的绕环。

要求与要点与单臂绕环相同。

（2）左右绕环

预备姿势：与前后绕环相同。

动作说明：左右臂同时向右，向上，向左，向下划立圆绕环，然后反方向划立圆绕环。

要求与要点与单臂绕环相同。

（3）交叉绕环

预备姿势：与前后绕环相同。

动作说明：两臂直臂上举，左臂向前、向下、向后，右臂向后、向下、向前，同时于身侧划立圆绕环。练习时，可左右臂交替进行。

要求与要点与单臂绕环相同。

四、腿部练习

1. 压腿

（1）正压腿

预备姿势：面对肋木或一定高度的物体，并步站立。

动作说明：左腿提起，脚跟放在肋木上，脚尖勾起，两手扶按膝上，两腿伸直，立腰，收髋，上体前屈，并向前、向下做振压动作。练习时，左右腿交替进行。

要求与要点：两腿伸直，立腰，收髋，直体向前、向下振压，并逐渐加大振幅。

（2）侧压腿

预备姿势：侧对肋木或一定高度的物体，并步站立。

动作说明：右腿支撑，脚尖稍外展，左腿举起，脚跟搁在肋木上，脚尖勾起，右臂上举，左掌附于右胸前，两腿伸直，立腰，展髋，上体向左侧振压。练习时，左右腿交替进行。

要求与要点：两腿伸直，立腰，展髋，上体向左侧振压。

（3）后压腿

预备姿势：背对肋木或一定高度的物体，并步站立。

动作说明：两手叉腰或扶一定高度的物体，右腿支撑，左腿举起，脚背搁在肋木上，脚背绷直，上体后屈并做振压动作。练习时，左右腿交替进行。

要求与要点：两腿挺膝，支撑全脚着地，脚趾抓地，挺胸，松髋，腰后屈。

2. 劈腿

（1）竖叉

动作说明：两手左右扶地或两臂侧平举，两腿前后分开成直线，左腿后侧着地，脚尖勾起，右腿内侧或前侧着地。

要求与要点：挺胸，立腰，沉髋，挺膝。

（2）横叉

动作说明：两手在体前扶地，两腿左右分开成直线，脚内侧着地。

要求与要点与竖叉相同。

3. 直摆性踢腿

（1）正踢腿

预备姿势：两脚并立，两手立掌或握拳，两臂侧平举。

动作说明：左脚向前上半步，左腿支撑，右脚脚尖勾起向前额处猛踢，两眼向前平视。练习时，左右腿交替进行。

要求与要点：挺胸，直腰，踢腿时脚尖勾起绷落或勾起勾落；收髋，收腹，踢腿过腰后加速，要有寸劲。

（2）侧踢腿

预备姿势：与正踢腿相同。

动作说明：右脚向前上半步，脚尖外展，左脚脚跟稍提起，上体右转 90°，左臂前伸，右臂后举，随即左脚脚尖勾紧向左耳侧踢起，同时右臂上举亮掌，左臂屈肘立掌于右肩前或于裆前。踢左腿为左侧踢。

要求与要点：挺胸，直腰，开髋，侧身，猛收腹。

（3）外摆腿

预备姿势：与正踢腿同。

动作说明：右脚向前方上半步，左脚尖勾紧，向右侧上方踢起，经面前向左侧上方摆动，直腿落在右脚旁，眼向前平视，左掌可在左侧上方击响，也可不做击响动作。练习时，左右腿交替进行。

要求与要点：挺胸，立腰，松髋，展髋，外摆幅度要大，成扇形。

（4）里合腿

预备姿势：与正踢腿同。

动作说明：右脚向右前方上半步，左脚脚尖勾起里扣并向上方踢起，经面前向右侧上方直腿摆动，落于右脚外侧，右手掌可在右侧上方迎击左脚掌，也可不做击响动作，眼向前平视。

要求与要点：挺胸，直腰，松髋，合髋，里合幅度要大，成扇形。

（5）拍脚

预备姿势：并步直立，两手叉腰。

动作说明：左脚向前上半步，直腿支撑，右脚脚面绷平，直腿向上踢起，右手掌在额前迎拍脚面，然后向前落步，左臂侧斜上举成立掌，眼向前平视。

要求与要点：挺胸，直腰，收髋，收腹，脚面绷平，击响清脆。

4. 屈伸性踢腿

（1）弹腿

预备姿势：并步站立，两手叉腰。

动作说明：右腿屈膝提起，大腿与腰平，脚面绷直；提膝接近水平时，要迅速猛力挺膝，向前平踢（弹击），力达脚尖，大腿与小腿成一直线，高与腰平，左腿伸直或微屈支撑，两眼平视。

要求与要点：挺胸，直腰，收髋，脚面绷直，弹击要有寸劲。

（2）蹬腿

预备姿势：与弹腿同。

动作说明：与弹腿同，唯脚尖勾起，力点达于脚跟。

要求与要点：与弹腿同，唯强调脚尖。

（3）侧踹腿

预备姿势：两腿左右交叉，右腿在前，稍屈膝，两手叉腰。

动作说明：右腿伸直支撑，左腿屈膝提起，脚尖里扣，脚跟用力向左侧上方踹出，高与肩平，上体向右侧倒，眼视左前方。练习时，左右腿可交替进行。

要求与要点：挺膝，开髋，猛踹，提、踹连贯，脚外侧朝上，力达脚跟。

第二节　简化太极拳

二十四式简化太极拳动作内容选自传统杨式太极拳，动作柔和均匀，姿势中正平稳。全套 24 个动作，练习时间为 4～6 分钟。

一、二十四式简化太极拳动作名称

1．起势	2．左右野马分鬃	3．白鹤亮翅	4．左右搂膝拗步
5．手挥琵琶	6．左右倒卷肱	7．左揽雀尾	8．右揽雀尾
9．单鞭	10．云手	11．单鞭	12．高探马
13．右蹬脚	14．双峰贯耳	15．转身左蹬脚	16．左下势独立
17．右下势独立	18．左右穿梭	19．海底针	20．闪通臂
21．转身搬拦捶	22．如封似闭	23．十字手	24．收势

二、二十四式简化太极拳动作说明

1．起势

身体自然直立，两臂自然垂于身体两侧，两眼平视前方，精神集中，身体放松；左脚向左分开半步，与肩同宽，成开立步；两臂慢慢向前平举至与肩平，掌心向下；两腿慢慢微屈下蹲成马步，两掌轻轻下按至腹前，两眼目视前方（见图8-2-1）。

图 8-2-1 起势

2. *左右野马分鬃*

上体微向右转，身体重心移至右腿上，同时右臂收在胸前平屈，手心向下，左手经体前向右下划弧放在右手下，手心向上，两手心相对于右肋前成抱球状，左脚收到右脚内侧，脚尖点地；眼看右手；上体微向左转，左脚向左前方迈出，脚跟落地，重心前移，左脚踏实，右腿蹬直，成左弓步；同时上体继续向左转，两手随转体左上右下分开，左手分至体前，高与眼平，掌心斜上方，右手落在右胯旁，手心向下，指尖正前方，与身体有一拳的距离，眼看左手。上体慢慢后坐，身体重心移至右腿，左脚尖翘起，微向外撇，同时上体微向左转，眼看左手；上体继续左转，重心前移至左腿，左手掌心向下于胸前屈抱，右手抚至腹前翻掌，掌心向上，两手成抱球状，右脚同时收到左脚内侧，脚尖点地，眼看左手；继续做向右转身动作，动作与上同，方向相反（见图8-2-2）。

3. *白鹤亮翅*

身体微向左转，右脚跟进半步，左手翻掌向下屈抱于胸前，两手掌相对成抱球状，身体后坐，重心移至右腿，左脚变虚步，脚尖点地；同时身体微向右转，两手右上左下分开，上体转正，右手分至头部右前方，掌心向右额；左手下落至左胯旁，掌心向下，目视前方（见图 8-2-3）。

图 8-2-2　左右野马分鬃

图 8-2-3　白鹤亮翅

4. *左右搂膝拗步*

（1）右手从体前下落，由下向后上方划弧至右肩外侧，肘微屈，手与耳同高，手心斜向上；左手由左下向上，向右下方划弧至右胸前，手心斜下；同时上体先微向左再向右转；左脚收至右脚内侧，脚尖点地，眼看右手；上身左转，左脚向前迈出成左弓步，同时右手屈回由耳侧向前推出，高与眼平；左手向下由左膝前搂过落于左胯旁；眼看右手（如图 8-2-4 的①②③）。

（2）与（1）动作相同，方向相反（如图 8-2-4 的④⑤⑥）。

（3）与（1）动作相同（如图 8-2-4 的⑦⑧⑨）。

图 8-2-4　左右搂膝拗步

图 8-2-4　左右搂膝拗步（续图）

5. 手挥琵琶

重心前移，右脚跟进半步，同时右臂自然向前伸展，重心后坐，右脚踏实，上体稍向右转，左掌由下向左，向上划弧摆至体前，手臂自然前伸，掌心斜向前下方，右手收回胸前，掌心斜下，上体微左转，脚下成虚步，左臂自然屈肘于体前，掌心向右，与眼同高，右手与左肘相对，两手成抱琵琶状，眼看左手（见图 8-2-5）。

图 8-2-5 手挥琵琶

6. *左右倒卷肱*

（1）上体微右转，右手经腹前由下向后上方划弧托起，臂微屈；左手随之翻掌向上，眼随着向右转体，先看右方，再转看左手。上体左转，左脚提起向后退一步，右臂屈肘回收至右耳侧，重心后移，脚下成左虚步，右手向前推出，高与眼平，手心向前；左手回收至左胯旁，手心向上，眼看右手（见图 8-2-6 的①②③）。

（2）与（1）动作相同，左右相反（见图 8-2-6 的④⑤⑥）。

（3）与（1）动作相同（见图 8-2-6 的⑦⑧⑨）。

（4）与（2）动作相同（见图 8-2-6 的⑩⑪⑫）。

图 8-2-6 左右倒卷肱

图 8-2-6　左右倒卷肱（续图）

7. 左揽雀尾

上体右转，右手经右后方向胸前屈肘，掌心向下，左手经腹前向右下划弧、掌心向上；两手成抱球状。同时右脚尖微向外撇，左脚收至右脚内侧，脚尖点地。眼看右手；上体左转，左脚向左前方迈出，右脚蹬地成左弓步。两手前后分开，左肘微屈向前出，左掌高与肩平，掌心向内；右手下落至右胯旁，掌心向下。眼看左手；上体微左转，左手左前伸出，掌心向下；右手经腹前向左前上伸至左小臂下方，身体以腰为轴微右转，重心移至右腿，两手经腹前向右后方划弧后捋，右手掌心向上摆至身体右后方高与肩平，左手掌心向内，左臂平屈于胸前。眼看右手；上体微左回转，右臂屈肘收回，右手搭于左腕内侧，掌心向前，重心移至左腿，右脚跟后蹬成左弓步，双手同时向前挤出，眼看前方；两手翻掌变掌心向下，向左右分开与肩同宽。身体后坐，重心移至右腿，左脚尖跷起。两臂屈时回收经胸前至腹前，掌心向前下方，然后两手向前上方推按，手腕高与肩平。同时左腿前弓成左弓步。两眼平视前方（见图 8-2-7）。

图 8-2-7　左揽雀尾

8. 右揽雀尾

上体后坐右转，重心移至右腿，左脚尖里扣；右手划弧右摆，掌心向外，两手于身体两侧平举，指间向上，重心移动到左腿，右脚收至左脚内侧，脚尖点地，同时左臂胸前平屈，掌心向下，右手摆至腹前，掌心向上，两手成抱球状，眼看左手。以下动作与左揽雀尾动作相同，左右相反（见图 8-2-8）。

图 8-2-8　右揽雀尾

9. 单鞭

上体后坐，重心移至左腿，右脚尖内扣；同时身体左转，两臂交叉运行，左臂经头前摆至身体左侧平举，手心向内，右手至左肋前，手心向后上方，眼看左手；身体重心右移，上体右转，左脚收于右脚内侧，脚尖点地，右手随转体向右上方划弧摆动，至身体右前方时变钩手，高与肩平；左手自下向右上划弧，至右肩前。视线随右手移动；上体微左转，左脚向左前方上步，脚跟着地；同时左手随上体左转而经面前向左划弧，掌心向内，眼看左手，右脚蹬地，重心前移，成左弓步，左掌翻转慢慢向前推出，手心向前，右臂成钩手在身体右后方，与肩同高，眼看左手（见图 8-2-9）。

图 8-2-9 单鞭

10. 云手

（1）重心后移，上体右转，左脚尖内扣；左手经腹前向右上划弧至右肩前，手心斜向内，同时右手变掌，手心向右前，眼看左手。上体慢慢左转，重心左移，右脚向左脚并拢，两脚平行，脚尖向前，间距 10 厘米左右，同时左手由脸前向左侧划弧运转，手心渐渐转向外，右手由右下经腹前向左上划弧运至左肩前，手心斜向内，视线随左手移动（见图 8-2-10 的①②③）。

（2）上体右转，左腿向左横跨一步，重心落于右腿，同时左手随转体经腹前向右上划弧至右肩前，手心斜向后，右手向右侧运转至身体右侧，手心翻转向右，视线随右手移动，以下动作同（1）（见图 8-2-10 的④⑤⑥）。

（3）的动作同（1）（见图 8-2-10 的⑦⑧⑨）。

图 8-2-10　云手

11．单鞭

上体右转，右手经头前向右划弧，至身体右侧，翻掌变钩，左手经腹前向右上划弧运至右肩前，手心向内，重心移至右腿，左脚尖点地，眼看钩手。上体微左转，左脚向左前方上步，右腿蹬地，成左弓步，左手经面前翻掌向前推出，左肘、左膝上下相对，眼看左手（见图 8-2-11）。

图 8-2-11　单鞭

12．高探马

右脚跟进半步，重心移至右腿，脚下成虚步，左脚脚尖点地，同时右勾手松开，两手掌心翻转向上，两肘微屈，两眼平视前方。身体微向左转，右手经右耳侧向前推出，掌心向前与眼同高；同时左手收至左侧腰际，掌心向上，左臂微屈，眼看右手（见图 8-2-12）。

图 8-2-12　高探马

13. 右蹬脚

左脚微提向左前方上步，脚跟点地，同时左手掌心向上，穿掌至右手腕之上，两手交叉，手背相对；重心前移变左弓步，同时两手向两侧分开；右脚跟进至左脚内侧，两手向下划弧，交叉收抱于胸前，手心向内；右腿屈膝提起向右前方慢慢蹬出，同时两手掌心向外撑开，展于身体两侧，肘关节微屈，右腿右臂上下相对（见图 8-2-13）。

图 8-2-13　右蹬脚

14. 双峰贯耳

右腿屈膝收回，左手由头侧向前摆动，两手于体前并手，同时掌心向上，指尖向前；右脚向右前方落下，脚跟点地，同时两手掌心向上回收至两腰侧；重心前移成右弓步，同时两手握拳，经身体两侧向上向前划弧摆至脸前，拳眼斜向下，间距与头同宽，眼看前方（见图 8-2-14）。

图 8-2-14　双峰贯耳

15. 转身左蹬脚

重心后移至左腿，上体左转，右脚尖内扣；同时两拳变掌，由上向左右划弧分开平举，手心向外，指尖向上，眼看左手；重心移至右腿，左脚收至右脚内侧，脚尖点地；同时两手向下划弧交叉收抱于胸前，左手在外，手心均向内；眼平看左方；左腿屈膝提起，左脚向左前方慢慢蹬出，两手向身体两侧撑开，肘部微屈，手心均向外，眼看左手（见图 8-2-15）。

图 8-2-15　转身左蹬脚

16. 左下势独立

左腿收回平屈，右掌变勾手，左掌向右头前划弧至右肩前，眼看右手；右腿屈膝半蹲，左腿向左侧伸出成左仆步，身体左转，左手经腹前沿左腿向前穿掌；重心前移，左脚尖外撇，左腿屈膝前弓成左弓步，左手继续前穿并向上挑掌，掌心向右，同时右手内旋背于身后，勾尖向上，眼看左手；重心前移，右腿屈膝前提，脚尖自然下垂，右勾手变掌，经体侧向前挑起，屈臂立于右腿上方，肘膝相对，掌心向左；左手落于左胯旁，掌心向下，眼看右手（见图 8-2-16）。

图 8-2-16　左下势独立

17. *右下势独立*

右脚落于左脚右前方，左脚以脚掌为轴向左转，左手变勾手上提于身体左侧，右手随身体转动向左侧划弧，至左肩前，手心斜向后方；其余动作同左下势独立，动作相同，方向相反（见图 8-2-17）。

图 8-2-17　右下势独立

18. *左右穿梭*

（1）左脚向左前方落地，脚跟点地，脚尖外撇，同时左手翻转变掌心向下，眼看左手。

（2）上体左转，右脚跟步收于左脚内侧，两手于左肋前左上右下成抱球状，眼看左手。

（3）上体右转，右脚右前方上步，脚跟着地，两手右上左下交错划弧分开，眼看右手。

（4）上体继续右转，重心前移，成右弓步，右手翻转架于头上，左手向体前推掌，高与鼻平，眼看左手。

以下动作与（1）～（4）的动作相同，方向相反（见图 8-2-18）。

图 8-2-18　左右穿梭

19. 海底针

右脚向前跟进半步，身体重心移至右腿，左脚提起前移，脚尖点地，成左虚步；同时上体稍向右转，右手下落经体侧抽提至耳旁，再随身体左转，由右耳旁斜向前下方插出，掌心向左，指尖斜向下；同时，左手向前、向下经左膝前划弧落于左胯旁，手心向下，指尖向前；眼看右手（见图 8-2-19）。

图 8-2-19 海底针

20. 闪通臂

上身稍向右转，左脚回收点于右脚内侧，右手上提，左手屈肘，指尖贴于右腕内侧；左脚向前上步，脚跟点地，同时两手翻转分开，掌心向前；重心前移成左弓步，左手推至体前，高与眼平，右臂平屈于头上方，掌心斜上，眼看左手（见图 8-2-20）。

图 8-2-20 闪通臂

21. 转身搬拦捶

上体后坐，重心移至右腿，左脚尖内扣，上体右转，重心再移至左腿，同时右手随转体变拳，自右向下经腹前划弧至左肋旁，拳心向下；左手弧形上举至左额前，掌心向外，两眼平视前方。身体继续右转，右脚收回后再向前迈出，脚跟着地，右拳经胸前向前方翻转撇出，拳心向上；左手落于左胯旁，掌心向下；眼看右手。重心前移至右腿上，左脚收于右脚内侧，左手上提经左侧向前平行划弧拦出，掌心向右，同时右拳内旋摆至体侧后收到右胯旁，拳心向上，眼看左手。重心继续前移成左弓步，右拳向前方打出，拳眼向上，左手微收附于右前臂里侧，眼神看右拳（见图 8-2-21）。

图 8-2-21 转身搬拦捶

22. 如封似闭

右手翻掌向上由左腕下向前伸出，右拳同时变掌，两手体前交叉，眼看前方；重心后坐，两手边分边屈肘内旋后引至胸前，掌心斜向下；重心前移，右腿自然伸直，左腿屈膝成左弓步；同时两手向前上方推出，手心向前，与肩同宽，眼看前方（见图 8-2-22）。

图 8-2-22 如封似闭

23. 十字手

重心移至右腿，左脚尖里扣，向右转体。右手划弧至右侧，与左手成两臂侧平举，指尖向上，肘微屈，同时右脚尖略外撇，成右弓步；眼看右手，随即重心移至左腿，右脚尖里扣，然后右脚向左收回，两脚平行站立与肩同宽；两手向下经腹前向上划弧交叉于胸前，右手在外，两手掌心向内，两眼平视前方（见图 8-2-23）。

图 8-2-23 十字手

24. 收势

两手向外翻掌，手心向下，两臂慢慢下落，停于身体两侧，眼看前方（见图 8-2-24）。

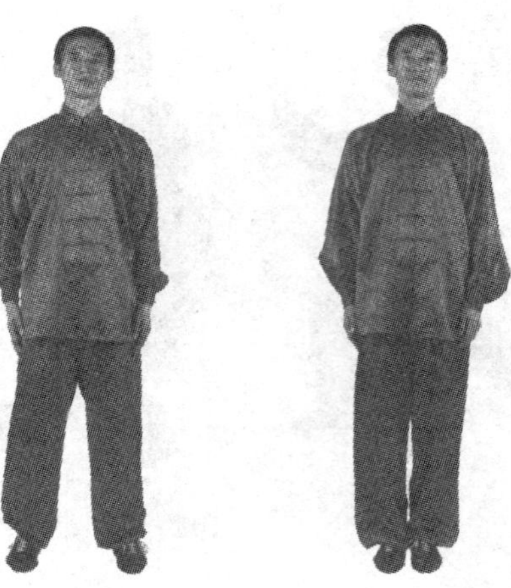

图 8-2-24　收势

第三节　跆拳道

一、跆拳道运动

跆拳道的产生缘于人类远古祖先的生存需要。经过漫长的岁月，随着人们强健体魄和本能自卫而产生的搏击逐渐演化为有意识的技击活动，从而产生了朝鲜民族特有的运动形式——跆拳道。它源于朝鲜半岛，既是一项能强身健体、防身自卫的传统搏击术，还是一项新型的集健身、竞技和娱乐为一体的现代竞技体育运动项目，以竞技搏斗为基础，以修身养性为核心，以“礼义廉耻，忍耐克己，百折不挠”为宗旨，通过训练培养练习者坚忍不拔、勇敢无畏、顽强坚毅的意志品质，尤其讲究未曾学艺先学礼，未曾习武先习德。以培养良好的礼仪道德为目的。

跆拳道不仅是修炼手和脚的功夫，不仅是为了强身和防身自卫，也不仅是为了比赛和表演，更主要的是经过长期的锻炼，在时间和汗水中磨炼意志，健全精神，塑造理想的人格，通过长期的练习，能培养练习者坚韧向上的作风，讲究礼仪修养以及完善人格。因此练习跆拳道可内修精神、性情，外修技术、身体，培养出常人难以达到的意志品质和忍让谦恭的美德。

二、跆拳道基本素质训练

跆拳道基本素质训练是指在运动训练中，运用各种有效训练手段和方法，用以提高运动员的机能水平，提高运动员承受运动负荷的能力，发展专项所需的各种身体素质的训练。

1. 力量素质训练

（1）发展下肢力量的训练

①单脚或双脚向各方向的连续跳练习（前后、左右、上下等），收腹跳、后踢腿跳等；②仰卧左右分腿练习，两腿向两侧做最大幅度的分开再并拢，30 次为一组，间歇 1～2 分钟，练习 5～7 组；③跳绳，单腿或双腿；④负重连续跳，负重杠铃深蹲或半蹲，负重连续提踵练习；⑤腿部负沙袋或橡皮条进行技术练习，腿部负重各方向的摆动练习等。

（2）发展上肢力量的练习

①负重各方向摆臂练习；②俯卧撑练习；③卧推杠铃练习；④负重颈后臂屈伸练习。

2. 速度素质训练

（1）利用各种信号刺激进行反应速度练习，听信号后做出各种动作。

（2）短距离的快速跑。

（3）结合技术的专门练习，听口令以最快速度完成各种动作。

（4）在规定时间内完成规定的动作次数，或逐步缩短完成动作的时间。

3. 柔韧素质训练

（1）身体直立或坐下，膝部伸直，上体前屈靠腿，可向前、侧方向拉伸。

（2）被动拉伸的扳腿，运动员仰卧上举一腿，膝部伸直，由同伴或教练抓其踝部向练习者胸前按压。

（3）各种方式和方向的踢腿，可行进间踢腿，也可手扶支撑物踢腿。

（4）劈叉，进行横叉和竖叉的练习，由同伴或教师帮助逐步下压。

4. 步型

（1）实战姿势：跆拳道的实战姿势是进攻的起点和终点，左脚在前称为左势实战姿势，右脚在前称为右势实战姿势。动作方法：两脚前后分开与肩同宽，左脚尖内扣 45°，斜向前方，右脚略偏右，脚跟抬起，重心落于两脚之间；双手握拳，左拳高与肩平，右拳置于胸前；肘关节自然下垂。

（2）开立步：两脚左右开立，与肩同宽；两脚尖正对前方，双脚成平行线，两臂自然下垂，双手握拳置于腿侧。

（3）马步：双脚左右分开约脚长的三倍，脚尖正对前方，屈膝半蹲，大腿接近平行于地面，膝关节投影垂直线落于脚尖。

（4）前弓步：两脚前后开立，相距约一步半，前腿屈膝半蹲，大腿接近水平；后腿蹬直，后脚斜向前 45°；身体正对前方，挺胸塌腰，左脚在前称为左前弓步，右脚在前称为右前弓步。

（5）前行步：又称高前屈立。两脚前后开立，距离同走路时的步幅，膝部基本伸直。

5. 手型

（1）正拳（也称平冲拳或直拳）：四指并拢，内收握拳，拇指紧压中指与食指第二关节上。使用正拳时，则用拳的正面的食指和中指部分击打（见图 8-3-1）。

（2）冲拳：马步站好，双手握拳抱于腰间，拳心朝上，目视前方；右臂由屈到伸，臂内旋以右手正拳向前平冲（见图 8-3-2）。

（3）手刀：四指并拢伸直，拇指弯曲，贴于食指跟节之下，使用小指侧的掌外沿部位攻击对方（见图 8-3-3）。

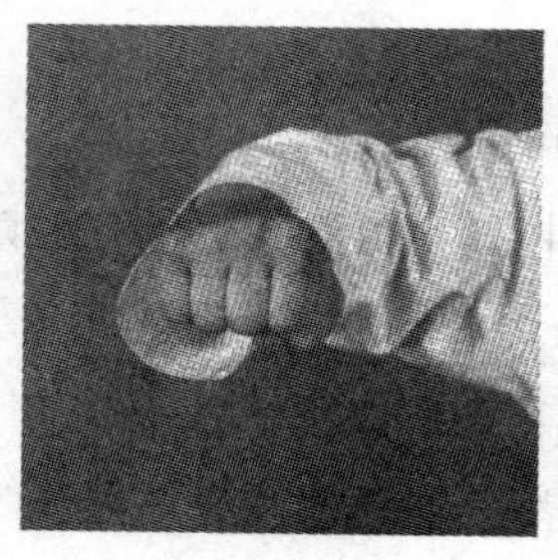
图 8-3-1 正拳

图 8-3-2 冲拳

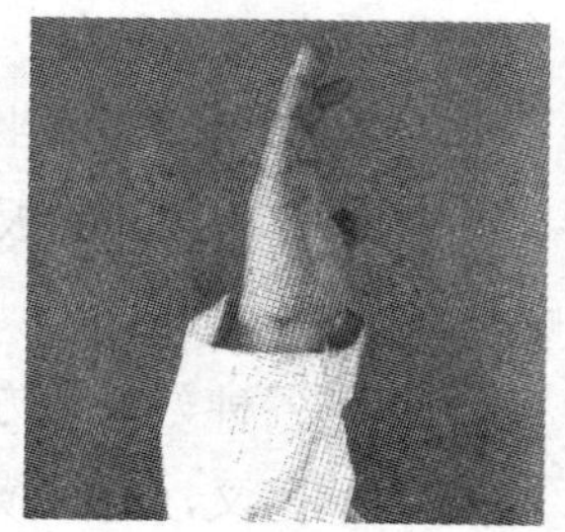
图 8-3-3 手刀

三、进攻技术

跆拳道的基本技术包括拳法和腿法，但以腿法的攻击为主，被称为踢的艺术。拳法主要用来防守和配合腿的进攻。

1. 基本进攻技术练习

（1）拳攻

1）动作方法：以左势实战姿势开始；右脚蹬地，向左转腰，右手拳从胸前向前出击；击打目标后，右臂回收至原来的位置，仍成左势实战姿势。（见图 8-3-4）

2）动作要点：一是判断准确，出拳果断；二是出拳时要充分利用蹬地，转髋转腰，顺肩和旋腕的合力，力达拳面；三是击打的瞬间，肩、肘、腕、指各关节紧张用力，聚力而发；四是击打目标后迅速放松，收拳回原来位置。

（2）推踢

1）动作方法：以左势实战姿势开始，右脚蹬地，屈膝提起，左脚以脚掌为轴外旋约 90 度，重心往前压；同时右脚迅速向前方直线推踢，力点在脚掌；推踢后屈膝收腿，成左势实战姿势（见图 8-3-5）。

图 8-3-4　拳攻

图 8-3-5　推踢

2）动作要点：一是提膝时尽量收紧大小腿；二是身体重心往前移，加大前推时的力度；三是推踢时右腿往前上方伸展，髋向右侧上送；四是推踢时的用力方向是水平向前。

（3）前踢

1）动作方法：以左势实战姿势开始，重心移至左腿，右脚蹬地，屈膝提起，同时右腿伸膝，送顶髋把小腿快速向前弹出，力达脚背；击打目标后，成左势实战姿势（见图 8-3-6）。

图 8-3-6　前踢

2）动作重点：一是膝关节上提时大腿折叠，膝关节夹紧，小腿和踝关节放松；二是躯干可稍后倾，尽量将髋部向前送，若是高前踢，髋部则要尽量向上向前送；三是小腿弹出后，在弹直的刹那，要有制动的过程，使腿产生鞭打的效果。

（4）横踢

1）动作方法：以左势实战姿势开始，右脚蹬地夹紧向前，向上提膝，左脚以脚掌为轴脚跟内旋，右膝关节抬至水平状态，小腿迅速向前弹出，击打目标后迅速收小腿，重心落下，成左势实战姿势（见图 8-3-7）。

图 8-3-7　横踢

2）动作重点：一是膝关节夹紧向前提膝，尽量走直线；二是提膝应尽量随着转髋同时进行，不能完全转髋后再提膝；三是髋关节往前上方送，上体与右腿成直线，在同一个平面内；四是击打时脚面稍绷直，小腿弹出后，要有制动过程，使脚面产生鞭打效果。

（5）后踢

1）动作方法：以左势实战姿势开始；左脚以脚掌为轴内旋成脚跟正对对手，上身旋转，右膝向腹部靠近，大小腿折叠，右腿用力向攻击目标直线踢出，重心前移落下，成右势实战姿势（见图 8-3-8）。

图 8-3-8 后踢

2）动作重点：一是身体转到背朝对方时要制动，同时右脚后蹬，身体不再转动；二是在提起右腿时，两大腿内侧之间的距离应尽量小，即右腿“擦”着左腿起脚；三是转身，提腿，出腿，发力等动作连贯快速，一次性完成，不能停顿。

（6）侧踢

1）动作方法：以左势实战姿势开始；右脚蹬地起腿，屈腿上提，左脚以脚掌为轴内旋约 180°，向左转髋，身体右侧对对方，右脚快速向右前方直线踢出，力点在脚跟，放松收腿，成左势实战姿势（见图 8-3-9）。

图 8-3-9　侧踢

2）动作重点：一是起腿时，大小腿、膝关节夹紧，直线向上提起；二是提膝，转体，踢击，要协调连贯；踢击时要转体，展髋，上体略侧倾；三是踢击目标的瞬间，头、肩、腰、髋、膝、腿、踝在同一平面内。

（7）下劈

1）动作方法：以左势实战姿势开始；右脚蹬地，重心移至左脚，右大腿提起，使右大腿膝盖与胸部尽量贴近，上举至头部上方时，迅速向前下方劈落，用脚后跟或脚掌击打目标后，放松落地，成左势实战姿势（见图 8-3-10）。

图 8-3-10　下劈

2）动作重点：一是上提右腿时，右脚面不需绷直，应自然放松，而下劈时要稍绷直脚面；二是起腿要快速，果断，支撑脚的脚跟离地，尽量往前上方送髋；三是踝关节放松，脚向前下劈落；四是落地要有控制，放松。

（8）鞭踢

1）动作方法：以左势实战姿势开始；　右脚蹬地，屈膝提起，左脚以脚掌为轴外旋约 180°，身体向左侧前方转动，同时向前提右大腿，右膝关节向内扣，突然屈膝，用脚掌向右横着鞭击对方面部，重心往前落下，成左势实战姿势（见图 8-3-11）。

图 8-3-11　鞭踢

2）动作重点：一是提大腿、转头、右膝内扣摆伸小腿，身体侧倾；二是右脚要随转体尽量向前上方伸展；三是右脚掌向右鞭打时要屈膝扣小腿。

（9）后旋踢

1）动作方法：以左势实战姿势开始；左脚以前脚掌为轴外旋约 90°，上身旋转，重心前移，屈膝收腿，右腿向斜后方 40°左右蹬伸，头部向右后方转动，身体继续转动，右腿借旋转的力量，向后划水平半圆弧线，快速屈膝用脚掌击打对方头部，击打后脚落于原来位置，恢复成左势实战姿势（见图 8-3-12）。

图 8-3-12　后旋踢

2）动作重点：一是右腿划弧时，应有一个向斜后方蹬伸的动作；二是身体向右后方转动时，同时要快速提起右腿；三是屈膝起腿的旋转速度要快；四是蹬地，转腰，转上体，摆腿依次顺序发力转身，旋转，踢腿动作连贯。

（10）双飞踢（双飞）

1）动作方法：就是连续使用两个横踢动作攻击对方，左架站立，重心移至右腿，提起左大腿使用横踢，然后在右脚未落地前，立即使用右脚横踢。击打后，两脚自然下落，成左架姿势（见图 8-3-13）。

图 8-3-13　双飞踢

2）动作重点：一是第一个横踢时，身体可后倾，以利于第二个横踢；二是两腿交换之间，髋部要快速扭转，左脚起跳后迅速随身体右转，并用左脚横踢目标；三是两腿在空中完成交换动作后，右脚先落地。

2. 基本防守技术练习

跆拳道最基本的防守技术，根据身体姿势和比赛规则可分为上段防守、中段防守和下段防守，锁骨以上称上段，锁骨至髋骨之间称中段，髋骨以下称下段。

（1）上段防守

左拳置于右侧腰间，右拳置于左侧肩膀处（见图 8-3-14）；左拳向上旋转的同时右拳也旋转向下（见图 8-3-15）；左拳置于前额前一拳远的地方，拳心向外，手肘内侧与太阳穴的距离也是一拳远，右拳收回腰间（见图 8-3-16）。

（2）中段防守

左拳前伸，右手臂弯曲成 90°～110°，右拳置于与肩同高（见图 8-3-17）；手臂向前的同时脚步也向前移动（见图 8-3-18），手臂向前向内弧型防守的同时手臂向内旋转（见图 8-3-19）；落步完成的同时手臂完成防守动作，右手臂拳心向内，拳与下颌同高，左手臂回收至腰间（见图 8-3-20）。

图 8-3-14　上段防守动作 1

图 8-3-15　上段防守动作 2

图 8-3-16　上段防守动作 3

图 8-3-17　中段防守动作 1

图 8-3-18　中段防守动作 2

图 8-3-19　中段防守动作 3

图 8-3-20　中段防守动作 4

（3）下段防守

右拳前伸置于膝盖上两拳处手背向上，左拳拳眼向上置于右肩上（见图 8-3-21）；左拳沿右臂向下（见图 8-3-22）；左拳旋转完成后置于左膝盖上两拳处（见图 8-3-23）。

图 8-3-21　下段防守动作 1

图 8-3-22　下段防守动作 2

图 8-3-23　下段防守动作 3

第九章　健身健美与体育舞蹈

第一节　健美操运动

一、健美操概述及分类

1. 健美操概述

健美操（Aerobics）是在音乐伴奏下，以身体练习为基本手段，以有氧运动为基础，从而达到增进健康、塑造形体和娱乐身心的一项体育运动。它体现了人体在力量性、柔韧性、协调性、节奏感、审美及表现力等诸多方面的综合能力。

健美操运动在音乐伴奏下集健身、娱乐于一体，同时也吸收了很多其他运动项目的健身特性，普及性、趣味性极强。健美操不仅突出动作“健”和“力”的特点，而且更强调“美”，将人体语言艺术和体育美学融为一体，使健美操成为一个极具观赏性的体育运动项目，在运动形式、动作技术特点以及竞赛组织等方面有其鲜明的特点。随着现代物质文明的提高，人们的健康观念不断增强，健美操运动在我国越来越受到欢迎，已成为人们现代文明生活不可或缺的组成部分。

2. 健美操运动的分类

健美操运动与其他众多体育项目一样，由大众健身、娱乐开始兴起，逐步引入表演和竞赛。根据当今世界和我国健美操运动的发展状况和未来的发展趋势，按照不同的目的和任务，健美操运动可分为健身健美操、竞技健美操和表演健美操三大类。

（1）健身健美操

健身健美操（通常称为大众健美操），通常用于健身房和健身课程。健身健美操的动作简单，使用性强，音乐速度可以控制，且为了保证一定的运动负荷和锻炼的全面性，动作多有重复并均以对称形式出现。

健身健美操按练习形式可以分为徒手健美操、器械健美操和特殊场地健美操三大类，见表 9-1-1。

表 9-1-1 健身健美操的分类

徒手健美操	器械健美操	特殊场地健美操
有氧健美操	有氧踏板操	水中健美操
拉丁健美操	轻型杠铃操	功率自行车
搏击健美操	有氧哑铃操	固定器械健美操
健身街舞	健身球操	
瑜伽健身术	橡皮筋操	

（2）竞技健美操

竞技健美操是运动员在音乐伴奏下，通过难度动作的完美完成，以展示运动员连续表演高强度动作的能力。竞技健美操以成套动作为表现形式，必须展示连续的动作组合、柔韧性、力量与七种基本步伐的综合使用，并结合难度动作的完美完成。竞技健美操的主要目的就是竞赛，因此在动作的设计上更加的多样化，并严格避免重复动作和对称性动作。

竞技健美操可按比赛的规模、项目、参赛年龄进行不同的分类。

（3）表演健美操

表演健美操是根据所参加的表演的目的预先设计、创编和排练的成套健美操，人数不限，时间不等。表演健美操注重表演的效果，所以对音乐效果、动作设计、队形变化、表演者的动作质量及表现力等要求较高。其中，表演健美操更强调表演者的表现力，表现力是表演者将编者思想、刚柔相济的肢体语言、音乐的情绪和节奏还有同伴之间的默契配合、融为一体的一种综合运用能力，这种综合的表现能力可达到烘托气氛、感染观众、增加表演效果的目的。

二、健身健美操运动的功能

健身健美操深受群众的喜爱，不仅因为它是一种时尚的健身方式，更重要的是人们在长期的锻炼中感受到了它的益处，这也正是健身健美操发展迅速的主要原因。

1．增强体质

体质即机体的素质，包括运动系统、消化系统、呼吸系统、心血管系统、神经系统的功能状况。健身性健美操对这几个系统功能的改善有着积极的作用。

（1）增强运动系统的功能

坚持健身健美操的锻炼可以加强骨的新陈代谢，改善骨的血液循环，可以使关节面骨密度增厚，使关节周围肌腱和韧带增粗，同时还能使肌肉力量增强。

（2）改善消化系统功能

健身健美操的一些腰腹动作（如转、屈、绕环等）和髋部动作（如顶髋、提髋、绕髋等），都会牵扯到肠胃等消化器官，使消化功能得到改进，并有利于人体对营养物质的吸收和利用。

（3）提高呼吸系统的机能水平

健身健美操供能方式以有氧代谢为主，在运动过程中，练习者最大限度地摄入氧气，利用氧气燃烧体内的脂肪以提供能量。为了吸入更多的氧气，练习者的呼吸深度加大，肺通气量增加，肺部的容积增大，呼吸肌从中得到锻炼，呼吸系统的机能水平也得到了提高。

（4）促进心血管系统机能的提高

坚持健身健美操的锻炼，心肌纤维增粗，收缩力增强，故每搏输出量增加，提高了心脏的储备力量，还能使动脉血管的中膜增厚，弹性纤维增多，血管壁的运血功能加强。

（5）对神经系统的良好影响

健身健美操是在中枢神经系统的支配调节下进行的，在动感十足的音乐伴奏下，动作的类型、力度、进度、方向、路线不断变化，促使练习者集中注意力、快速反应，反过来又提高了神经系统的灵活性和均衡性。

2．提高身体素质

身体素质包括速度、力量、耐力、柔韧和反应能力，健身健美操对提高身体素质的这几个方面起着积极的作用。

（1）加快速度

在进行各种健身健美操运动时，都有音乐的伴奏，在这种条件下，就要求练习者伴随着声音信号的快节奏做出协调一致的快速动作。因此，健身健美操可以提高动作速度的水平。

（2）增强力量

健身健美操的动作特点是：快速的肌肉力量、延缓的肌肉力量、瞬间的肌肉控制力量有机地结合在一起，充分地体现了动作力度的强弱。因此，经常参加健身健美操的锻炼，可以提高动作力度。

（3）增长耐力

健身健美操持续运动的时间较长，这就要求机体具备长时间运动能力。健美操多选择曲调欢快、节奏强劲的音乐作为伴奏音乐，这是因为这样的音乐能使中枢神经系统处于兴奋状态，从而使运动神经元的工作能力保持在一定的水平上，延缓了人体疲劳的出现，无形之中提高了耐力水平。

（4）提高柔韧

健身健美操要求动作规范，动作幅度大，即将肢体运动到规定的位置，使肌肉处于充分拉伸或收缩的状态，从而提高肌肉、肌腱和韧带的弹性。

（5）促进协调

健身健美操的动作设计上肢和下肢同步活动，躯干和下肢同步活动，以达到全面地锻炼身体的目的，同时促进身体协调性的逐渐提高。

3. 塑造形体

良好的身体姿态是形成一个人气质风度的重要因素。进行健美操练习的姿态要求与我们日常生活中良好姿态的要求基本一致。因此，经过长期的健美操练习有益于肌肉、骨骼关节的匀称与和谐发展，有利于改善不良的身体姿态，形成优美的体姿。

参加健身健美操锻炼还可以消除体内和体表的多余脂肪，塑造健美的体型。如通过集体力量练习，可使骨骼粗壮、肌肉维度增大，从而弥补先天的体形缺陷，使人变得匀称健美。

4. 缓解精神压力

健身健美操配有强劲动感的音乐吸引人们的注意力，并调动机体随着音乐的节拍运动起来，使人们全身心地投入到舒展大方的运动中。通过这种方式，可以排遣人们内心的不良情绪，缓解精神压力。

三、健美操术语

1. 术语的概念

术语是指各门学科中的专门用语。运动术语是与该运动项目同步发展起来的。健美操术语是用来表达健美操动作名称以及描述动作、技术过程的专门用语和专业词汇。

2. 术语的作用

符合“简练、准确、易懂”要求的术语是传播、交流信息不可或缺的工具，同时在提高教学水平、促进普及等方面也起着重要的作用。

3. 健美操基本步伐术语

健美操的基本步伐分类方式有多种，按其冲击力的大小可分为低冲击力、高冲击力和无冲击力动作；按其动作完成形式的不同又可以分为五类：即踏步类、迈步类、点地类、抬起类和双腿类（见表 9-1-2）。

表 9-1-2　健美操基本步代分类

类别	低冲击力动作	高冲击力动作	无冲击力动作
踏步类	踏步（march） 走步（walk） V 字步（V-step） 漫步（mambo） 一字步（easy walk） 桑巴步（Samba） 恰恰步（Cha cha）	跑步（jog） 小马跳（pony）	
迈步类	并步（step touch） 交叉步（grapevine） 迈步点地（step tap）	迈步吸腿跳（step knee） 踏步跳（leap）	

续表

类别	低冲击力动作	高冲击力动作	无冲击力动作
迈步类	迈步吸腿（step knee） 迈步后屈腿（step curl） 迈步踢腿（step kick） 滑步（slide）		
点地类	脚尖点地（touch，tap） 脚跟点地（heel）		
抬起类	踢腿（kick） 摆腿（leg lift） 吸腿（knee up）	弹踢腿跳（kick jump） 吸腿跳（knee up） 摆腿跳（leg lift）	
双腿类		钟摆跳（swing） 并腿跳（jump） 开合跳（jumping jack） 弓步跳（lunge jump）	弹动（Spring） 半蹲（Squat） 弓步（Lunge） 提踵（calf raise） 箭步蹲（Lunge）

四、健美操大众锻炼标准套路及学练

三级是健美操大众锻炼标准的初级套路，练习目的是进行中等强度的有氧练习，并增加了90°～180°方向的变化和简单的图形变化。

健美操大众锻炼标准测试套路三级，动作如下。

（一）组合一：4×8×2

1. 第1个8拍（见图9-1-1）

①～②：向右侧并步，第2拍向右转90°。双臂经胸前平屈下压，双手握拳，拳心向下。③～④：向左侧并步。双臂经胸前平屈下压，双手握拳，拳心向下。⑤～⑥：向右侧并步，第6拍向左转90°。双臂经胸前平屈下压，双手握拳，拳心向下。⑦～⑧：向左侧并步。双臂经胸前平屈下压，双手握拳，拳心向下。

图 9-1-1 第 1 个 8 拍

2. 第 2 个 8 拍（见图 9-1-2）

①～③：右脚开始向前走 3 步。双臂屈肘于体侧前后自然摆动。④：左腿吸腿一次。双手在胸前击掌一次。⑤～⑦：左脚开始向后走 3 步，双臂屈肘于体侧前后自然摆动。⑧：右腿吸腿一次。双手在胸前击掌一次。

图 9-1-2　第 2 个 8 拍

3. 第 3 个 8 拍（见图 9-1-3）

①～④：右脚做向前的一字步。①：右臂前上举，右手握拳，拳眼向后；②：左臂前上举，左手握拳，拳眼向后；③：双臂屈肘，拳眼正对两肩；④：还原至体侧。⑤～⑧：同①～④。

图 9-1-3　第 3 个 8 拍

4. 第 4 个 8 拍（见图 9-1-4）

①～④：右脚向后的一字步。①、③：双臂侧平举，双手并掌，掌心向下；②：双臂在头顶上方交叉，掌心向前；④：双臂在体前交叉，掌心向后。⑤：右脚向前迈一步。双臂屈肘于体侧前后自然摆动。⑥：左腿吸腿一次。双臂屈肘于体侧前后自然摆动。⑦：左腿后退一步。双臂屈肘于体侧前后自然摆动。⑧：右脚并于左脚。双臂还原至体侧。

图 9-1-4 第 4 个 8 拍

5～8 的动作同 1～2，但方向相反。

（二）组合二：4×8×2

1. 第 1 个 8 拍（见图 9-1-5）

①～④：向右的交叉步，第 4 拍向右转 90°。①、③：双臂上举，双手并掌，拳心向前；②、④：双臂还原至体侧。⑤～⑧：向左的交叉步，第 8 拍向右转 90°。⑤、⑦：双臂侧平举，双手并掌，掌心向下；⑥：双臂体前交叉；⑧：双臂还原体侧。

图 9-1-5　第 1 个 8 拍

2. 第 2 个 8 拍（见图 9-1-6）

①～⑧：动作同 1。

图 9-1-6 第 2 个 8 拍

3. 第 3 个 8 拍（见图 9-1-7）

①～④：右脚向右斜前方迈一步，左腿吸腿两次。①、③：双臂前上举，双手握拳，拳心向下；②、④：双臂屈肘拉回至腰间。⑤～⑧：左脚向左斜前方迈一步，右腿吸腿两次。⑤、⑦：双臂前上举，双手握拳，拳心向下；⑥、⑧：双臂屈肘拉回至腰间。

图 9-1-7　第 3 个 8 拍

4. 第 4 个 8 拍（见图 9-1-8）

①～②：右脚向右斜后方侧并步一次，第 2 拍身体向左转 45°。①：双臂侧平举，双手并掌，拳心向下；②：双臂胸前交叉。③～④：左脚向左斜后方侧并步一次，第 4 拍身体向右转 45°。③：双臂侧平举，双手并掌，拳心向下；④：双臂胸前交叉。⑤～⑥：右脚向右斜后方侧并步一次，第 6 拍身体向左转 45 度面对前方。⑤双臂侧平举，双手并掌，拳心向下；⑥：双臂胸前交叉。⑦：左脚侧点地一次。双臂侧平举，双手并掌，拳心向下。⑧：左腿后屈腿一次。双臂胸前交叉。

图 9-1-8　第 4 个 8 拍

图 9-1-8 第 4 个 8 拍（续图）

5～8 的动作同 1～4，但方向相反。

（三）组合三：4×8×2

1. 第 1 个 8 拍（见图 9-1-9）

①～④：右脚向左斜前方做漫步。①～②双臂侧上举，双手并掌，拳心向前；③～④：双臂曲肘拉回腰间，双手握拳，拳心向上。⑤～⑧：右脚向右斜前方做漫步。⑤～⑥：双臂侧上举，双手并掌，拳心向前；⑦～⑧：双臂曲肘拉回腰间，双手握拳，拳心向上。

图 9-1-9 第 1 个 8 拍

2. 第 2 个 8 拍（见图 9-1-10）

①～②：右脚向前迈一步，左腿吸腿一次，同时，身体向右转 90°。①：双臂屈肘于体侧前后自然摆动，②：双手胸前击掌一次。③～④：左脚向前迈一步，右腿吸腿跳一次。③：双臂屈肘于体侧前后自然摆动，④：双手胸前击掌一次。⑤～⑧：右脚开始向右后转弯走 4 步。双臂屈肘于体侧前后自然摆动。

图 9-1-10 第 2 个 8 拍

3. 第 3 个 8 拍（见图 9-1-11）

①～④：右脚做 V 字步，第 3 拍身体向右转 90° 面对前方。①：右臂侧上举，右手并掌，掌心向前；②：左臂侧上举，左手并掌，掌心向前；③：双臂胸前交叉，

双手握拳搭在双肩上；④：还原至体侧。⑤～⑧：右脚做 V 字步。⑤：右臂侧上举，右手并掌，掌心向前；⑥：左臂侧上举，左手并掌，掌心向前；⑦：双臂胸前交叉，双手握拳搭在双肩上；⑧：还原至体侧。

图 9-1-11 第 3 个 8 拍

4. 第 4 个 8 拍（见图 9-1-12）

①～②：右脚向右侧迈一步，左腿后屈腿一次。两臂体侧屈肘前后摆动。③～④：左脚向左侧迈一步，右腿后屈腿一次。两臂体侧屈肘前后摆动。⑤～⑥：同

①～②。⑦～⑧：左腿后交叉一次。两臂体侧屈肘前后摆动。

图 9-1-12 第 4 个 8 拍

5～8 动作同 1～4，但方向相反。

（四）组合四：4×8×2

1. 第 1 个 8 拍（见图 9-1-13）

①～②：身体向左转 90°，右脚向前做小马跳。左臂上举，右臂下举，双手握拳。③～④：身体向右转 180°，左脚向前做小马跳。右臂上举，左臂下举，双手握拳。⑤～⑥：右脚向后做小马跳。左臂上举，右臂下举，双手握拳。⑦～⑧：身体向右转 180°，左脚向前做小马跳，第 8 拍身体面对前方。右臂上举，左臂下举，双手握拳。

图 9-1-13　第 1 个 8 拍

2. 第 2 个 8 拍（见图 9-1-14）

①～②：右脚向右做侧并步跳。双臂侧平举，双手并掌，掌心向下。③～④：左脚向前做漫步。双臂屈肘于体侧前后自然摆动。⑤～⑥：左脚向左做侧并步跳。双臂侧平举，双手并掌，掌心向下。⑦～⑧：右脚向后做漫步。右臂体前屈肘，右手握拳，左臂体侧摆动。

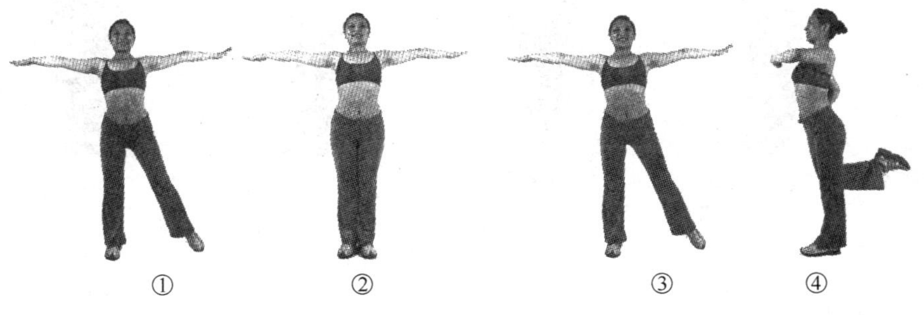

图 9-1-14　第 2 个 8 拍

3. 第 3 个 8 拍（见图 9-1-15）

①～④：右腿向前弹踢腿跳前交叉。①、③：左臂前举，右臂侧平举，双手并掌，掌心向下；②：双臂胸前交叉，双手握拳搭在双肩上；④：双手还原至体侧。⑤～⑧：左腿向前弹踢腿跳前交叉。⑤、⑦：右臂前举，左臂侧平举，双手

并掌，掌心向下；⑥：双臂胸前交叉，双手握拳搭在双肩上；⑧：还原至体侧。

图 9-1-15 第 3 个 8 拍

4. 第 4 个 8 拍（见图 9-1-16）

①～②：右腿向侧迈一步接举腿跳。双臂上举，双手并掌，掌心向前。③～④：左脚向后做漫步。双臂屈肘拉回至腰间，双手握拳，拳心向上。⑤～⑥：向左侧并步一次。两臂体侧屈肘前后摆动。⑦～⑧：向右侧并步一次。两臂体侧屈肘前后摆动。

①～②　③～④　⑤　⑥

⑦　⑧

图 9-1-16　第 4 个 8 拍

5～8 的动作同 1～4，但方向相反。

第二节　体育舞蹈

一、体育舞蹈概述

体育舞蹈也称为“国际标准交际舞”，是体育运动项目之一。它是以男女为伴的一种步行式双人舞的运动项目。体育舞蹈具有强筋健骨、美容瘦身、延缓衰老、促进代谢、增强体力、增进食欲、提高睡眠质量、陶冶情操、培养气质和毅力等诸多功效。体育舞蹈作为轻竞技运动项目，运动消耗强于网球，仅次于羽毛球。

体育舞蹈包括摩登舞（华尔兹、维也纳华尔兹、探戈、狐步舞、快步舞）、拉丁舞（伦巴、桑巴、恰恰恰、斗牛舞、牛仔舞）和团体舞三个项目十个舞种。摩登舞起源于欧洲，拉丁舞起源于非洲和拉丁美洲。为便于推广和交流，1924 年，英国皇家舞蹈教师协会对当时部分社交舞进行了整理，对华尔兹、探戈、狐步、快步等舞的舞姿、舞步和跳法加以规范，称为国际标准舞。第二次世界大战后，英国皇家舞蹈教师协会又将伦巴、桑巴、恰恰恰、斗牛、牛仔等拉丁舞整理并纳入国际标准舞范畴。1964 年，国际标准舞又增加了新的表演和比赛项目——团体舞（也称为队列舞），使国际标准舞十个舞种的风格特点得到更为鲜明的体现。每年在国际上都有不同地区、不同规模、各种级别的国际标准舞比赛，由于它兼有文化娱乐的内涵和体育竞赛的形式，因此，西方也将国际标准舞称为“体育舞蹈”。

体育舞蹈于 20 世纪 30 年代传入我国，80 年代随着国外专家及优秀选手纷纷来华讲学、表演、交流、培训，迅速在全国发展起来。我国于 1987 年举行了第一届全国国际标准舞锦标赛。1991 年，中国体育舞蹈运动协会成立，并举行了第一届全国体育舞蹈锦标赛。通过承办各种比赛对我国的体育舞蹈事业发展起到了巨大的推动作用。与此同时，一些专业院校也增设了体育舞蹈专业。随着体育舞蹈逐步纳入专业教学，其科研、训练、竞赛水平将会进一步得到提高和发展。

二、体育舞蹈的基本知识

1. 舞程线

在一个舞池中，为避免互相碰撞而严格规定舞者必须按照逆时针方向行进，这个行进方向叫舞程向，而舞者按照舞程向运行的路线即舞程线（Line of Dance，LOD）。它是一条围绕舞池运行的假设线，这条假设线可以直进、斜进，也可以弧线运行。在比赛场地中，习惯上将靠近边线的两条长线叫 A 线，靠近端线的两条短线叫 B 线。

2. 赛场

体育舞蹈的比赛场地设在室内。场地为长方形，边线长 23 米，端线宽 15 米，总面积为 345 平方米（见图 9-2-1）。

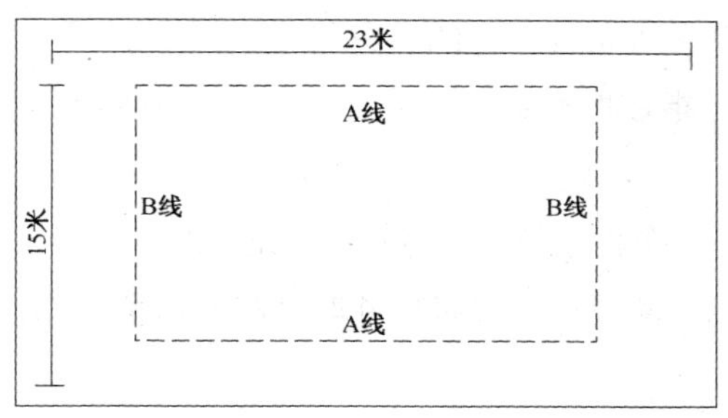

图 9-2-1　体育舞蹈的赛场

3. 方位

方位指一个舞步开始或结束时，脚或身体所面对或背对的方向。方位必须指示舞步运行方向。常用“指向”来说明脚的方位。通常把脚尖或人体躯干正面称面，正面对准的方向称面对；把脚跟或人体躯干背面称背，背面对准的方向称背对。如以 A 线运行为例，按逆时针方向转动脚和身体，每转动一次为 45°，当舞者正面对准 A 线时的方位如图 9-2-2 所示。

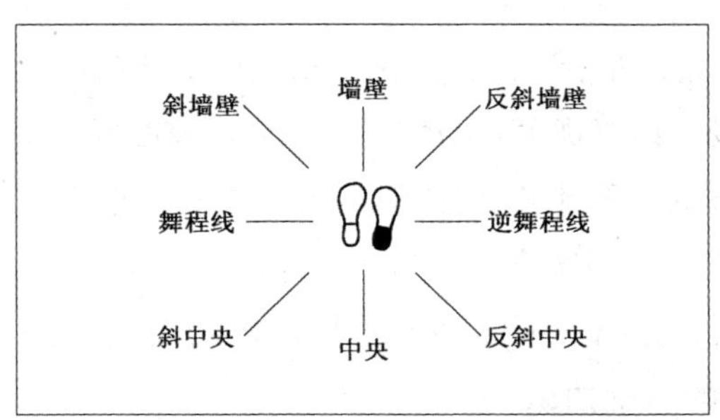

图 9-2-2　舞者正面对准 A 线时的方位图

4. 舞姿

舞姿泛指舞者跳舞的姿态。主要包括以下几种：

（1）闭式舞姿：指男女舞伴相对站立，右侧腹部接触，女士头颈转向左侧，男士头颈正直的一种舞姿。（探戈舞男士头颈稍左转）

（2）开式舞姿：指在闭式舞姿的基础上，男士将头转向左侧，女士将头转向右侧，男女向同一方向，从相握的手臂上向前看出的一种舞姿。

（3）侧行舞姿：指男士的右侧与女士的左侧身体紧密贴靠，身体的另一侧向外展开，呈“一”字形站立或行进的一种舞姿。

（4）外侧舞姿：指在摩登舞中，男女舞伴的一方向另一方的右外侧前进所形成的一种舞姿。

（5）并肩舞姿：指在拉丁舞中，男女舞伴面对同一方向肩臂相并的一种舞姿。以男士为基准，男士左肩与女士右肩相并叫“左并肩位”，男士右肩与女士左肩相并叫“右并肩位”。

（6）影位舞姿：指男女舞伴面对同一方向重叠而立、形影相随的一种舞姿。以女士居前较常见。

（7）扇形舞姿：指女士在男士的左侧与男士成直角，女士的右手在男士的左手中的一种舞姿。

三、体育舞蹈的基本技术

1. 摩登舞

摩登舞又称现代舞，是体育舞蹈项群之一，主要包括华尔兹、维也纳华尔兹、探戈、狐步舞和快步舞。摩登舞的特点是由闭式舞姿开始，沿着舞程线逆时针方向绕场行进。舞步流畅，舞姿优美，动作轻柔洒脱，重心起伏有序，音乐节奏清晰，曲调抒情优美。舞蹈时，男士挺拔刚健，站立端庄，气宇轩昂；女士婀娜轻盈，柔美洒脱，高贵典雅。其服饰雍容华贵，典雅大方，一般男士身着燕尾服，女士身着过膝长裙。下面就介绍一下体育舞蹈中历史最悠久、生命力最强的华尔兹舞。

（1）华尔兹舞的基础知识

华尔兹（Waltz）又称“圆舞”，一般用英文“W”表示，是摩登舞项目之一。其风格特点是庄重典雅，华丽多彩。舞蹈动作流畅，旋转性强，热烈而兴奋，重心起伏跌宕，接连不断地潇洒旋转配以华丽的服装、优美的音乐使华尔兹更加完美。华尔兹的音乐为 3/4 拍，每分钟 30～32 小节，基本上是一拍一步，第一拍为重拍，每一音乐小节跳三步（也有跳四步时，比如追步）。

（2）华尔兹舞的基本步法

1）左脚并换步。开始姿势采用闭式舞姿，结束姿势采用闭式舞姿（见表 9-2-1、表 9-2-2）。

表 9-2-1 男士舞步

内容	要求		
步数	1	2	3
拍数	1	2	3
要领	左脚前进	右脚经左脚横步	左脚并于右脚
脚法	跟一掌	掌	掌一跟
方位	面向舞程线	面向舞程线	面向舞程线
升降	结尾开始上升	继续上升	继续上升 结尾下降
倾斜		左	左

表 9-2-2 女士舞步

内容	要求		
步数	1	2	3
拍数	1	2	3
要领	右脚后退	左脚经右脚横步	右脚并于左脚
脚法	跟一掌	掌	掌一跟
方位	背向舞程线	面向舞程线	背向舞程线
升降	结尾开始上升	继续上升	继续上升 结尾下降
倾斜		右	右

内容动作要点：在这个动作的配合中，处于后退的一方一定要给前进的一方让开位置，第一步中身体没有任何变化，在跳第二步时，男女舞伴的身体要向侧做倾斜，升到最高点时，重心落下后才能走下一个步法。

脚迹图示见图 9-2-3、图 9-2-4。

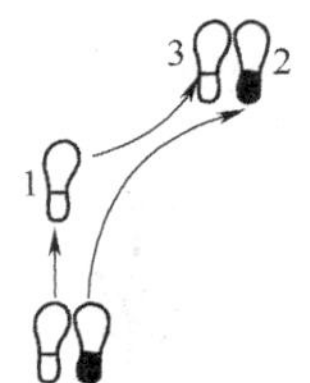

图 9-2-3 男士舞步脚迹

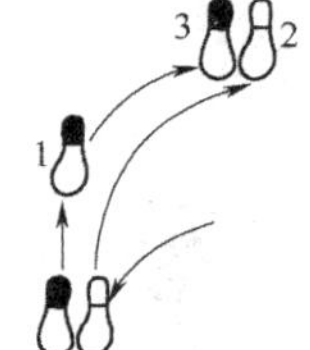

图 9-2-4 女士舞步脚迹

2）右转步。开始姿势采用闭式舞姿，结束姿势采用闭式舞姿（见表 9-2-3、表 9-2-4）。

表 9-2-3　男士舞步

内容	要求					
步数	1	2	3	4	5	6
拍数	1	2	3	1	2	3
要领	右脚前进	左脚经右脚横步	右脚并于左脚	左脚后退	右脚经左脚横步	左脚并于右脚
脚法	跟—掌	掌	掌—跟	掌—跟	掌	掌—跟
方位	面向斜墙壁	背向斜中央	背向舞程线	背向舞程线	背向斜中央	面向斜中央
升降	结尾开始上升	继续上升	继续上升　结尾下降	结尾开始上升	继续上升　身体稍转	继续上升　结尾下降
转度	开始右转	1～2 转 1/4	2～3 转 1/8	4～5 转 3/8		
反身		稍微	稍微		稍微	稍微
倾斜		右	右		左	左

表 9-2-4　女士舞步

内容	要求					
步数	1	2	3	4	5	6
拍数	1	2	3	1	2	3
要领	左脚后退	右脚经左脚横步	左脚并于右脚	右脚前进	左脚经右脚横步	右脚并于左脚
脚法	掌—跟	掌	掌—跟	跟—掌	掌	掌—跟
方位	背向斜墙壁	背向斜中央	面向舞程线	面向舞程线	背向斜中央	背向斜中央
升降	结尾开始上升	继续上升	继续上升　结尾下降	结尾开始上升	继续上升	继续上升　结尾下降
转度	开始右转	1～2 转 3/8	身体稍转	继续右转	4～5 转 1/4	5～6 转 1/8
反身		稍微	稍微		稍微	稍微
倾斜		左	左		右	右

脚迹图示见图 9-2-5、图 9-2-6。

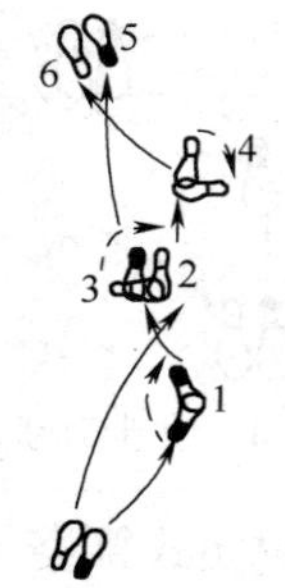

图 9-2-5　男士舞步脚迹

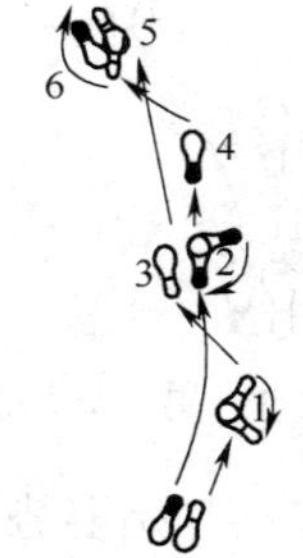

图 9-2-6　女士舞步脚迹

3）侧行追步。开始姿势采用开式舞姿，结束姿势采用闭式舞姿（见表 9-2-5、表 9-2-6）。

表 9-2-5　男士舞步

内容	要求			
步数	1	2	3	4
拍数	1	2（1/2）	（1/2）	3
要领	右脚前进并交叉于反身动作位置	左脚横步稍前	右脚并于左脚	左脚横步稍前
脚法	跟—掌	掌	掌	掌一跟（后脚掌）
方位	面向斜墙壁	面向斜墙壁	面向舞程线	面向斜墙壁
升降	结尾开始上升	继续上升	保持上升	结尾下降

表 9-2-6　女士舞步

内容	要求			
步数	1	2	3	4
拍数	1	2（1/2）	&（1/2）	3
要领	左脚前进并交叉于反身动作位置	右脚横步	左脚并于右脚	右脚横步稍后
脚法	跟—掌	掌	掌	掌一跟
方位	面向斜中央	背向斜墙壁	背向斜墙壁	背向斜墙壁
升降	结尾开始上升	继续上升	保持上升	结尾下降
转度	稍左转	1～2 转 1/8	2～3 转 1/8	身体完成转动

脚迹图示见图 9-2-7、图 9-2-8。

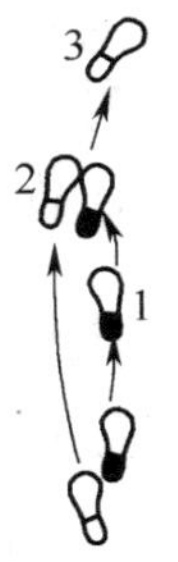

图 9-2-7　男士舞步脚迹

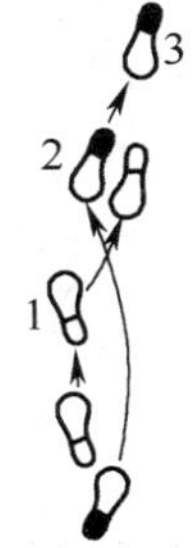

图 9-2-8　女士舞步脚迹

4）后退锁步。开始姿势采用闭式舞姿，结束姿势采用闭式舞姿（见表 9-2-7、表 9-2-8）。

表 9-2-7　男士舞步

内容	要求			
步数	1	2	3	4
拍数	1	2（1/2）	&（1/2）	3
要领	左脚后退	右脚后退	左脚后退交叉于右脚前	右脚后退
脚法	掌—跟	掌	掌	掌—跟（后脚掌）
方位	背向舞程线	背向舞程线	背向舞程线	背向舞程线
升降	结尾开始上升	继续上升	保持上升	结尾下降

表 9-2-8　女士舞步

内容	要求			
步数	1	2	3	4
拍数	1	2（1/2）	&（1/2）	3
要领	右脚前进	左脚前进	右脚交叉于左脚后	左脚前进
脚法	跟—掌	掌	掌	掌—跟
方位	面向舞程线	面向舞程线	面向舞程线	面向舞程线
升降	结尾开始上升	继续上升	保持上升	结尾下降

脚迹图示见图 9-2-9、图 9-2-10。

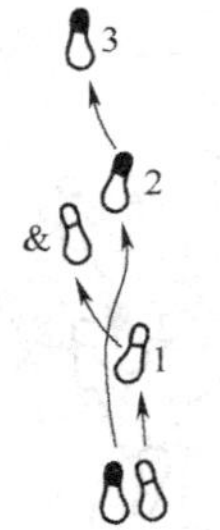

图 9-2-9　男士舞步脚迹

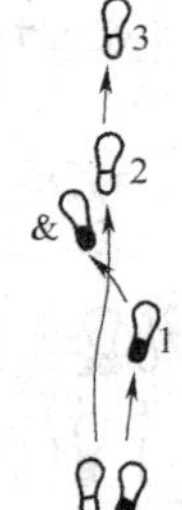

图 9-2-10　女士舞步脚迹

5）后叉形步。开始姿势采用闭式舞姿，结束姿势采用开式舞姿（见表 9-2-9、表 9-2-10）。

表 9-2-9　男士舞步

内容	要求		
步数	1	2	3
拍数	1	2	3
要领	左脚后退	右脚后退	左脚在右脚后交叉
脚法	掌—跟	掌	掌—跟
方位	背向舞程线	背向舞程线	面向斜中央
升降	结尾开始上升	继续上升	继续上升 结尾下降
转度	不转		
反身			右反身
倾斜			左

表 9-2-10　女士舞步

内容	要求		
步数	1	2	3
拍数	1	2	3
要领	右脚前进	左脚横步稍前	右脚在左脚后交叉
脚法	掌—跟	掌	掌—跟
方位	面向舞程线	面向斜墙壁	背向斜中央
升降	结尾开始上升	继续上升	继续上升 结尾下降
转度	开始右转	1～2 转 1/4	2～3 转 1/8 到位
反身			左反身
倾斜		右	右

脚迹图示见图 9-2-11、图 9-2-12。

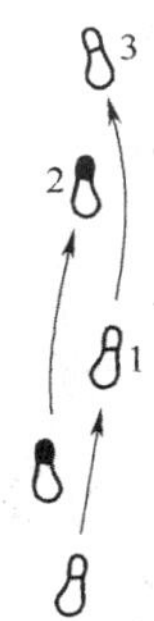

图 9-2-11　男士舞步脚迹

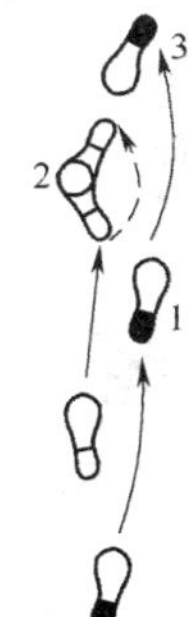

图 9-2-12　女士舞步脚迹

6）右旋转步。开始姿势采用闭式舞姿，结束姿势采用闭式舞姿（表 9-2-11、表 9-2-12）。

表 9-2-11　男士舞步

内容	要求					
步数	1	2	3	4	5	6
拍数	1	2	3	1	2	3
要领	右脚前进	左脚经右脚横步	右脚并于左脚	左脚后退	右脚前进	左脚横步稍后
脚法	跟—掌	掌	掌—跟	掌—跟	跟—掌	掌—跟
方位	面向斜墙壁	背向斜中央	背向舞程线	背向舞程线	面向舞程线	背向斜中央
升降	结尾开始上升	继续上升	继续上升　结尾下降		结尾上升	保持上升　结尾下降
转度	开始右转	1～2 转 1/4	2～3 转 1/8	右转 1/2		5～6 转 3/8
反身		稍微	稍微	强	反身	
倾斜		右	右			

表 9-2-12　女士舞步

内容	要求					
步数	1	2	3	4	5	6
拍数	1	2	3	1	2	3
要领	左脚后退	右脚经左脚横步	左脚并于右脚	右脚前进	左脚后退稍左	右脚经左脚斜进
脚法	掌—跟	掌	掌—跟	跟—掌	掌	掌—跟
方位	背向斜墙壁	面向斜中央	面向舞程线	面向舞程线	背向舞程线	面向斜中央
升降	结尾开始上升	继续上升	继续上升　结尾下降		结尾上升	保持上升　结尾下降
转度	开始右转	1～2 转 3/8	身体稍转	右转 1/2		5～6 转 3/8 到位
反身		稍微	稍微	强	反身	
倾斜		左	左			

脚迹图示见图 9-2-13、图 9-2-14。

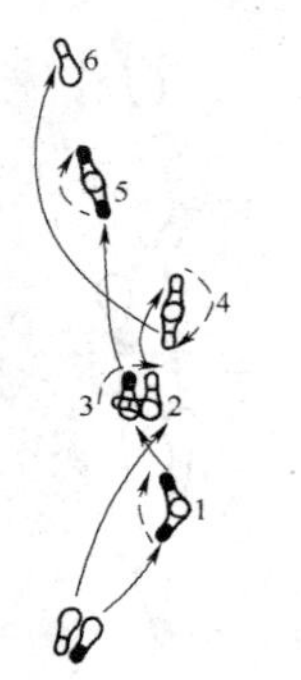

图 9-2-13　男士舞步脚迹

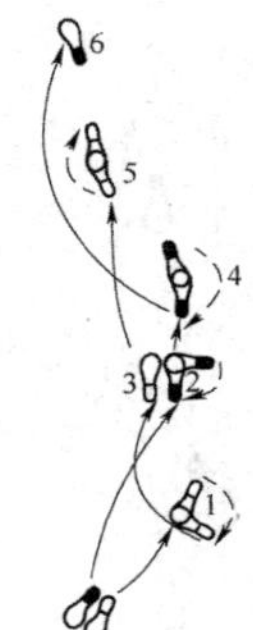

图 9-2-14　女士舞步脚迹

（3）华尔兹舞套路练习（括号内为步数）

套路连接：左脚并换步（1、2、3）－右转步（1、2、3、4、5、6）－侧行追步（1、2、3）－右转步（外侧 1、2、3）－后退锁步（1、2、3）－后叉形步（1、2、3）－右旋转步（1、2、3、4、5、6）－循环进行

2. 拉丁舞

拉丁舞是体育舞蹈项群之一，主要包括伦巴、桑巴、恰恰恰、斗牛和牛仔舞。拉丁舞的特点是舞伴之间可贴身、可分离；各自在固定的范围内辐射式地变换方向角度来展现舞姿。舞步灵活多变，通过对胯部及身体摆动不同的技术要求，完成各种舞步，表现各种风格。舞姿妩媚潇洒，婀娜多姿。风格生动活泼，热情奔放，曲调缠绵浪漫，热烈欢快，节奏感强。着装浪漫洒脱，男士身着上短下长的紧身或宽松的裤装，女士身着紧身短裙，可露部分肩背，以显现女性特有的曲线美。下面就介绍一下拉丁舞中最受欢迎的恰恰恰舞。

（1）恰恰恰舞的基础知识

恰恰恰舞（Cha-Cha-Cha）一般用英文字母“C”来表示，是拉丁舞项目之一。恰恰恰舞是模仿企鹅的姿态创编而成的舞蹈，借以表达青年男女之间追逐嬉戏的情景，风趣又诙谐，热烈又俏美。在动作形式上，恰恰恰舞有不由男士领舞的习惯，男女动作不求统一整齐，且多半是男士随后。舞曲热情奔放，欢快有趣，舞步花哨利落，步频较快，胯部的扭摆别有一番风韵，尤为年轻人所喜爱。恰恰恰舞的音乐为 4/4 拍，每分钟 28～32 小节，基本节奏为 2－3－4－&－1，即 2、3 拍为单步，一拍一步，4、1 拍为恰恰恰步，两拍三步，其节奏为慢（S）、慢（S）、快（Q）、快（Q）、慢（S）。

（2）恰恰恰舞的基本步法

1）前后锁步。开始姿势采用并肩舞姿，男、女士重心都在右脚；结束姿势采用并肩舞姿（见表 9-2-13）。

表 9-2-13 男士舞步

内容	要求					
步数	后 1	2	3	前 4	5	6
拍数	4	&	1	4	&	1
脚位	右脚后退 落在左脚 正后方	左脚后移 锁步在右脚 前外侧	左脚伸膝 发力推出 右脚向后	左脚向前 落在右脚 正前方	右脚跟进 锁步在左脚 后外侧	右脚伸膝 发力推出 左脚向前
脚法	脚掌着地 膝部伸直	双膝微屈 全脚着地	两膝伸直 右脚跟着地 偏左侧	脚掌平面 膝部略屈	双膝微屈 脚跟略提	两膝伸直 左脚跟着地 偏右侧

舞步动作图示见图 9-2-15。

图 9-2-15 前后锁步的舞步动作

2）左右横步。开始姿势采用闭式舞姿，开立，男士重心在右脚，女士重心在左脚；结束姿势采用闭式舞姿（见表 9-2-14、表 9-2-15）。

表 9-2-14　男士舞步

内容	要求					
步数	1	2	3～5	6	7	8～10
拍数	2	3	4&1	2	3	4&1
脚位	左脚向前	重心回到右脚	向左追步	右脚向后	重心回到右脚	向右追步
转度	开始左转		1～5 完成 左转 1/8			6～10 完成 左转 1/8
舞姿	闭式舞姿	闭式舞姿	闭式舞姿	闭式舞姿	闭式舞姿	闭式舞姿

表 9-2-15　女士舞步

内容	要求					
步数	1	2	3～5	6	7	8～10
拍数	2	3	4&1	2	3	4&1
脚位	右脚向前	重心回到左脚	向右追步	左脚向后	重心回到右脚	向左追步
转度			6～10 完成 左转 1/8	开始左转		1～5 完成 左转 1/8
舞姿	闭式舞姿	闭式舞姿	闭式舞姿	闭式舞姿	闭式舞姿	闭式舞姿

舞步动作图示见图 9-2-16。

图 9-2-16　左右横步的舞步动作

3）纽约步。开始姿势采用闭式舞姿，开立，男士重心在右脚，女士重心在左脚；中间姿势采用并肩舞姿；结束姿势采用开式舞姿（见表 9-2-16、表 9-2-17）。

表 9-2-16　男士舞步

内容	要求					
步数	1	2	3～5	6	7	8～10
拍数	2	3	4&1	2	3	4&1
脚位	左脚向右前	重心回到右脚	向左追步	右脚向左前	重新回到左脚	向右追步
转度	右转 1/4	开始左转	2～5 完成 左转 1/4	左转 1/4	开始右转	7～10 完成 右转 1/4
舞姿	并肩舞姿	并肩舞姿	闭式舞姿	并肩舞姿	并肩舞姿	闭式舞姿

表 9-2-17　女士舞步

内容	要求					
步数	1	2	3～5	6	7	8～10
拍数	2	3	4&1	2	3	4&1
脚位	右脚向左前	重心回到左脚	向右追步	左脚向右前	重心回到右脚	向左追步
转度	左转 1/4	开始右转	7～10 完成 右转 1/4	右转 1/4	开始左转	2～5 完成 左转 1/4
舞姿	并肩舞姿	并肩舞姿	闭式舞姿	并肩舞姿	并肩舞姿	闭式舞姿

动作提示：纽约步 11～15 步重复 1～5 步动作。在舞步过程中，男女舞伴单手相握，在 6、11 步上换手。

舞步动作图示见图 9-2-17。

图 9-2-17　纽约步的舞步动作

图 9-2-17 纽约步的舞步动作（续图）

4）定点转。开始姿势采用开式舞姿，开立，男士重心在右脚，女士重心在左脚；结束姿势采用开式舞姿（见表 9-2-18、表 9-2-19）。

表 9-2-18 男士舞步

内容	要求					
步数	1	2	3～5	6	7	8～10
拍数	2	3	4&1	2	3	4&1
脚位	左脚向右前	两脚原地拧转重心回到左脚	右追步	左脚向右前	两脚原地拧转重心回到右脚	左追步
转度	右转 1/4	左转 1/2	左转 1/4	右转 1/4	右转 1/2	右转 1/4
舞姿	并肩舞姿	并肩舞姿	开式舞姿	并肩舞姿	并肩舞姿	开式舞姿

表 9-2-19 女士舞步

内容	要求					
步数	1	2	3～5	6	7	8～10
拍数	2	3	4&1	2	3	4&1
脚位	右脚向左前	两脚原地拧转重心回到左脚	右追步	左脚向右前	两脚原地拧转重心回到右脚	左追步
转度	左转 1/4	左转 1/2	左转 1/4	右转 1/4	右转 1/2	右转 1/4
舞姿	并肩舞姿	并肩舞姿	开式舞姿	并肩舞姿	并肩舞姿	开式舞姿

动作提示：定点转舞步过程中，1、2 步时男士右脚和女士左脚原地不动；6、7 步时男士左脚和女士右脚原地不动；男女舞伴在 2、7 步上分手，其他步数时男

士左手与女士右手相握。

舞步动作图示见图 9-2-18。

图 9-2-18　定点转舞步动作

5）开式扭臀步。开始姿势采用开式舞姿，开立，男士重心在右脚，女士重心在左脚；结束姿势采用开式舞姿，女士靠近男士。开式扭臀步一般下接扇形步（见表 9-2-20、见 9-2-21）。

表 9-2-20　男士舞步

内容	要求		
步数	1	2	3～5
拍数	2	3	4&1
脚位	左脚前进	重心回到右脚	原地步
舞姿	开式舞姿	开式舞姿	面对女士靠近

表 9-2-21 女士舞步

内容	要求		
步数	1	2	3～5
拍数	2	3	4&1
脚位	左脚后退	重心回到右脚	左脚上步前锁步
舞姿	开式舞姿	开式舞姿	正对男士靠近

动作提示：做开式扭臀步的过程中，男士的左手与女士的右手相握，另一手自然地侧平举。

舞步动作图示见图 9-2-19。

图 9-2-19 开式扭臀步舞步动作

6）扇形步。开始姿势采用开式舞姿，并立，男士重心在左脚，女士重心在右脚；结束姿势采用扇形舞姿。以开式扭臀步结束姿势开始为例（见表 9-2-22、表 9-2-23）。

表 9-2-22 男士舞步

内容	要求		
步数	1	2	3～5
拍数	2	3	4&1
脚位	右脚后退	左脚向左前迈步	右追步
转度			左转 1/8
舞姿	面向女士左肩成 90°		扇形舞姿

表 9-2-23 女士舞步

内容	要求		
步数	1	2	3～5
拍数	2	3	4&1
脚位	右转 左脚前进	右脚前进 同时以脚掌为轴左转	左脚后退后锁步
转度	右转 1/4	开始左转	2-3 左转 1/2
舞姿	左肩正对男士正面成 90°		扇形舞姿

动作提示：做扇形步的过程中，男士的左手与女士的右手始终相握，另一手自然地侧平举。

舞步动作图示见图 9-2-20。

图 9-2-20 扇形步舞步动作

7）曲棍步。开始姿势采用扇形舞姿，开立，男士重心在右脚，女士重心在左脚；结束姿势采用开式舞姿（见表 9-2-24、表 9-2-25）。

表 9-2-24 男士舞步

内容	要求					
步数	1	2	3～5	6	7	8～10
拍数	2	3	4&1	2	2	4&1
脚位	右脚向后靠近左脚	左脚向前	原地步	右脚向后	左脚右前上步	右脚向前锁步
转度				开始右转	6～7 右转 1/8	
舞姿	扇形舞姿	扇形舞姿	正对女士右肩	正对女士右肩		开式舞姿

表 9-2-25 女士舞步

内容	要求					
步数	1	2	3～5	6	7	8～10
拍数	2	3	4&1	2	2	4&1
脚位	右脚向后靠近左脚	左脚向前	右脚向前锁步	左脚向前 以掌为轴	右脚向后稍侧	左脚后退锁步
转度				开始左转	6～7 左转 5/8	左转完成
舞姿	扇形舞姿	扇形舞姿	右肩正对男士正面			开式舞姿

动作提示：在整个舞步过程中，男士左手始终与女士右手相握，在 3～5 步时男士左手上举、肘部上抬，女士肘部前顶、右手上举，形成一个方形窗口。在女士左转身时，男士左手在上向左推动，帮助女士转动。另一手自然地侧平举。

舞步动作图示见图 9-2-21。

图 9-2-21 曲棍步舞步动作

8）右陀螺转。开始姿势采用闭式舞姿，开立，男士重心在左脚，女士重心在右脚；结束姿势采用闭式舞姿（见表 9-2-26、表 9-2-27）。

表 9-2-26 男士舞步

内容	要求					
步数	1	2	3～12	13	14	15
拍数	2	3	4&1、2、3	4	&	1
脚位	右脚交叉在左脚后	左脚向侧	3～12 重复 1～2 步 5 次	右脚靠近左脚	重心移到左脚	右脚向侧为重心
转度		开始右转	右转 90°			
舞姿	闭式舞姿	闭式舞姿	闭式舞姿	闭式舞姿	闭式舞姿	闭式舞姿

表 9-2-27 女士舞步

内容	要求					
步数	1	2	3～12	13	14	15
拍数	2	3	4&1、2、3	4	&	1
脚位	左脚向侧	右脚交叉在左脚前	3～24 重复 1～2 步 6 次	左脚向侧		
内容			要求			
转度		开始右转	右转 90°			
舞姿	闭式舞姿	闭式舞姿		闭式舞姿		

动作提示：做右陀螺转的过程中，没有臂部动作，转动应连续，在 2、4、6、8、10、12、14 时女士右脚应进到男士两脚中间。

舞步动作图示见图 9-2-22。

图 9-2-22 右陀螺转舞步动作

9）闭式扭臀步。开始姿势采用闭式舞姿，开立，男士重心在右脚，女士重心在左脚；结束姿势采用侧行舞姿（见表 9-2-28、表 9-2-29）。

表 9-2-28 男士舞步

内容	要求		
步数	1	2	3～5
拍数	2	3	4&1
脚位	左脚向右前	重心回到右脚	左追步（小步）
转度	稍右转	开始左转	回转到开始位
舞姿	闭式舞姿		侧行舞姿

表 9-2-29 女士舞步

内容	要求		
步数	1	2	3～5
拍数	2	3	4&1
脚位	右脚向后	重心回到左脚	向右追步
转度	以左脚掌为轴右转 1/2	开始左转	2～5 左转 1/2
舞姿	侧行舞姿		侧行舞姿

动作提示：做闭式扭臀步的过程中，由于女士交替反身转动难度很大，所以，男士左手握女士右手，右手要扶住女士背部，帮助女士转动，这样才能使动作顺利完成。闭式扭臀步一般连接在右陀螺转之后。

舞步动作图示见图 9-2-23。

图 9-2-23 闭式扭臀步舞步动作

（3）恰恰恰舞套路练习（括号内为步数）

套路连接：左右横步（1、2、3～5、6、7、8～10）—纽约步（1、2、3～5、6、7、8～10、11、12、13～15）—定点转（1、2、3～5）—开式扭臀步（1、2、

3～5）—扇形步（1、2、3～5）—曲棍步（1、2、3～5、6、7、8～10）—左横步（1、2、3～5）—右陀螺转（1、2、3～5、6、7、8～10、11、12、13～15）—闭式扭臀步（1、2、3～5）—重复循环。

第三节　其他形体运动

一、拉拉队健身操

拉拉队运动是在音乐的衬托下，通过队员舞蹈动作的完美完成及高超的技能技巧展示，集中体现青春活力，追求团队荣誉感和健康向上精神的一项体育竞技运动。拉拉队运动始创于1900年的美国校园，最早出现在校园体育比赛中，是观众为本队加油呐喊的一种表演形式。随着大学校园中学生对拉拉队运动越来越感兴趣，尤其是明尼苏达大学拉拉队，首先将体操技巧和舞蹈动作融为一体，极大地丰富了拉拉队运动的内容，使其更具表演性和观赏性。1980年美国举办了首届全美拉拉队大赛，并使拉拉队运动划分为技巧型拉拉队操和舞蹈型拉拉队操两大类。这标志着拉拉队运动已成为一项体育竞技运动。中国大学生拉拉队运动开始于2001年，经短短的几年发展，中国学生拉拉队运动水平得到了迅迅提高，并在越来越多的学校中得以开展。下面介绍的这套拉拉队操，是使用拉拉队最典型的道具——pompoms（花球），以舞蹈操化动作为主要表演语汇的拉拉队操。

1. 第1个8拍（见图9-3-1）

①～②　③～④　⑤　⑥～⑧

图9-3-1　第1个8拍动作图示

2. 第 2 个 8 拍（见图 9-3-2）

图 9-3-2　第 2 个 8 拍动作图示

特别说明：①～④后退。

3. 第 3 个 8 拍（见图 9-3-3）

图 9-3-3　第 3 个 8 拍动作图示

特别说明：①右腿向右一步；②右腿还原；⑤左腿向左一步；⑧跳成直立。

4. 第 4 个 8 拍（见图 9-3-4）

图 9-3-4 第 4 个 8 拍动作图示

特别说明：①右腿向右一步。

5. 第 5 个 8 拍（见图 9-3-5）

图 9-3-5 第 5 个 8 拍动作图示

图 9-3-5 第 5 个 8 拍动作图示（续图）

6. 第 6 个 8 拍（见图 9-3-6）

图 9-3-6 第 6 个 8 拍动作图示

7. 第 7 个 8 拍（见图 9-3-7 和图 9-3-8）

图 9-3-7 第 7 个 8 拍动作图示（一）

图 9-3-8　第 7 个 8 拍动作图示（二）

8. 第 8 个 8 拍（见图 9-3-9）

图 9-3-9　第 8 个 8 拍动作图示

特别说明：半拍挺胸，⑤右转体。

9. 第 9 个 8 拍（见图 9-3-10）

图 9-3-10 第 9 个 8 拍动作图示

10. 第 10 个 8 拍（见图 9-3-11 和图 9-3-12）

图 9-3-11 第 10 个 8 拍动作图示（一）

图 9-3-12 第 10 个 8 拍动作图示（二）

11. 第 11 个 8 拍（见图 9-3-13）

图 9-3-13 第 11 个 8 拍动作图示

特别说明：①～②开合跳，③右脚向前一步。

12. 第 12 个 8 拍（见图 9-3-14）

图 9-3-14　第 12 个 8 拍动作图示

13. 第 13 个 8 拍（见图 9-3-15 和图 9-3-16）

图 9-3-15　第 13 个 8 拍动作图示（一）

图 9-3-16　第 13 个 8 拍动作图示（二）

特别说明：①～②左胯绕环两周，⑧右后转成直立。

14. 第 14 个 8 拍（见图 9-3-17）

图 9-3-17　第 14 个 8 拍动作图示

特别说明：①原地踏步击掌；⑧右后转成直立。

15. 第 15 个 8 拍（见图 9-3-18 和图 9-3-19）

图 9-3-18　第 15 个 8 拍动作图示（一）

图 9-3-19　第 15 个 8 拍动作图示（二）

特别说明：⑤右顶胯一次；⑥同⑤。

16. 第 16 个 8 拍（见图 9-3-20）

图 9-3-20　第 16 个 8 拍动作图示

特别说明：④、⑤左、右肩依次向后绕；⑥右脚向右一步。

二、瑜伽

瑜伽（梵语“YOGA”）是东方最古老的强身术之一。瑜伽起源于印度，产生于公元前，是人类智慧的结晶。瑜伽是印度先贤在最深沉的观想和静定状态下，从直觉了悟、认知生命的方法。传说古印度高达8000米的圣母山上，有人修成圣人，亦有人成为修行者，他们将修炼秘密传授给有意追求者，因而将瑜伽沿传至今。瑜伽修持者开始只有少数人，一般在寺院、乡间小舍、喜马拉雅山洞穴和茂密森林的中心地带修行，由瑜伽师讲授给那些愿意接受的门徒。以后瑜伽逐步在印度普通人中间流传开来，而今流行于世界。瑜伽是一种帮助我们协调身体和精神的行之有效的传统科学。瑜伽最大的特点是它严谨的实践性、科学性和逻辑性。练习瑜伽的十大功效：①保持和促进系统发挥正常的功能；②加强内分泌系统的功能；③按摩和强化各部器官，使其机能平衡；④促进血液循环、新陈代谢；⑤瑜伽呼吸法，调整心灵，延长生命力；⑥调整脊椎，增强柔韧性；⑦减肥和保养皮肤；⑧提升心理、精神能量，使心灵和平、宁静；⑨排除体内毒素；⑩减缓和消除慢性疾病。修炼瑜伽，男女老幼都可以练习，它对人体也没有特殊的要求。

1. 瑜伽实用姿势

（1）卧姿炮弹式（主要锻炼部位：肩部和腹部）

动作要领：仰卧，右腿伸直，左膝弯曲，双手抱左膝。慢慢吸气，双手稍稍用力，将左膝压向腹部，右腿保持伸直。慢慢呼气，上身挺起，下颚与膝盖接触，屏息3～5秒。最后再慢慢地吐气，身体还原回地面，放开手脚，调匀呼吸、放松。换腿重复练习。各做3次。

（2）上伸腿式（主要锻炼部位：腹部和腿部）

动作要领：仰卧，双腿伸直。用长布条绕过左脚的脚底，使左腿竖直举起，并保持片刻。腿要保证伸直，越靠近身体越好。20秒钟之后，上身向前倾，靠近腿部，再慢慢还原。换腿重复练习。各做3次。

（3）猫式（主要锻炼部位：胸背部和腰腹部）

动作要领：双手跪撑于地面，手臂伸直，指尖向着膝盖。吸气时，抬臀塌腰，下颚抬高，背部收紧，保持片刻；吐气，含胸收腹，拱起背部，头部向下，下颚尽量抵在锁骨处，保持静止，自然呼吸 5 次。重复练习 5 次。

（4）顶峰式（主要锻炼部位：肩背部和腿部）

动作要领：跪坐，双手向前伸出，之后臀部慢慢离开小腿，手掌压地成猫式；吸气，手臂、腹部同时用力撑起身体，肩膀向下，脚跟提起；吐气，手臂、肩部、背部向下压，膝盖挺直，脚跟完全踩落地面，背部不要拱起，放松颈部，头部自然下垂，身体成倒 V 字型。深呼吸，保持 10 秒，然后慢慢放松，还原至最初的姿势。重复练习 3 次。

（5）鸵鸟式（主要锻炼部位：背部和腿部）

动作要领：两脚开立，吸气，两臂放松垂于身侧；吐气，上体慢慢前倾，依次放松腹部、肩部、手臂、颈部，头部下垂，手掌向下，置于体侧；吸气，下颚抬高，眼睛注视前方，膝盖挺直，保持片刻，自然呼吸。吐气，回到吸气时的状态，可重复交替数次后，还原到初始姿势。

（6）眼镜蛇式（主要锻炼部位：胸背部和腹部）

动作要领：俯卧，双脚并拢，脚背向下，额头触地，弯曲手臂，双手放于胸侧；吸气，下颚慢慢抬高，头部向上向后仰，上身慢慢离开地面，腹部与地面接触，眼望前方自然呼吸 5 次；继续吸气，双臂伸直，背部继续向后弯曲，头部尽量后仰，腹部贴地，眼望上方；吐气，上身按从骨盆、腰椎、胸椎、颈椎、下颚到额头的顺序慢慢还原。重复练习 3 次。

（7）蝴蝶式（主要锻炼部位：腰腹部和腿部）

动作要领：坐姿，双膝尽量着地，脚掌心相对，脚跟尽量靠近身体；吸气，上身挺直，保持片刻；吐气，上体慢慢向前弯曲，双肘压放于小腿胫骨上，背肌放松伸直，头部最后着于地面，保持自然呼吸 5 次；吸气，上体慢慢还原。重复练习 3 次。

2. 练习瑜伽注意事项

（1）饮食避免油腻、辛辣。练习前至少 3 小时内不能进食，练习后 1 小时进食比较科学。

（2）练习前需尽量解完大、小便。

（3）在练习瑜伽后至少 15 分钟再沐浴。

（4）不要在烈日下做瑜伽。

（5）做上体往下倒立的姿势时，高血压、低血压患者及头部受过伤害的人，晕眩病人、心衰的人不要做，以免头部充血而发生危险。

（6）不用担心自己筋骨硬，承受不了各种姿势的折磨，其实只要按照一定的练习程序，再配合呼吸和伸展、身体的技巧，顺其自然、慢慢进展。

（7）练习瑜伽要尽可能穿着简单、宽松。练习时最好光着脚，并摘掉手表、腰带或其他饰物。

（8）争取每天都在同一个时间练习。

（9）练习时保持空气流通对于调息练习很重要。

（10）垫子要有支撑性，太软或太硬都不好，千万不能让脚下打滑。

第十章　速度滑冰运动

第一节　速度滑冰概述

滑冰运动在世界上有着悠久的历史，最早的冰上活动可以追溯到远古的新石器时代。古代生活在寒冷地带的人们，在冬季冰封的江河湖泊中以木制的爬犁作为交通运输的手段。以后，随着社会的不断进步，这种远古时期的交通工具逐步发展到现代的速滑运动。

一、国际速度滑冰发展的概述

滑冰运动起源于荷兰，早在11－12世纪的荷兰、英国、瑞士等一些国家就有了关于脚绑兽骨、手持带尖木棍支撑冰面向前滑行的记载。13世纪中叶，荷兰最先出现了一种镶嵌在木板上的铁制冰刀。1572年苏格兰人发明了一种拥有内、外刃和弯曲刀尖的全铁制冰刀，这也是现代冰刀出现的标志。17世纪后，这种最初的冰上运输形式逐渐发展成为一种运动项目。1742年英格兰成立了世界上第一个滑冰俱乐部——爱丁堡俱乐部。1809年，世界上最早的一本关于滑冰的书籍在英格兰出版了。1850年世界上第一副钢制冰刀问世，是由美国的布什内尔制作的。1902年挪威人保尔森发明了管式速度滑冰冰刀。从18世纪末期到19世纪初期，以竞速为内容的滑冰运动迅速在西欧、北欧、北美等地区的国家兴起，速滑运动有了新的发展。

1676年的荷兰出现了最早的速滑比赛。当时是从一个城镇滑到另一个城镇，在运河上进行比赛的，后来这种长途滑行比赛逐渐发展为环城赛。比赛的跑道最初是直线，后来逐步演变为“U”形，距离也由最早的160～200米，逐步演变成了目前使用的封闭式椭圆形400米标准跑道。

第一次国际速度滑冰比赛是 1885 年在德国的汉堡举行。1888 年，荷兰人提出的关于比赛采取双跑道、两人一组同时出发，设立短、中、长距离比赛项目的建议被采纳了，于是荷兰和英国就此共同起草并制定了第一个关于速滑的国际比赛规则。1889 年，在荷兰的阿姆斯特丹举行了首次世界速滑冠军赛，这次比赛是按照新规则举行的第一次比赛。当时，有挪威、荷兰、英国、俄国等 13 个国家的选手参加。比赛规定只有在 0.5 英里、1 英里和 1.5 英里三项比赛中都获得冠军的运动员，才能获得世界冠军的称号。较为遗憾的是，在比赛中没有一名运动员能够达到这样的要求。1890 年和 1891 年的比赛项目又增加了一项 5 英里。1891 年美国运动员杰·多诺格终于夺得了 0.5 英里、1 英里、1.5 英里和 5 英里 4 个项目的第一名，荣获了第一个速滑世界冠军。

1892 年 5 月，国际滑冰联合会（International Skating Union，ISU）在荷兰的斯海弗宁恩正式成立。同年 7 月，召开了第一届代表大会。它是世界上最早成立的单项体育组织之一，国际滑联（ISU）的成员目前已经发展到 70 多个国家和地区。

从 1892 年起，世界男子速度滑冰锦标赛每年举行一次，1893 年开始设立世界纪录，1936 年增设了世界女子速滑锦标赛。速度滑冰在 1924 年法国夏蒙尼举行的第一届冬季奥林匹克运动会中，正式被列为比赛项目，女子速滑在 1960 年才被列入到冬奥会的比赛项目中。从 1994 年开始，冬奥会不再与夏奥会同年举行。在 1998 年的第 18 届冬奥会上，由于荷兰人赫里特博士发明的新式冰刀，得到了国际滑联和世界各国运动员的普遍认可，所以参赛选手的运动技术和运动成绩都有了显著提高，6 项世界纪录和 20 项冬奥会记录在这次体育盛会上被改写。这场由冰刀创新引发的技术变革，也在速滑运动的史册中写下了浓重的一笔。

二、中国速度滑冰发展的概述

中国的滑冰活动历史悠久，是我国古代体育的组成部分。据《隋书》记载，当时北方的室韦族人在积雪的地方狩猎时就“骑木而行”。在宋代的《宋史·礼志》中就出现了“幸后苑观花，做冰嬉”的文献记载。“冰嬉”也从最初人们的生活和物质需要逐步上升为精神娱乐的需要。元代以后，“冰嬉”更为盛行，而且规模更大。明代有了关于“冰床、滑擦”的记载。到了清朝时期，乾隆帝更是在《冰嬉赋序》里说到我国有悠久历史的、同时也深受满族人民喜爱的滑冰运动是“国俗”。

清代的冰上运动不仅仅是娱乐项目，还是满族八旗兵必须操练的一项军事技术项目。自从满族入关以后，每年的阴历十月都要在北京的北海冰面上检阅八旗弟子的滑冰技术。清代乾隆年间，设立了“技勇冰鞋营”，将滑冰用于军事，把它作为军事训练的手段，并有一套管理制度和训练方法，管理机构称为“冰处”。据清《文献·通考》卷一七五《岳考》记载，“每年十月，照定数各族选善走冰者二百名，内务府预备冰鞋、行头等项，每到冬至后，皇帝到瀛台等处看表演冰嬉”。当时八旗兵的建制是每旗200人，也就是说参加检阅的这1600人就是八旗兵的整旗建制。这样盛大的滑冰大会，在当时绝对是举世无双的。

19世纪末，欧洲的滑冰运动传入中国，但由于当时中国正处于半殖民地半封建的社会状态，广大群众过着饥寒交迫的生活，很难开展冰上运动。当时的东北、华北地区，受到了资本主义国家的影响，也有一些冰上运动，但是参与的大多为俄国、日本的侨民。20世纪40年代，在陕北革命根据地，有过滑冰运动的记载。1942年2月，在延安举行的冰上运动会上，设立了男、女200米速滑比赛项目以及滑冰表演。

1949年，中华人民共和国成立后，广大人民群众参加速滑运动的人数逐年增多，特别是哈尔滨、长春、齐齐哈尔、吉林等东北地区的群众性冰上运动开展得很活跃。

1953年2月15日～19日，在黑龙江省哈尔滨市成功地举行了第一届全国冰上运动会，有6个单位的138名运动员参加了速滑比赛，创造了中国第一批速滑纪录。1955年，第二届全国冰上运动会继续在哈尔滨举行，有 72人次打破了全国最高纪录。1956年，中国正式加入了国际冰联这个大家庭。1959年，哈尔滨又召开了第一届全国冬季运动会。

1959年，中国速滑运动员王金玉在苏联阿拉木图举行的6国国际邀请赛中，不仅获得男子全能冠军，而且在5000米比赛中战胜世界纪录保持者苏联运动员希尔科夫。同年2月，在第53届世界男子速滑锦标赛中，杨菊成以42秒40的成绩取得500米比赛的第2名（平第一名成绩），这是中国选手在世界赛场上获得的第一枚奖牌，在世界冰坛上引起了巨大的反响。在 1963 年世界锦标赛中，王金玉和罗致焕均打破世界男子全能纪录，罗致焕在 1500 米比赛中以 2 分 09 秒 20 的成绩获得金牌，并创造该项锦标赛纪录。这是中国速滑史上的第一个全能世界冠军，赛后国际滑联授予王金玉“亚洲最佳运动员”称号。女运动员王淑媛获得 1000 米的亚军、1500 米第 4 名和全能第 6 名。1975 年，在挪威举行的世界锦标赛中，赵伟昌以 40 秒 93 的成绩获得 500 米的亚军。1976 年，在第 3 届全国冬季运动会速滑比赛中，少年组的成绩提高幅度较大。1979 年，在第 4 届全国冬季运动会速滑比赛中有 32 人、60 次打破 14 项男女成年、少年的全国纪录。新中国的速滑运动迎来了第一个春天。

中国速滑队在 1980 年才首次登上了冬季奥运会的舞台，在美国普莱西德湖举行的第 13 届冬季奥运会上，由于我国选手与世界优秀运动员之间还存在着不小的差距，因此无一建树。进入 90 年代后，我国终于在世界冰坛上取得了十分优异的成绩，期间最具代表性的人物要数王秀丽和叶乔波。1990 年的世锦赛上，王秀丽首先以 2 分 03 秒 34 的成绩为中国取得了 1500 米金牌，成为我国第一位女子速滑世界冠军。1991 年 2 月 2 日的世界短距离锦标赛上，我国选手叶乔波又获得了 500 米比赛的冠军，1992 年 2 月 29 日～30 日，叶乔波在世界短距离锦标赛上，不仅获得了全能冠军，还两次战胜了美国名将邦•布莱尔获得 1000 米比赛的冠军。1992 年，在法国阿尔贝维尔举行的冬奥会上，叶乔波获得了 500 米和 1000 米两块银牌，实现了我国在冬奥会速滑比赛中“零”的突破。在 1993 年的世界短距离锦标赛、世界锦标赛和世界杯系列赛中，叶乔波包揽了 500 米比赛的全部金牌，并且蝉联了短距离全能冠军，共获得金牌 14 枚，创造了世界冰坛上罕见的“大满贯”战绩。这是中国速滑运动的第二个巅峰时刻。

2002 年是中国冰雪健儿值得骄傲的一年，在盐湖城冬奥会的赛场上，杨扬在女子 500 米和 1500 米短道速滑比赛中两次夺得冠军，并和队友获得 3000 米接力银牌，取得中国冬季运动项目奥运会金牌“零”的突破，实现了中国冰雪界几代人的梦想。

2006 年的都灵冬奥会上，王濛再次捍卫了中国短道速滑队的荣誉，将女子 500 米的金牌收入囊中，这也说明中国女子短道速滑运动已居世界先进水平行列。

2010年温哥华冬奥会上，在主教练李琰的带领下，由王濛、周洋、张会、孙琳琳组成的中国女子短道速滑队，包揽了女子500米、1000米、1500米和3000米接力女子短道速滑项目的全部四枚金牌，创造了历史，在2010年之前从没有任何队伍完成过这一壮举。中国女子短道速滑队人才辈出，曾涌现出杨扬、杨阳、王春露等一批名将，还有刘秋宏、范可新、李坚柔等优秀运动员。

在2014年索契冬奥会上，中国男子短道速滑队涌现出了一批年轻力量。在这届冬奥会上男女实力比较均衡，女强男弱已成为历史。中国男子短道速滑队出现了韩天宇、武大靖、梁文豪、石竟男、陈德全等优秀的人才。在这届冬奥会上，李坚柔获得女子短道速滑500米冠军，周洋获得女子短道速滑1500米冠军，范可新获得女子短道速滑1000米亚军，韩天宇获得男子短道速滑1500米亚军，武大靖获得男子短道速滑500米亚军，中国男子短道速滑队获得5000米接力季军。

2018年平昌冬奥会上，在短道速滑女子3000米接力预赛中，由范可新、韩雨桐、周洋、曲春雨组成的中国队以4分05秒315的成绩打破了奥运纪录，晋级该项目A组决赛。在短道速滑女子1500米比赛中，李靳宇获得亚军。在短道速滑女子3000米接力比赛中，中国队以第二名冲过终点，但最终被判罚犯规，无缘奖牌。在短道速滑男子500米决赛中，武大靖以39秒584的成绩强势夺冠，为中国赢得平昌冬奥首枚金牌。

第二节　速度滑冰的技术特点

一、速度滑冰的技术

速滑的合理技术一般就是指运动员全身协调有力，以最佳的速度滑过规定距离内各区段时，所采用的全部动作。滑行技术的合理程度如何，主要是依据滑行的速度和保持速度的能力来鉴别。这就要求运动员在有较高平衡能力的同时，还要有较强的腿部力量，这样才能确保在滑行过程中保持上体前倾，深屈两腿，身体呈流线型的时候，双足交替进行单足支撑惯性滑行、单足支撑蹬冰和双足支撑蹬冰3个环节的技术动作。合理、正确的技术动作是在不影响运动员技术发挥的前提下，使其感到非常舒服和自然。

1. 直道滑行

直道滑行是速滑的入门技术，在滑行的过程中上体应当放松前倾，头微抬起，双肩下垂，两臂放松置于背后，力求接近于流线型姿势。自然团身应倾至几乎与冰面平行或者肩背部略高于臀部，与冰面形成 10° ～25° 角。大腿深屈，膝关节成 90° ～110° 角，踝关节成 55° ～75° 角，髋关节屈至角度为 45° ～55° 。掌握适宜的蹬冰时间和平衡滑行是直道滑行的关键要素。正确的蹬冰时间应当是冰刀切入冰面、获得牢固支点时，开始蹬冰。蹬冰时膝关节弯曲角度不要过大，要充分利用身体的重量，在两腿交接体重的瞬间完成蹬冰。相对蹬冰而言，平衡滑行就显得更为重要。在日常教学和训练中，应该多让学生练习单脚支撑滑行。也许开始练习的时候，滑行的距离很短、身体重心不容易掌握，但是，这种方法对于直道滑行技术的提高还是很大的，所以要经常练习（见图 10-2-1）。

图 10-2-1 直道滑行（正面）技术分析图

2. 弯道滑行

弯道滑行相对于直道滑行来讲，技术显然要复杂一些。在弯道滑行时，身体始终左倾，左脚外刃、右脚内刃同时向一个方向用力蹬冰。弯道滑行时，单脚支撑的平衡滑行阶段很短，身体重量基本不会落在滑行脚的冰刀上。尤其在短距离的弯道滑行中，几乎不存在惯性滑行阶段。进弯道时，上体的前倾程度要比直道滑行更接近于水平状态。两肩保持平稳状态，头、肩、上体成一线，方向一致向左倾斜。左腿紧贴右脚下刀，用外刃紧紧咬住冰面，左脚踝不能在做蹬冰动作时内翻。滑行时，切勿扭腰摆臀。蹬冰腿在动作完成后，向支撑腿方向提拉，膝关节要领先，以便形成前弓角度。在收腿过程中，促进身体左倾，两腿要形成边收边蹬的状态（见图 10-2-2）。

图 10-2-2　弯道滑行（后面）技术分析图

3. 起跑技术

速滑的起跑技术主要有正面起跑和侧面起跑两种方法。其中侧面起跑技术是我国在五六十年代很普遍的一种起跑技术，目前世界冰坛的优秀运动员多采用正面起跑方法。正面起跑又分为丁字站立起跑、正面点冰式站立起跑和蛙式起跑。丁字站立起跑就是指双脚冰刀以平刃在冰面上站立，身体重心位于两脚中间，预备起跑时将重心略微前倾。正面点冰式站立起跑的技术要领是，前脚刀尖切入冰面为支点，与起跑线成 45° 角，后脚刀以平刃或者全内刃着冰，两刀距离略比肩宽，两刀开角成 90° ～120° 。上体直立，面向前方。预备时，前膝屈角约 90° ，后膝约 110° ，重心在两脚之间或稍前。蛙式起跑在国内赛场上有人使用过，其重要特点在于预备姿势中，重心充分前移，为起跑时的前冲作准备。在 18 届冬奥会的赛场上，由于冰刀的革新，所以有选手使用了蛙式起跑技术（见图 11-2-3）。

图 10-2-3　丁字站立起跑、正面点冰式起跑、蛙式起跑示意图

4. 摆臂动作

速滑运动员在滑行过程中摆臂，可起到协调、加大蹬冰力量和加速滑行的作用。在短、中距离的滑行过程中，运动员都会采用双摆臂或单摆臂滑行，摆臂过程中，要注意向侧前摆动的速度和力量。现在，在长距离滑行中采用单臂摆动的运动员也越来越多，摆臂用力程度较小，摆动方向与滑行方向一致（见图 11-2-4）。

图 10-2-4　单摆臂动作、双摆臂动作示意图

二、各项距离滑跑的技术特点

1. 短距离滑跑的技术特点

短距离项目是速度滑冰中滑跑速度最快的项目。其中包括 500 米和 1000 米两个项目，男子 1500 米也属于短距离项目。

运动员在短距离项目上的滑跑姿势是较低的，双腿要深屈膝，滑跑时蹬冰极具爆发力，动作频率快。从图 10-2-5、图 10-2-6 两幅动作图解中可以清楚地看到短距离滑跑时，上体前倾程度可以比长距离滑跑时稍抬高一些，臂部给人一种左右“跳跃”的感觉，不像是在滑行，更像是在冰面上跑。这样的“跳跃”运动，正是为了进行强有力地蹬冰。另外，短距离滑行时单脚自由平衡滑行时间也极短。

图 10-2-5　短距离直道滑跑（背面）示意图

图 10-2-6　短距离直道滑跑（侧面）示意图

如图 10-2-7 所示，在进行短距离项目的弯道滑跑时，身体左倾，腿的深屈程度比直道还要大。滑跑步伐较小，动作较快。滑跑过程当中要注意右脚的快速“压步”，从而提高蹬冰的质量。弯道滑跑进行到四分之三时，往往比刚进弯道时的速度要快一些，身体倾斜角度也大一些。用力蹬冰的同时，保持好深蹲的身体状态，为接下来的直道滑行作准备。

图 10-2-7　短距离弯道滑跑示意图

在短距离项目的滑跑过程中，大多数运动员都是采用双臂摆动，摆臂动作协调、迅速。这样有助于增强蹬冰效果，加快动作频率。特别是在弯道滑跑的过程中，右臂远远比左臂摆动幅度要大，这主要是有助于逆时针方向蹬冰滑行时克服离心力的作用，保持身体足够的左倾状态。

2. 中距离滑跑技术特点

中距离项目是速度滑冰中难度最大的一项，主要包括 1500 米和 3000 米两项，女子 3000 米更是界于中距离和长距离之间，兼顾二者特点。从图 10-2-8、10-2-9 中不难看出，中距离滑跑姿势更趋近于短距离的技术，这样的低姿势、深屈膝保证了快速的滑跑和力量十足的蹬冰。但是，其滑跑动作更趋近于长距离项目，步伐较大，身体前倾更接近于水平状态，单脚的平衡滑行时间较长。中距离滑跑的全过程多以单臂摆动为主，起跑和终点冲刺是双臂摆动。正是因为中距离滑跑在技术上与长、短项目的兼而有之，所以一般中距离项目上优秀运动员的全能成绩也都不错。

图 10-2-8　中距离直道滑跑（背面）示意图

图 10-2-9　中距离直道滑跑（侧面）示意图

3. 长距离滑跑的技术特点

5000 米和 10000 米都是速度滑冰的长距离项目，女子 3000 米也有长距离项目的相近特点。长距离项目的腿部的弯曲程度没有短距离项目的弯曲程度大。身体前倾的程度十分充分，肩稍高于臀，呈流线型背弓，接近于水平状态。与短距离滑跑时快速、极具爆发力的蹬冰相比，长距离项目上的蹬冰动作较为舒展、均衡，富有弹性。另外，由于长距离滑跑的单脚平衡滑行时间较长，因此长距离直道滑跑时，要把重点放在对单脚平衡滑行技术能力的提高上。

长距离滑行时各阶段速度波动小，节奏也较为平和。运动员在大部分滑行过程中，都选择将双手放在身后来节省体力，只有在起跑、冲刺或者中途需要加速时（例如超越对手、弯道滑跑时）才采取单臂或双臂摆动来提高速度。

长距离的弯道滑跑具有身体姿势略高于其他项目、单脚自由向前滑进的时间比直道短和蹬冰次数远远多于直道滑跑等技术特点。为了在弯道获取足够的速度，来保持直道上的高速滑行，所以在长距离弯道滑跑中，重点就放在蹬冰的练习上。

在进行各项目直道、弯道滑跑的技术练习时，千万不可操之过急，一定要从慢滑开始，体会正确的技术动作。盲目地用力和加快动作频率，只会引起不必要的运动伤害和加速错误动作的形成。逐渐熟练掌握技术动作之后，速度自然而然就会逐渐地提高上来，初学者每次练习时，可以根据技术掌握情况和自身条件，进行由短到长、距离不等的滑行练习。

第三节 速滑比赛的组织及相关事项

速度滑冰的各级赛事一般都会设立赛会的组织机构。体育赛事在对运动员竞技水平进行考评的同时，也是对其体育项目最好的宣传。所以竞赛的筹备和组织等一系列相关工作，直接影响着竞赛能否成功、是否会产生积极的影响。

一、赛会组织机构

赛会的组织机构一般包括组织委员会和竞赛裁判机构。赛会的组织委员会通常由下列人员组成：主任一名，副主任若干名，秘书长一名，副秘书长若干名，委员若干名（一般都由主办单位和承办单位的相关负责人，以及参赛单位的各代表团团长或领队组成）。组织委员会是赛会的最高领导和权力机构，会对赛会作出相关的最终决定。组委会办事机构主要负责赛前的准备工作、赛中的各项工作和赛后的总结工作。常设有办公室、竞赛部、宣传部、接待部、场地部、财务部和兴奋剂检测委员会等一些相关的职能部门。竞赛的裁判机构主要负责对竞赛中出现的若干现象，作出公平、公正、公开的判罚，同时对有争议问题的上诉，有权作出最终的处理意见和决定。竞赛裁判机构的判罚和处理意见是否合理，是赛会水平高低、能否在广大人民群众中产生积极影响的最直观体现。

二、比赛前的准备工作

大赛组委会最迟要在比赛前 6 个月给各个参赛单位下发竞赛规程。竞赛规程十分重要，各个参赛队伍要根据规程上的具体内容，进行相关的各项准备工作。一般竞赛会标注清楚竞赛的目的意义、竞赛日期、报名与报到、竞赛项目、参加单位、参加办法、竞赛办法和录取名次与奖励等相关内容。

在赛前，大赛组委会的相关人员还要仔细丈量场地，划出合乎标准的跑线和标记。跑道分界线应用宽 10 厘米、高 5 厘米严密整齐的雪堆砌而成。除换道区无雪线外，其余均应堆砌雪线。也可将长 10 厘米、宽 5 厘米、高不超过 5 厘米的橡皮、木块或其他合适的物质涂上协调的颜色代替雪线。起点线、边线、起跑预备线、终点线前 5 米每隔 1 米的标线均为蓝色，终点为红色标线，线宽均为 5 厘米。为了运动员的安全，跑道上绝对不允许有任何东西固定在冰面上，弯道和直道外侧如无雪墙，则应在弯道和直道外侧安装 15 厘米厚的垫子，以避免意外发生。

另外，比赛前必须按照规定进行抽签和编组。首先对运动员资格进行审核，在确认运动员资格符合比赛要求的情况下，进行最终的统计和编排。无论是单项还是全能，编组的原则是要把水平相当的运动员编在一组进行比赛。在单项比赛中，假设将成绩相近的 20 名运动员划为一段，每人标注一个号码，从 1 排到 20。那么，先抽到的两个号码就编为第一组，进行比赛。第二次抽出的两个号码就编为第二组，依次类推。第一段抽完签编组结束后，再进行第 2 段、第 3 段等的抽签编组。全能项目的比赛只能先进行第一天的两项比赛抽签和编组，办法和单项比赛一样。第二天的两项比赛编组则要依据第一天比赛成绩来确定，但其原则还是优对优，次优对次优。短距离项目全能比赛第一天的分组情况，与大全能类似。但第二天的分组情况不仅要根据第一天比赛名次排序，还要在道次上进行交换，即第一天滑内道的第二天要滑外道，反之亦同。

抽签分组完毕后，就要根据具体的比赛项目和参赛人数等一系列情况，来准确计算比赛的时间。然后将各组具体的比赛时间、浇冰时间和大会的相关事宜，编辑成秩序册，交到运动员手上。这样不仅能使运动员在整次赛会中合理地安排好时间，还能大大提高赛会的工作效率。

三、比赛种类、项目及分组

速滑比赛可分为全国性竞赛和国际性竞赛。全国性的比赛中，全国运动会和全国冬季运动会为最高层次的比赛，均为四年一次。除此之外，还设有全国冠军赛、全国锦标赛和全国青少年锦标赛等众多比赛。另外，根据不同的任务和目的，还可以开展选拔赛、邀请赛或速滑杯、站的系列赛。国际性竞赛中，冬季奥运会和世界速滑锦标赛为最高层次的比赛。除此之外，还设立了世界青少年速滑锦标赛、欧洲速滑锦标赛、世界杯赛和世界大学生冬季运动会，以及洲际性冬季运动会。

速度滑冰比赛分为单项比赛和全能比赛两种形式。单项比赛的项目有：2×500米、1000米、1500米、3000米、5000米和10000米。10000米仅限于男子比赛。男、女500米的最终比赛成绩要根据两次成绩之和来判定，两次500米比赛要分别在两天进行。男子比赛顺序为5000米、500米、1500米、1000米和10000米，女子比赛顺序为3000米、500米、1500米、1000米和5000米。全能项目的比赛，男子第一天的项目是500米和5000米，第二天的项目是1500米和10000米；女子第一天是500米和3000米，第二天的项目是1500米和5000米。也有将男子1500米和10000米两项比赛分开两天进行的比赛方式。短距离的全能比赛中，男子和女子的比赛项目完全相同，两天内要完成四项比赛。第一天进行500米和1000米的比赛，第二天仍旧是500米和1000米的比赛。

除了冬季奥运会项目按男子500米、5000米、1000米、1500米、10000米，女子 1500 米、500 米、1000 米、3000 米的程序进行外，如无特殊情况，其他各种比赛均应在 2～3 天内进行。编排顺序按第 1 项短距离、第 1 项长距离和第 2 项短距离、第 2 项长距离的次序比赛。

在速滑比赛中，要根据年龄确定组别。年龄确定的标准是比赛前 7 月 1 日出生的周岁年龄，20 岁以上为成年组，18～19 周岁为青少年组，16～17 周岁为少年甲组，14～15 周岁为少年乙组，12～13 周岁为少年丙组。一般 18 岁以下青少年不允许参加超长距离比赛。

四、竞赛通则、成绩公布与裁判法

参加速滑比赛的运动员必须两人一组，穿着跑刀在标准的比赛场地上按逆时针方向滑跑。起跑时，在裁判员“各就各位”的口令下达后，运动员要在起跑线与预备线之间站好；“预备”口令下达后，立即做好起跑姿势，直到鸣枪前都要保持静止，枪响即起跑。滑跑期间，内道起跑的运动员，滑行到换道区时应换到外道滑跑，外道运动员要换到内道。在换道区争道时，出内弯道运动员要主动让道。除了在换道区可以换道外，其余区域不允许串道。在弯道滑跑中，冰刀不准切入雪线。2 名以上运动员在同一条跑道滑跑时，后面运动员必须与前面运动员相距 5 米之外，在不影响前面选手正常滑跑的情况下，可以进行超越。运动员在比赛中由于非自身原因而影响了正常滑跑或摔倒时，经裁判长允许，可以休息 30 分钟后，重新参加该项比赛，但因冰刀损坏或冰场不洁时，则不能重新比赛。运动员的冰刀触及终点线，才算到达终点。单项比赛结束后分别记取成绩，最后排列名次。

全能比赛的冠军应该是取得三个以上单项第一的运动员。如果没有运动员达到这一要求，就以四项比赛积分最少者为全能冠军。全能得分规定如下：500 米成绩的秒数即为该项所得分数；1000 米成绩的 1/2 即为该项的得分数；1500 米成绩的 1/3 即为该项的得分数；3000 米成绩的 1/6 即为该项的得分数；5000 米成绩的 1/10 即为该项的得分数；10000 米成绩的 1/20 即为该项的得分数，总分数只计算到小数点后 3 位，如遇几名选手的总分差别微小，应考虑到小数点后 4 位。短道速滑比赛的规则另有它法。

观看速度滑冰比赛时，由于观众很难分辨运动员成绩的优劣，所以两个人一组滑跑比赛结束后，报告员必须立即公布两名运动员的成绩，该项目比赛全部结束时，立即宣布最终成绩。虽然当今的比赛中电子显示屏可以将成绩逐一列举，但是仍旧需要报告员生动的讲解来提升比赛的气氛。

由于当今冰坛的速滑技术日新月异，发展迅速。裁判员的工作细则和判罚尺度也不断在进行着调整，所以具体的判罚内容，请详见当年最新的竞赛规则和裁判方法，以其为准。

五、速滑场地的种类

速滑场地可以是室内的，也可以在室外。按其使用性质可分为竞赛场地、练习场地和教学场地。标准的速滑竞赛跑道最大周长为 400 米，最小为 333.33 米，由两条直线跑道连接两条弧度为 180° 的半圆式曲线组成两条封闭跑道。所有大型比赛都应该在这样的场地中进行。这样的场地其直线跑道 5 米，内弯道半径为 25 米，每条跑道 5 米。比赛纪录只有在标准的 400 米场地中产生，才会被承认。

用于练习的速滑场地可以是利用自然气候条件冻结在江河湖泊上的冰场，也可以是人工浇灌的冰场。一般教学场地会有比赛场地的面积，但是在场地的相应区域，会根据课程安排和学生的实际情况，放置一些辅助器材帮助学生练习技术动作。也可以在冰场上规定出各项技术的练习区域，以便学生提高技术水平。

按照地势可以将冰场分为高原冰场、半高原冰场和平原冰场。海拔在 1000 米以上的冰场被称为高原冰场；海拔在 500～1000 米之间的冰场被称为半高原冰场；海拔在 500 米以下的冰场被称为平原冰场。

六、比赛服装与冰刀、冰鞋

速滑运动员的比赛服装应当较为轻便，富有弹性。目前，采用的面料多为表面光滑、弹性良好的尼龙纤维。这种面料制作的紧身全连服，具有轻便、紧身、阻力小、动作灵活等特点。运动起来较为舒展，不会对运动员的技术动作产生不良的影响。

速滑用的冰刀又叫跑刀，由刀刃、刀身管、前小刀托、前大刀托、前托盘、后刀托和后托盘等部分组成。速滑刀的刀身高于花样刀，但低于冰球刀，刀刃厚度仅为 1～1.3 毫米，没有任何弯曲、凹凸不平等毛病。速滑刀的刀身比花样刀和冰球刀都长，与冰面接触的距离长，可保持快速滑跑中良好的直线性。现在高档速滑刀的刀刃，一般采用滑度好、耐磨、硬度适宜的优质高碳钢制成，其他部分由轻合金制作。刀尖比鞋尖要长 8～9 厘米，刀跟比鞋跟长 5～6 厘米。由于两只刀的刀刃在滑跑中使用的程度不同，加之弯道滑跑时身体左倾，所以两脚冰刀与鞋固定的位置也不同。左脚冰刀的刀尖安装位置通常是在大脚趾和第二脚趾中间的位置，刀跟位于脚跟的中间位置。右脚刀尖通常在右脚拇指的正中下方，刀跟也位于脚跟的中间位置。

跑刀的冰鞋面料要选用质地厚实的皮子，为半高腰瘦长形，鞋穿在脚上要感到舒适、合脚。鞋后帮长且坚硬，以便包裹和固定脚跟，能够为运动员提供良好的稳定性。通常情况下，冰刀以螺钉或铆钉固定在冰鞋的鞋底上。

第十一章　休闲体育

第一节　台球运动

一、台球运动简介

台球运动发展至今已有五六百年历史。公元 14 世纪，在英国的英格兰维多利亚女王时代，台球活动非常受人们的重视。台球是一种高雅的活动，现在在台球厅、室，也都有类似的不许高声喧哗和吸烟等明文规定。1510 年台球出现在法国，法国国王路易十四在凡尔赛宫玩的台球是“单个球”（Single Pool），所以在 17 世纪，台球在法国逐渐风行起来，这可能就是台球起源于法国的根据。美国的台球运动，是西班牙人于 1504 年经佛罗里达州传入的。到 1800 年以后才开始盛行起来。19 世纪中，改进完善，独创了美式台球一大流派，与法式台球、英式台球并驾齐驱，现已流行于东西方。

斯诺克台球起源于 1875 年，有一个驻扎在印度的特文郡军团，团里有一位青年尉官尼维尔·张伯仑（Neville Chamberlain），经过他的改进，台球变为共有二十二个球，其中有十五个红色球，六个不同颜色的彩色球和一个白色主球。直到 20 世纪 30 年代，斯诺克台球开始在英国兴盛起来，成为英国的国球，直到现在。1919 年，台球协会和台球管理俱乐部达成合并协议，组建了英式台球和斯诺克台球的最高组织——台球联合会，主持两种台球的比赛和制订规则。

二、台球的一般技术知识

1. 球杆

球杆是台球击球时使用的工具（见图 11-1-1）。它由皮头、杆头、杆前部、中轮、杆后部、杆尾组成。一般长 137～147 厘米，重 450～650 克。选择球杆首先要考虑适用和不弯曲，长度以从脚量起，使杆垂直，杆头能到下颚附近为宜。杆头应平整，接口情况要牢，否则不利于瞄准击球。

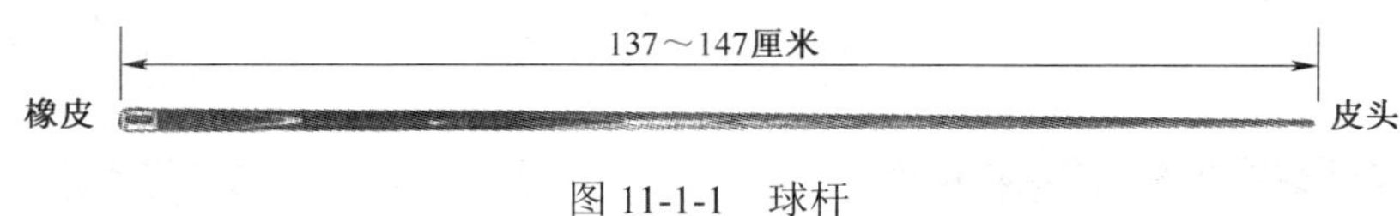

图 11-1-1　球杆

2. 杆架

杆架是击球时辅助用的工具。当本球位于球台上较远处，不便于用手架杆时，就需要用金属制的杆头杆架。杆架有高、中、低三种（见图 11-1-2）。

图 11-1-2　杆架

3. 握杆方法

先用左手测试出球杆的重心点，然后在重心点后约 8 厘米处握杆。握杆时拇指和食指自然分开，虎口钳住杆身，其他三指并拢，自然弯曲，轻轻握住球杆。握杆的手臂和手指不要附加用力，握杆的上臂应与腋下略离开一些。

4. 架杆

台球击球前，为了架稳球杆，在瞄准时用非持杆手作支撑，把球杆放在其上的一个动作。目前流行的基本架杆方法，掌心向下，先将四指伸开，使指肚按在台面上，手掌略呈拱形，拇指翘起，靠紧食指根部之间形成“V”型，然后将球杆架在 V 型槽内，击球时使球杆在槽内作直线滑动（见图 11-1-3）。

5. 环形架杆

左手手指张开，指尖略向内弯，置于台面上，小指、无名指和中指向内弯曲，使其起到支撑作用。拇指和食指扣成一个指环，将球杆穿过该指环，支撑好球杆，在杆与环接缝处，不能留有晃动的余地（见图 11-1-4）。环形架杆要点提示：①手指充分伸展；②手指贴紧台呢，手掌拱起；③大拇指翘起呈 V 形；④前臂自然扶在桌面上；⑤架杆前手距主球约 15～50 厘米（根据个人身高与习惯）。

图 11-1-3　V 型架杆

图 11-1-4　环形架杆

三、台球技术——站位与击球动作

1. 站位

正确站位有助于完成正确的击球动作。右手握杆，以右脚为轴，左脚略向左侧前方迈出一步，两脚分开不宜过大，身体保持平衡。身体位置与球杆的关系保持上体前倾，脸的中心保持在球杆之上，架杆的手臂肘关节充分伸展。架杆手的位置应与本球保持约 15 厘米的距离。图 11-1-5 所示为站位姿势。站位要点提示：①两脚略前后分开，处在合理位置；②身体保持平衡。

2. 击球动作

以肘部作为支点，像钟摆一样前后晃动，球杆向前移动时要平稳，直线前移，不宜上下左右晃动。肘的动作要像一条链，前臂像一个钟。击球时以肘部作为支点，像钟摆一样前后晃动。击球时球杆要平稳直线前后移动（见图 11-1-6）。击球动作要点提示：①以肘关节为支点，前臂自然地前后摆动；②球杆平稳地直线前移；③出杆击球时不能上下左右摆动。

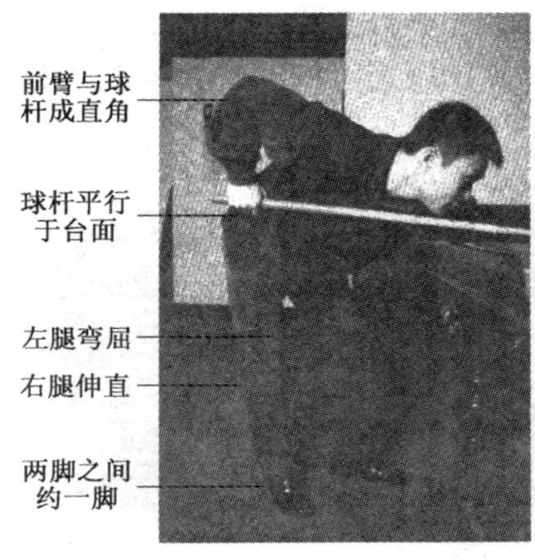

图 11-1-5　站位姿势　　　　图 11-1-6　击球动作

3. 出杆击球

手臂肘关节充分伸展，架杆手的位置应与本球保持约 15～20 厘米距离。出杆击球要点提示：①出杆击球前，球杆略有停顿；②瞄准时全神贯注在目标球；③出杆击球要有自信心；④头部保持向下。

四、台球技术——击球杆法

台球的击球杆法是指台球击球时，使球得分或落袋所使用的正确撞击方法。

1. 跟球杆法

用撞点为中上部的杆法击球。本球碰撞目标球后，目标球被撞走，本球随之向前行进（见图 11-1-7）。

图 11-1-7　跟球杆法

2. 缩球杆法

用撞点为中下部的杆法击球。本球碰撞目标球后，目标球被撞走，本球随之向后行进（见图 11-1-8）。

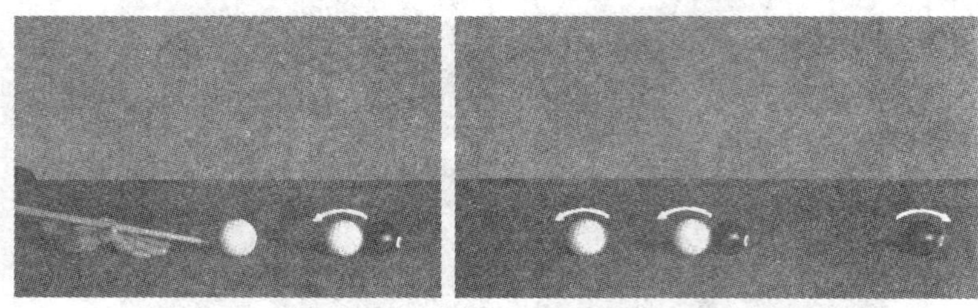

图 11-1-8　缩球杆法

3. 反弹球杆法

反弹球杆法是利用碰岸后反弹使球落袋。它是落袋台球比赛的基本技术之一。因为落袋台球要求打指定球的时候多，所以使用反弹球的机会也较多。反弹球的原理，与前面讲过的碰岸打法一样，应用入射角与反射角的原理（见图 11-1-9）。

4. 薄球杆法

打薄球是比较难的技术，若打得不正确，碰撞得太厚，本球就不能沿着正确路线行进（见图 11-1-10）。瞄准方法是将本球与靠近目标球边缘连成线，以目标球侧面不到一个球的地方为瞄准点，然后对着本球撞击。这时可采用中下杆打法，这种杆法可避免乱出杆。

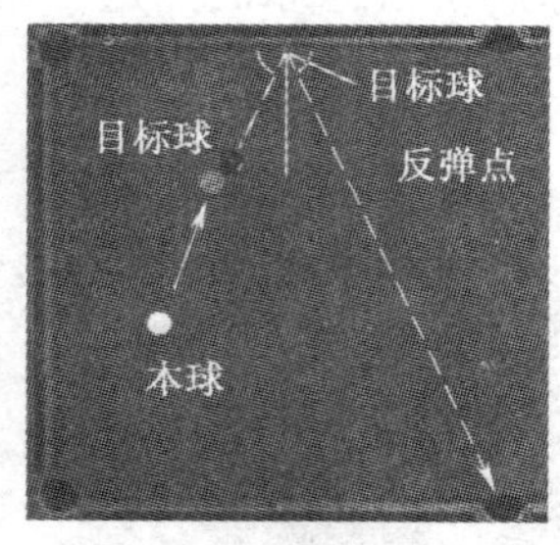

图 11-1-9　反弹球杆法

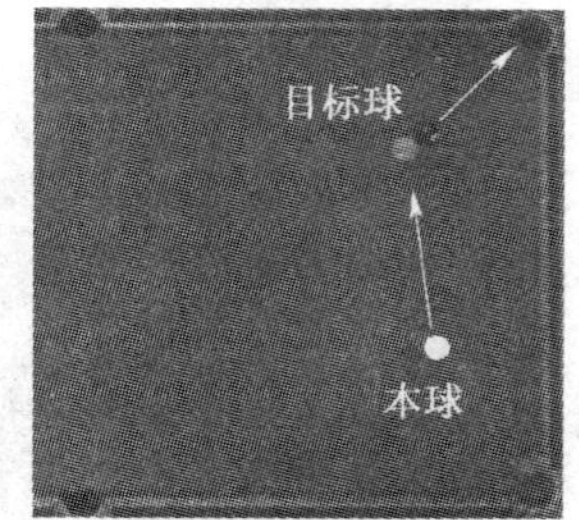

图 11-1-10　薄球杆法

5. 空岸球杆法

本球先碰岸一次，然后再碰撞目标球。它的基本原理是撞击本球的中心，使入射角等于反射角。

6. 贴岸球杆法

当球贴岸时，应离开球的半径瞄准，使本球在撞击目标球时也撞岸边，即可送球落袋（见图 11-1-11）。

7. 综合撞击杆法

本球瞄准目标球撞击，被撞击的目标球又撞击另外的目标球，并使其落袋，叫综合撞击。基本瞄准方法是将袋口前的球，与本球先碰撞的目标球，通过两球中心结连成的延长线，用本球碰撞即可落袋。综合撞击杆法如图 11-1-12 所示。

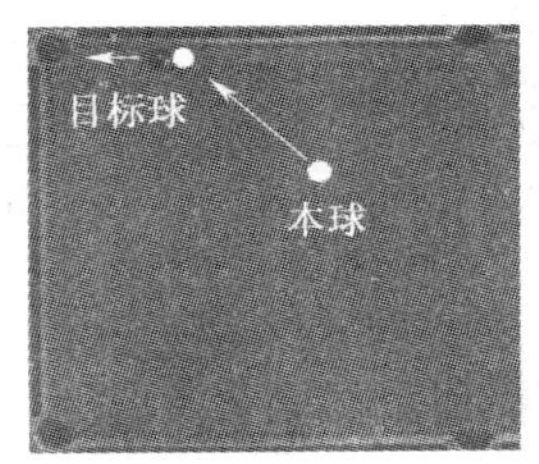

图 11-1-11 贴岸球杆法

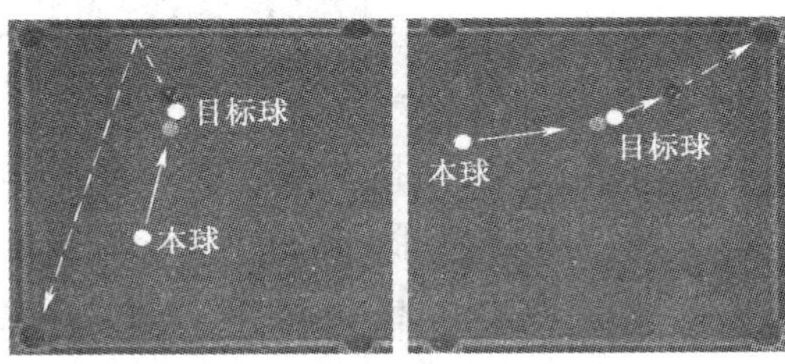

图 11-1-12 综合撞击杆法

8. 扎杆杆法

扎杆是使球杆立起来撞击本球的一种击法，属台球的一项高级技术。扎杆杆法的姿势如图 11-1-13 所示。扎杆前先靠近球台，两脚稍微分开，上体略前倾，脸部比杆稍向前些，面颊内收，将球杆立起约与台面成 70° 角，击球时从球的上方给球以逆旋的力，使本球沿着弧线运动的同时，还向前移动。

图 11-1-13 扎杆杆法

五、台球技术——球的撞击技法

（1）球的撞击厚度不同，目标球的行进方向也随之变化（见 11-1-14）。

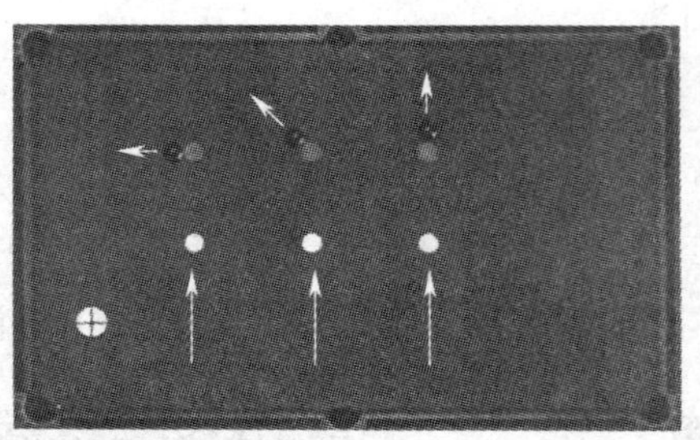

图 11-1-14　目标球不同的行进方向

（2）撞击力度是指本球与目标球碰撞时撞击力量的大小程度。撞击力度可分五类：①弱力度：碰球后本球前进一长岸；②较弱力度：碰球后本球前进一岸半；③普通力度：碰球后本球前进两岸半；④较强力度：碰球后本球前进三岸；⑤强力度：碰球后本球前进三岸半。

（3）碰岸球力度不同反射角也不同（见图 11-1-15）。

（4）用不同撞击力度撞击后，本球的运动情况如图 11-1-16 所示。

图 11-1-15　不同力度的碰岸球反射方向

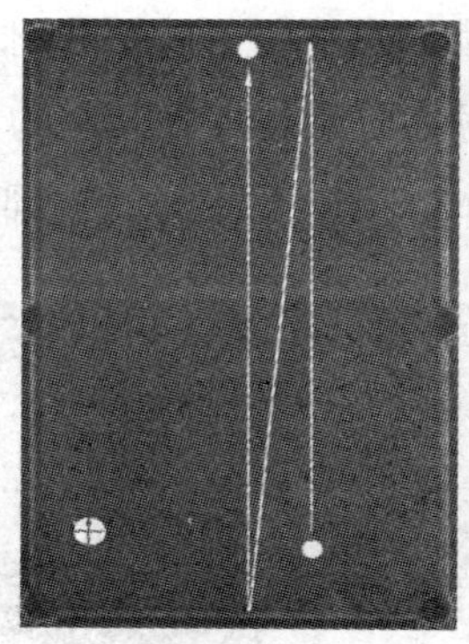

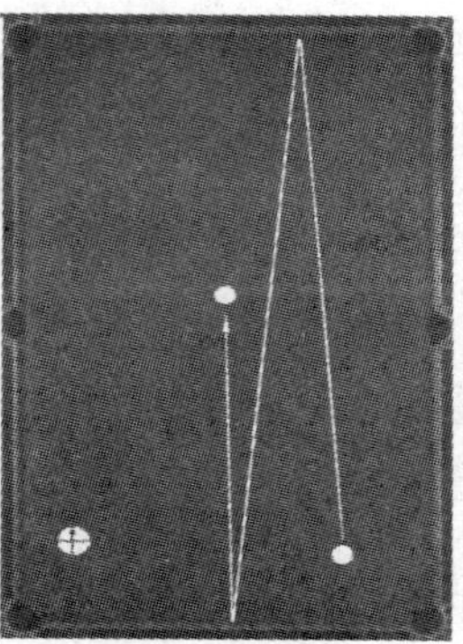

图 11-1-16　不同力度下本球的运动情况

（5）球对着岸碰撞所形成的角度叫入射角，球从岸边弹回所形成的角度叫反射角，如图 11-1-17 所示，正中杆碰岸边的入射角等于反射角。入射角和反射角的大小是随以下三个因素而变化的：①撞击力度大小；②撞点；③球的旋转方向。左侧旋球撞击本球的左侧，球碰岸后反射角窄；右侧旋球撞击本球的右侧，球碰岸后反射角宽。侧旋球的分离角也分两种情况，如图 11-1-18 所示。

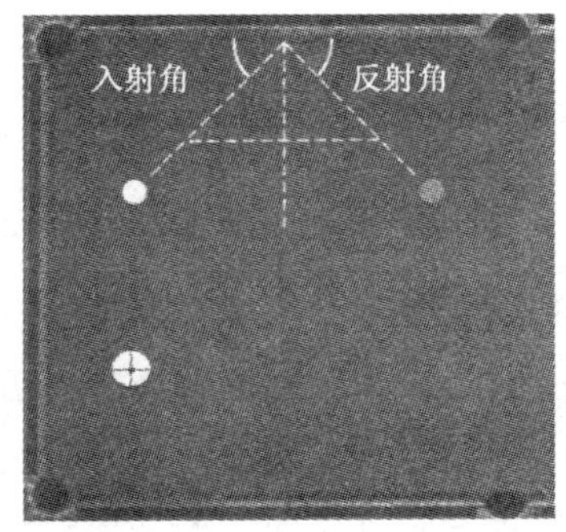

图 11-1-17　入射角与反射角

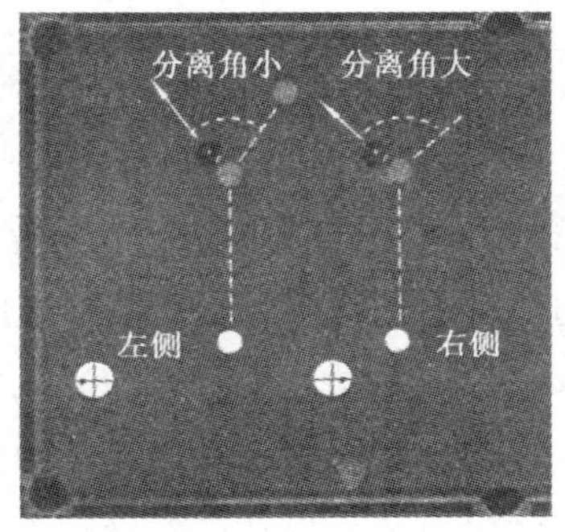

图 11-1-18　侧旋球的分离角

（6）左侧旋球碰撞目标球后，分离角窄（小于 90°）；右侧旋球碰撞目标球后，分离角宽（大于 90°）。侧旋球碰岸后的反射角如图 11-1-19 所示。如果使球直角碰岸，撞击本球的右侧，球碰岸后向右反弹（约 32°）；撞击本球的左侧，球碰岸后向左反弹（约 32°）。

图 11-1-19　侧旋球碰岸后的反射角

第二节　轮滑运动

一、速度轮滑

1．速度轮滑运动概述

轮滑运动是一项集健身、娱乐于一体，富于变化，展现魅力和个性的一项国际性的体育运动。轮滑运动包括速度轮滑、花样轮滑、轮滑球及花板，是19世纪初兴起的一项运动，由于它深受人们的喜爱及在国际轮滑联盟的努力下，近年发展很快，是被奥委会承认的运动项目之一。

速度轮滑是一项体能类竞速性的运动项目，它有明显的周期性动作特征。滑行时要脚穿轮滑鞋，配戴头盔、手套、护膝、护肘等护具，采用特殊的蹲屈身体姿势，靠两腿交替向侧方蹬地产生动力及与臂腿其他动作配合进行滑行。

速度轮滑比赛的方式，既可在公路上又可在场地上进行。比赛的办法较多，有计时赛、淘汰赛、记分赛、群滑赛、定时赛、追逐赛等。

比赛不分道，除短道的计时赛采用单独出发的方式以外，多采用集体出发的形式。由于同组比赛的人数多，滑行速度快，战术强，淘汰率高，使比赛的竞争非常激烈。

2．速度轮滑运动基本技术

速度轮滑运动技术，是指完成速度轮滑运动动作的有效方法，良好的技术能充分体现出利用经济体力，发挥最大速度，创造优异成绩的效果。速度轮滑技术主要由直道跑、弯道滑跑和起跑等技术构成。

（1）直道滑行技术

直道滑行技术包括身体姿势、蹬地、收腿、着地、惯性支撑滑进、摆臂及整体技术动作配合等。

1）滑跑基本姿势。站立姿势：“丁”字型站立、“八”字型站立、平行站立。速度轮滑运动为能够减少空气阻力达到最快速滑跑目的，身体必须采取特殊的滑跑姿势，身体姿势的正确与否对完成正确动作、有效地使用技术及发挥身体潜能都有重要的作用，因此说，正确的滑跑姿势是滑行技术的基础。速度轮滑直道滑跑采用上体前倾的半蹲式姿势，髋、膝、踝三关节呈屈的状态。上体放松，两手握于背后，头微抬起，目视前方30～40米处，在滑行中重心落在脚心处为宜，髋关节角度为90°～100°，膝关节角度为110°～120°，踝关节的角度为65°～75°。这种特殊的滑跑姿势的优点是减少空气阻力，有助于提高速率，节省体力。

2）蹬地技术。蹬地是推动运动员向前的唯一动力来源，蹬地效果的好坏，取决于蹬地用力的方式、角度、方向、力量、速度及体重的运用等技术细节的合理性。蹬地技术是速度轮滑的核心技术，蹬地动作是由开始蹬地、蹬地最大用力和蹬地结束三个阶段构成的。

3）收腿技术。收腿的动作方法是，浮腿的大腿带动小腿以最短的路线拉回，使浮腿的膝关节靠近支撑腿。收腿的髋关节内收，膝关节屈形成自然的钟摆动作。

4）惯性滑行阶段。惯性滑行时，除了尽量保持已获得速度外，重要的是为下次蹬地作好准备。长距离滑行时，滑行持续时间比短距离时间长。

5）直道滑行摆臂技术。摆臂是配合蹬地获得速度的重要因素，从短距离到长距离滑行都采用摆臂，通过摆臂可以调节身体平衡、加强蹬地，有利于使整个身体协调运动及达到战术目的等。摆臂的方向应与躯干的纵轴线之间成40°角为宜。

（2）弯道的滑行技术

弯道滑行是轮滑运动最重要的技术部分，既要保持高速滑行，又要保持平衡。在弯道滑行的区段也是体现战术意图的重点区域，弯道滑行的基本动作是由弯道滑行基本姿势、蹬地、收腿、着地、摆臂及全身动作配合构成的，但没有单脚支撑自由滑行阶段。

1）弯道滑行的基本姿势。弯道滑行基本姿势的外观结构是：上体倾斜，支撑腿髋、膝、踝三关节保持屈的状态。在弯道滑行的过程中，身体始终向圆心倾斜，并保持鼻与支撑腿的膝关节、前轮都处在同一纵轴平面上。倾斜的幅度较大，蹬地角在40°～45°之间。单臂或双臂前后自然摆臂，身体重心的位置以落在轱辘的中部位置为宜。

2）弯道滑行的蹬地技术。在弯道滑行过程中，两腿的蹬地动作有所不同，参与蹬地动作的肌群也不同，右腿蹬地动作是以伸髋、展髋、伸膝的动作为主，伸踝为辅，而左腿的蹬地动作是以伸髋、内收髋关节、伸膝三个动作为主完成的。

3）弯道滑行收腿技术。为适应弯道滑行的技术，两腿的收腿动作也不一致。右腿的收腿技术是以内收、屈髋、屈膝关节的动作为主，而左腿的收腿动作是以外展髋、屈髋和屈膝动作为主，以膝关节领先，使左踝保持放松状态。

4）弯道滑行的摆臂技术。双摆臂时，右臂的幅度与直道基本相同，摆动的方向可稍向内侧，摆动的动作是以肩关节屈伸摆动动作为主，配合蹬地动作。

3. 速度轮滑运动常识

（1）运动员的装备

运动员的服装及必须佩带的护具：

1）服装。运动员的服装多种多样，质地、款式、花色各有不同，随着运动员水平的不断提高，对服装的性能要求也越来越高，应以不断适应该项运动发展的需要为准。

2）护具。运动员的护具包括：手套、头盔、护腿及眼镜等。

（2）竞赛知识

1）比赛场地分为场地跑道和公路跑道。全国性场地跑道标准的场地周长为200米、宽度为6米，根据情况通常也允许使用周长不短于125米、最长不超过400米、跑道宽不少于5米的场地。全国性公路赛使用的跑道：开放式跑道其终点与起点不衔接；封闭式的跑道其终点与起点相衔接。封闭式跑道有两条对称的路线，周长最短不少于250米，最长不超过1000米，公路的宽度应不少于5米，起终点线不能设在弯道处（除非无法避开时），起点线应设在距弯道处50米以外。

2）比赛种类与形式。速度轮滑比赛分两种，一种是公路赛，一种是场地赛。比赛的形式较多，包括淘汰赛、计时赛、定时赛、记分赛、分段赛、接力赛及规定路线的比赛等。

3）比赛项目及部分规则规定。场地、公路比赛项目有：300米、500米、1000米、1500米、3000米、5000米，接力10000米、20000米、21000米、30000米、

42000 米、50000 米。

全国场地速度轮滑锦标赛项目有：男子 300 米、500 米、1500 米、5000 米、10000 米、20000 米等；女子 300 米、500 米、1500 米、3000 米、5000 米、10000 米等。

全国公路速度轮滑锦标赛项目有：男子 300 米、500 米、1500 米、5000 米、10000 米、20000 米、42000 米马拉松比赛等；女子 300 米、500 米、1500 米、3000 米、5000 米、10000 米和 21000 米马拉松比赛等。

4）有关起跑的规定。所有的比赛都采用站立式起跑预备姿势，发令员发出预备口令和信号时完成预备姿势和起跑动作，当发令员鸣枪或鸣笛后运动员起动。在起点有犯规的运动员将受到警告，第三次犯规将被取消比赛资格。

二、花样轮滑

1. 花样轮滑概述

18 世纪，轮滑由一位不知名的荷兰人发明。到了 18 世纪 60 年代，出现了两轮溜冰。真正的轮滑是由美国的詹姆士·普利姆普顿于 1863 年发明的，是由滑冰过渡而来。1866 年詹姆士开办了第一座轮滑场，从此轮滑运动迅速地传到欧洲各国。1884 年美国人查理和雷蒙发明了滚珠轴承，对改进轮滑技术起了极大的作用。1875～1937 年间，滑冰运动对轮滑影响较大。在轮滑运动的发展中，逐渐演化出花样轮滑运动。

世界花样轮滑锦标赛的竞赛项目有：规定图形（男子，女子）；自由滑（男子，女子）；双人滑（一男一女）；舞蹈（一男一女）。每项比赛均可以获世界冠军。在单人滑比赛中，设有规定图形和自由滑两项的比赛。花样轮滑是技巧性项目，不是技能项目。它与速度轮滑、轮滑球等技能项目的训练有本质上的差别。在这个项目中，正确的技术和动作重复的数量是获得成功的唯一道路。

2. 基本技术与教学

（1）专用术语

- 前滑：身体面对前滑的方向，向前滑行称为“前滑”。用左脚向前滑行称为“左前”，右脚向前滑行称为“右前”。

- 后滑：身体背向滑的方向，向后滑行称为“后滑”。
- 刃：直立时，两个刃同时着地时，我们称其为“平刃”或“双刃”。
- 地面：轮滑场地的地面，无论用何种材料构成，均称为“地面”。
- 蹬地：在滑行中两腿交替用内刃和外刃蹬地获得滑行速度。
- 滑足：在地面上滑行的足。
- 浮足：离开地面的足。
- 浮髋：与浮足同侧的髋。
- 轮中心：四个小轮形成长方形的中心。
- 纵轴：将图形分为对等两半的一条线。
- 横轴：将图形分为对等两圆的一条线。
- 封口：两圆或三圆图形的切点处，或纵横轴交叉点处。

（2）基础滑行教学

在基础练习中，上体和两肩放松是所有动作练习中的要求。

自由滑进：①寻求平衡；②原地双足滑动；③制动轮行走练习；④提踵练习。

直线滑行：①前葫芦步；②前双曲线；③向前滑行停止法；④“T”形停。

直线后滑：①后葫芦步；②后滑双曲线；③单足直线后滑；④后滑停止法；⑤压步。

3. 竞赛规则与裁判常识

花样轮滑竞赛规则有如下几项内容：

（1）抽签

1）在正式练习开始前一天进行各组图形的抽签，同时举行第一个图形的起滑脚的抽签。“A”代表右脚，“B”代表左脚，在一组图形中，完成图形的起滑脚要左右轮换。

2）抽签要在裁判组的监督下，从规定的四组图形中抽出。

（2）竞赛程序及安排

1）首先滑规定图形，短节目在规定图形之后，长节目最后滑行，一般不在同一天进行。

2）男子、女子分开进行。

3）短节目和长节目由一个裁判组承担，男子组、女子组分开，双人滑由一个裁判组承担或由男子组、女子组的裁判组担当。一般裁判员为 5 人、7 人或 9 人。

4）滑行的时间：短节目：单人 2 分±5 秒

双人 2 分 30 秒±5 秒

长节目：单人 4 分±10 秒

双人 4 分 30 秒±10 秒

创编舞：1 分 50 秒～2 分 40 秒

自由舞：3 分 30 秒±10 秒

5）从运动员开始滑行时或做动作开始计时。

6）单人滑和双人滑短节目得分占 25%，长节目占 75%。长节目得分必须乘以 3。

（3）场内要求

1）在规定的图形比赛期间，裁判长、副裁判长、裁判员、替补裁判员和不超过两名的其他工作人员可以留在场地上。

2）在滑裁判规定图形时，必须让裁判员优先选择位置。

（4）准备活动

1）规定图形：不得超过 1 名运动员，第一个运动员准备活动时间为 6 分钟。

2）单人短节目和长节目：6 分钟，最多 8 人。

3）双人短节目和长节目：6 分钟，最多 5 对。

4）规定舞：2 分钟，最多 6 对。

5）创编舞和自由舞：6 分钟，最多 6 对。

6）准备活动后立即开始比赛。

（5）评分

1）在全国比赛中，采用公开评分，每一裁判的评分必须向裁判长及报分员公开示分。

2）第一名运动员规定图形结束后，裁判员立即记下分数，裁判长事先问一下每一名裁判员的评分，然后通知所有裁判员所评的平均分，裁判员们则因此调整他们的分数，使其评分与平均分相差在 0.2 分之内。

3）每一图形结束后，有裁判长给予信号，所有裁判必须同时示分。

4）由裁判员展示的分数必须由一名正式的报分员高声、清晰地宣读，并由计分员登记在评分卡上。

（6）成绩计算

1）为每名运动员准备两张记分卡，由两名记分员分别记录并计算。

2）四个规定图形分数相加，所得总分，即为规定图形的总分。

3）技术分和艺术分相加即为短节目、长节目的总分。

4）短节目得分和长节目得分乘以 3，两项得分之和即为单人自由滑或双人滑总分。

5）规定图形总分乘以 2 和自由滑总分相加，所得总分即为单人滑全能总分。

（7）确定名次

1）每一部分结束后，必须确定每名运动员的名次。

2）每名运动员的胜负，是根据每名裁判员给予运动员的总分确定。总分高者，可从裁判员处得 1 分，负者得 0 分，平者得 0.5 分。

3）从裁判员处得分超过裁判员总数的一半者，则可获得优胜，得 1 分，低于一半者得 0 分，相等者得 1 分。总得胜分最高者名次为 1，依次为 2 等。

（8）比赛场地

1）比赛的场地面积最低要求：50×25 米。

2）规定图形必须白天比赛，如晚上比赛要有足够的灯光。

3）地面平滑，图形线痕规整、标准。应有两个场地，以便有一个场地专供运动员练习使用。

4）花样轮滑竞赛场地应与速度轮滑竞赛场地分开，以免互相干扰。

5）应准备能够调速的音响设备和稳压装置。

6）为每一名裁判员准备一套记分牌，其中一组以从 0～6 的黑色字表示整数，另一组由 0～9 的红色数字表示小数，每一分的手柄处必须标出相同的数字，以便裁判员使用。

第三节　飞镖运动

一、飞镖运动概述

1. 飞镖运动的起源与发展

飞镖，起源于英国，距今已有一百多年的历史。据说当时，在一个风雪交加的寒冬，一群英国射箭手因天寒地滑，不得不停止练习，到一小酒馆饮酒。为了解除烦闷，他们灵机一动，有了个想法，将长箭切短，把箭靶搬进室内，用单手练习投掷。就这样，这项“新箭术”便从此流行于欧洲。1896年，英国的贝利恩·甘林发明了现在通用的飞镖记分系统。目前，英国大约有700万职业或业余选手参加各级比赛。世界上喜好飞镖的人不计其数，飞镖运动风靡全球。

飞镖运动中，影响最大的有三大赛事：世界飞镖大师锦标赛（始于1974年）、世界职业飞镖锦标赛（始于1978年）和世界个人飞镖锦标赛（始于1977年），这三大赛事，每两年举行一次。1983年，女子世界个人飞镖锦标赛诞生。其他类型的对抗赛、邀请赛，则数不胜数。

我国飞镖运动的发展已走过了十几年的历程。我国于20世纪80年代引进了飞镖运动，并在全国各地组织了一系列飞镖比赛。1997年8月在湖南长沙举办的飞镖比赛，历时半个月，3000余人参赛，创下了人数最多、规模最大的纪录。一些地方相继成立了飞镖协会、飞镖俱乐部，越来越多的人认识了飞镖运动，喜欢上了飞镖，并参加了飞镖运动。如今，休闲方式的飞镖运动已为越来越多的人所接受。

2. 飞镖运动的特点与价值

（1）特点

在诸多体育运动项目中，飞镖可谓有它独到的特点。

1）场地不大，随便一个空间，靶盘往墙上一挂即可进行娱乐或比赛， 而且人人都可参加。

2）器材简便，花费少。几支钢制的飞镖，甚至用钢针捆上尾羽也可进行娱乐。

3）雅俗共赏，对运动技能要求不高，客观上能最大限度地吸引各阶层的人士参加，不分男、女、老、幼，皆可上场参赛。

4）技术简单，三个指头捏一根钢镖，不需很大力气，往前一掷，练习一会，即可成为一名飞镖投手。

（2）价值

1）锻炼身体。茶余饭后，闲来无事，身体困乏时，顺手拿起飞镖到靶盘前掷上几镖，活动一下筋骨，顿觉浑身轻松，可以调剂情绪和提高工作效率。或者约上几个朋友，共赛飞镖，娱乐一番，这也是飞镖深受人们欢迎的原因之一。掷飞镖时身体采取一定的姿势站立，用手臂投掷，运动量远比其他运动项目要小，非常适合年长及身体较弱者参加。长期坚持可使身体在轻松的娱乐中得到充分地锻炼。

2）培养良好的意志品质。投掷飞镖时要求全神贯注，做到手、眼、身、法、步协调配合，达到镖随心，动随意，指哪打哪。经常从事飞镖运动，不仅可以锻炼集中注意力的能力，增进手臂力量，提高动作的准确性和空间的判断能力，而且还能培养良好的心理稳定性，不急不躁，以及办事果断、坚毅、自信的品质。

二、飞镖的运动场地与器具

1. 靶盘

飞镖的靶盘有纸盘、植绒盘、琼麻盘等，其中琼麻盘是国际比赛指定用盘，国际标准靶盘的直径是 54 厘米。靶面设计如图 11-3-1 所示。

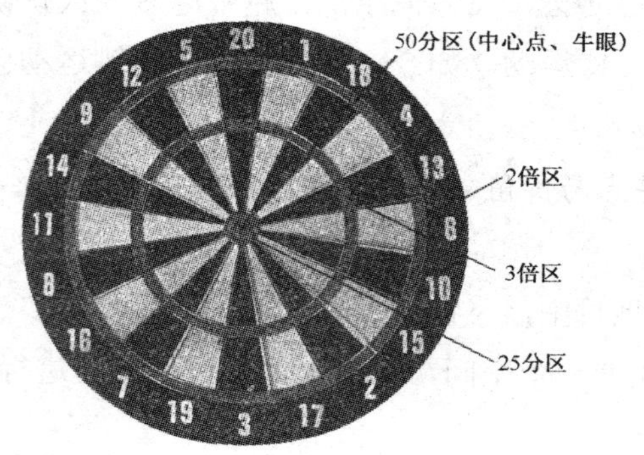

图 11-3-1　飞镖靶盘规格图

2. 投镖场地

靶盘悬挂于墙上，靶盘中心到地面的高度为 1.73 米，投掷线至靶盘的距离是 2.37 米。

三、飞镖的基本技术与练习方法

1. 基本技术

（1）投掷姿势

1）侧向投镖。侧向站立，脚尖向前，身体直立，双脚与肩同宽，脚尖与投掷线成直角，如图 11-3-2 所示。

2）正向投镖。正面站立，脚尖平行，指向投掷方向，双脚与肩同宽，如图 11-3-3 所示。

图 11-3-2　侧向投镖脚位

图 11-3-3　正面投镖脚位

3）斜向投镖。初学者可一脚在前一脚稍后，身体旋转一个角度，以站立较舒适为宜，如图 11-3-4 所示。

（2）持镖方法

持镖的方法较多，因人而异，以拿着舒服、投掷准确为前提，最常用的有以下几种：

1）拿毛笔式的握法。这种握法是以拇指、食指、中指的末节指腹握住镖筒，镖尖向前，前臂屈起，镖的高度与眼齐平。这种方法稳定性最佳，是许多优秀投掷者常采用的一种方法，如图 11-3-5 所示。

图 11-3-4 斜向投镖脚位

图 11-3-5 拿毛笔式握法

2）拿钢笔式的握法。这种握法是以拇指、食指指腹握住镖筒，中指在下抵住镖筒，举臂与眼齐平，如图 11-3-6 所示。

3）全握法。用拇指、食指、中指、无名指握住镖筒，小指尖在下轻抵镖筒。这种握法稳定但不灵活，如图 11-3-7 所示。

图 11-3-6 拿钢笔式握法

图 11-3-7 全握法

（3）投掷姿势

投掷时上体微向前倾，两眼平视靶盘，持镖手可预摆几次，以肘关节为轴，前臂迅速向前挥动，手臂接近伸直时掷镖飞向靶盘。投镖时，手和前臂要随镖前送，保证镖的飞行路线，切记不能短促出镖，这样会使镖飞行不稳，影响命中率。

2. 飞镖的练习方法

（1）采用近距离投掷法

初学者由于距离感、空间感和准确度有较大差距，特别是投掷动作要有一个适应过程，所以可采用近距离的投掷方法，如分别采用 1 米、1.5 米、2 米、2～5 米逐步加大距离法反复练习。练习到一定次数后要注意距离的变化，长、短距离交叉练习，这样能较好地控制发力，达到理想的投掷力度。

（2）采用大型射击靶盘的投掷方法

初学者应采用射击靶盘作为靶子进行练习，也可进行比赛。练习时以环数的多少决定胜负，或预先规定好环数，谁先用最少镖数达到预定环数，即为胜者。可用 460 毫米、380 毫米等规格的靶盘进行练习，此练习尽可能不要使飞镖打得太分散，以中靶心（10 环）多者为好。

（3）采用飞镖靶盘练习

如图 11-3-8 所示，有大小尺寸不同规格的靶盘，一般常用的有 460 毫米、380 毫米等规格的靶盘。也可用自制的大型靶盘练习，练习距离可先近后远。飞镖靶盘与射击靶盘的环数位置不一样，应多练高分区、3 倍区、2 倍区和牛眼。只有达到一定的熟练程度，才能指哪打哪。进行比赛时，一般是规定分数，如 201 分、301 分、401 分和 501 分。以最少的镖数达到规定分数为胜。

图 11-3-8　不同尺寸的飞镖靶盘

（4）棒球飞镖的娱乐方法

棒球飞镖与棒球赛相同，以投掷手的投镖准确率得分，游戏的对象可以是个人也可以是集体。投掷手依次投中靶盘中的各个垒位，最后投中本垒，称做本垒打。每局分前、后两个半局。投掷三镖视为半局，每人限镖 3 支，交叉进行，后半局没投中本垒者视为出局（垒分无效）。投中本垒得一分，每局的 3 次投掷允许一次失误，两次失误视为出局。犯规（指踩线）一次，算投掷一次，投中无效。而未中靶盘罚镖一支，4 次连中为完成一局，奖镖一支。

（5）米老鼠游戏

一般只取 15 分至 20 分及红心、2 倍区、3 倍区等分数。比赛的目的是抢先对手，先取得保全得分的机会。就是说，每一个目标双方都必须投中 3 支镖，如果对手先攻下该目标，而你没能及时投中时，则每投一镖不中，对手便多得一次分。以 20 分圈为例，如果对手再投中一支镖在 20 分上，他就一直可取得 20 分，直到你攻下该目标为止。

四、飞镖运动的竞赛方法

1. 竞赛制度

竞赛的对象可以是个人，也可以是团体，每人每次用 3 支镖投掷。个人赛采取循环对抗法决出胜负。团体采用 3 战 2 胜或 5 战 3 胜制决出胜负。

2. 记分方法

投中靶心（牛眼）记 50 分；投中靶心外小环记 25 分；投中中环上的小段，按该段对应分数的 3 倍记分；投中外环上的小段，按该段对应分数的 2 倍记分；投中不是 2 倍、3 倍的一段，只按该对应分数记分；投中有分数的黑色外环不记分；投中满分或零分的最后一镖时，必须是在 2 倍区的对应小段内。

竞赛时用下列办法记分：

（1）减分记分法

3 支镖全部投出后，合计得分。从原来的总分中扣除（总分 201 分、301 分、401 分、501 分）看谁最先为零。

（2）累计记分法

3 支镖全部投出后，合计得分。从原定的总分中（总分 201 分、301 分、401 分、501 分）看谁最先满分。

3. 竞赛方法

比赛记分可采用 201 分、301 分、401 分、501 分、801 分、1001 分等记分方法，以得分正好为预定分数为胜。开赛前，必须先投中 2 倍区或中心点，才能开始记分，看分数可以包括该支镖投中 2 倍区或牛眼的分数在内，每次投掷后的得分记录必须写在所有比赛者能一目了然的地方。最后一镖，必须掷在 2 倍区或牛眼圈内，也就是说再扣掉（或累计）这些分数，使分数刚好为预定分数为胜。倘若比赛者投中的分数超过预定分数或仅差 1 分，则得分不记，保持前次剩余的（或累计的）分数。

主要参考文献

[1] 曲宗湖．现代社会和学校体育[M]．北京：人民体育出版社，1999．

[2] 纪列维．体育理论教程[M]．哈尔滨：黑龙江教育出版社，1999．

[3] 李建英，王黎明．大学体育与健康教程[M]．北京：人民体育出版社，2002．

[4] 何志林．现代足球[M]．北京：人民体育出版社，2000．

[5] 刘建和．乒乓球教学与训练[M]．北京：人民体育出版社，2006．

[6] 王岳云．大学体育教程[M]．广州：华南理工大学出版社，2006．

[7] 任勇．大学体育实践教程[M]．北京：北京体育大学出版社，2005．

[8] 刘卫军．跆拳道[M]．北京：高等教育出版社，2004．

[9] 马鸿韬．健美操运动教程[M]．北京：北京体育大学出版社，2007．

[10] 王景连．体育舞蹈[M]．合肥：合肥工业大学出版社，2003．

[11] 樊更生．体育舞蹈（摩登舞）基础教程[M]．北京：北京体育大学出版社，2004．

[12] 刘敏庆．速度滑冰[M]．北京：人民体育出版社，1999．

[13] 全国体育院校教材委员会审定．冰雪运动[M]．北京：人民体育出版社，2005．

[14] 于立强．轮滑运动[M]．长春：吉林科学技术出版社，1999．

[15] 周兵．休闲体育[M]．桂林：广西师范大学出版社，2000．